谨以此书纪念我的父亲！

我的父亲金吉泰

金雷泉◎著

敦煌文艺出版社

图书在版编目（CIP）数据

我的父亲金吉泰 / 金雷泉著 . -- 兰州 : 敦煌文艺出版社 , 2023.5（2025.1 重印）
ISBN 978-7-5468-2359-1

Ⅰ . ①我… Ⅱ . ①金… Ⅲ . ①金吉泰（1933-2018）—传记 Ⅳ . ① K825.6

中国版本图书馆 CIP 数据核字 (2023) 第 084863 号

我的父亲金吉泰

金雷泉　著

责任编辑：曾　红　尚晶晶

封面设计：苏金虎

敦煌文艺出版社出版、发行

地址：（730030）兰州市城关区曹家巷 1 号新闻出版大厦

邮箱：dunhuangwenyi1958@126.com

0931-2131536（编辑部）　　0931-2131387（发行部）

三河市嵩川印务有限公司印刷

开本 720 毫米 ×1020 毫米　1/16　印张 24.5　插页 6　字数 351 千

2023 年 6 月第 1 版　　2025 年 1 月第 3 次印刷

ISBN 978-7-5468-2359-1

定价：86.00 元

金吉泰在苏州吴门桥边

金吉泰在马啣山分水岭

游览普陀山

参观葡萄沟

签名赠书

游览寒山寺

金家老院留影

游览兰州植物园

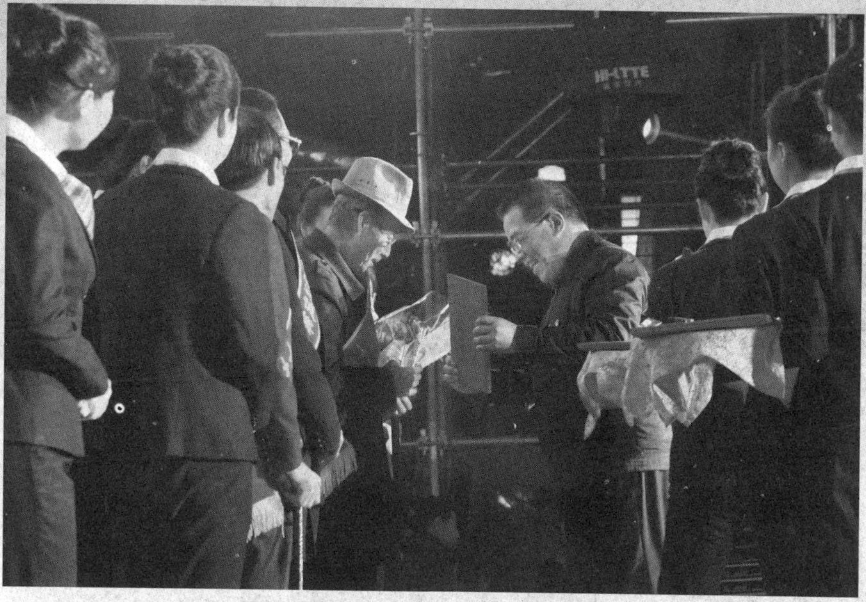

金吉泰当选榆中县十大道德模范

金吉泰荣获“兰州好人”称号

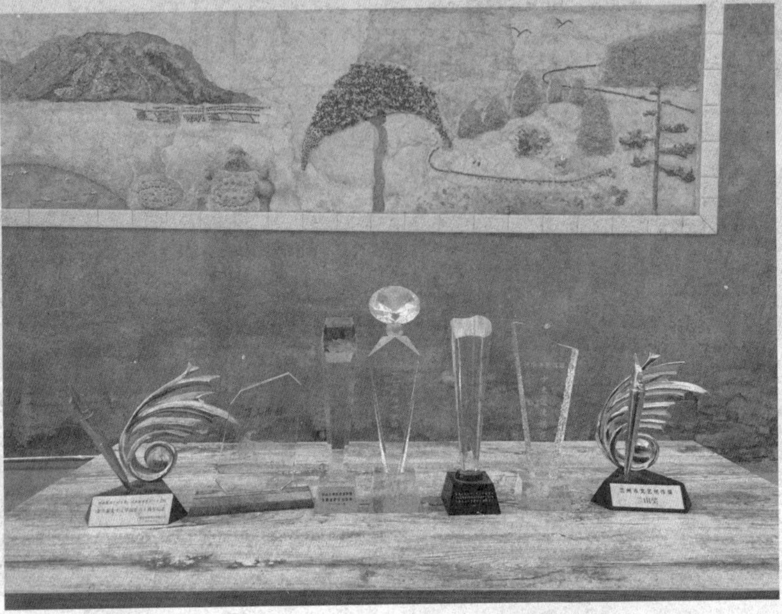

金吉泰所获甘肃省文艺终身成就奖、“书香之家”等荣誉奖杯

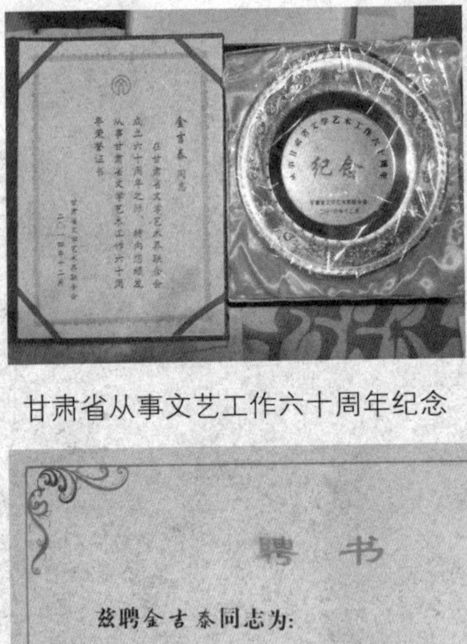

甘肃省从事文艺工作六十周年纪念

《农耕图》荣获敦煌文艺奖

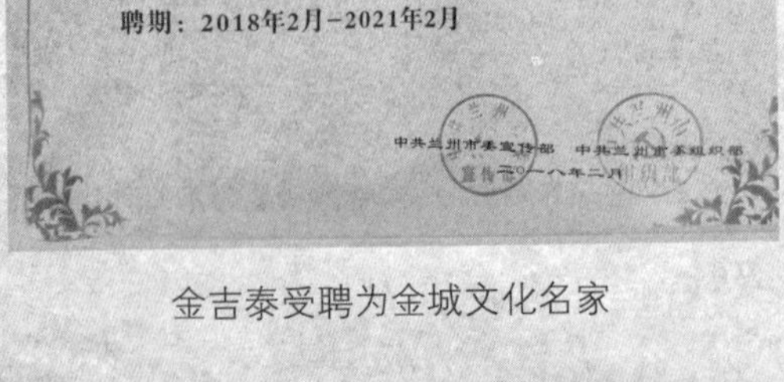

金吉泰受聘为金城文化名家

荣获榆中县第四届十大道德模范

金吉泰作品集

四篇童话连续入选中国儿童文学精选

守望田野

青年时的金吉泰

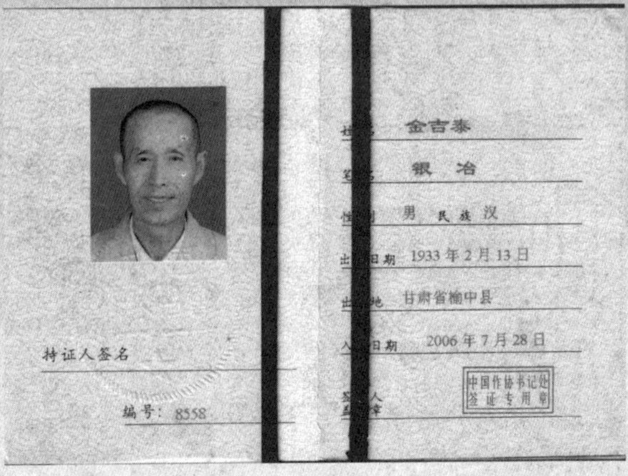

持证人签名

编号：8558

金吉泰

银冶

男 民族 汉

1933年2月13日

甘肃省榆中县

2006年7月28日

中国作协书记处签证专用章

中国作家协会会员证

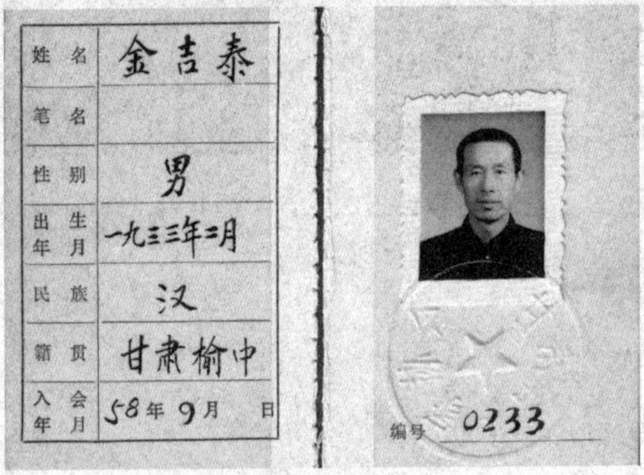

姓名	金吉泰
笔名	
性别	男
出生年月	一九三三年二月
民族	汉
籍贯	甘肃榆中
入会年月	58年9月 日

编号 0233

甘肃省作家协会会员证

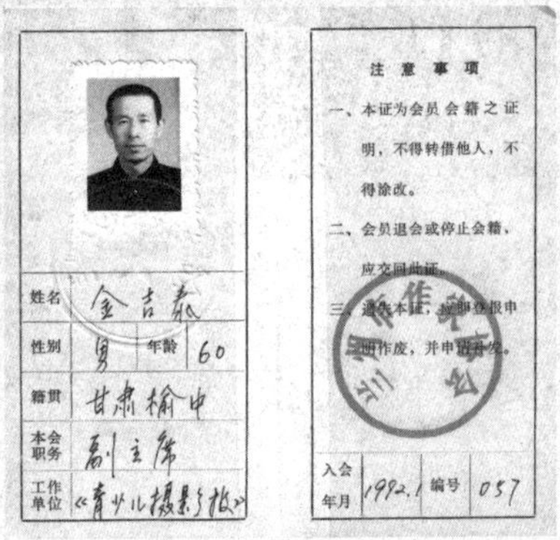

姓名	金吉泰		
性别	男	年龄	60
籍贯	甘肃榆中		
本会职务	副主席		
工作单位	《青少儿摄影报》		

注意事项

一、本证为会员会籍之证明，不得转借他人，不得涂改。

二、会员退会或停止会籍，应交回此证。

三、遗失本证，……明作废，并申请补发。

入会年月	1992.1	编号	057

兰州作家协会会员证

金吉泰与儿子金雷泉（左）在民勤红崖山水库合影

金吉泰（前排左二）在《兰州晚报》（农村版）当编辑时与总编鲁正葳（前排右二）及其他同仁合影

金吉泰（左）在《质量报务报》当编辑时与总编秦皓（右）合影

金吉泰（右二）在《青少年摄影报》当编辑时与总编窦实（左二）探讨办报质量

金吉泰80大寿留影（2013年）

家人合影（2015年）

我的父亲，八十六岁生涯，一辈子耕耘农田，一辈子痴爱文学。有田园童话、长篇小说和戏剧小品与人分享，有独特的精神追求和为人处世态度。

尝试着将父亲的精彩生活、文学人生、独特人格，用方块汉字留存下来，是我对父亲最好的纪念。

我尝试着，我努力着。

——题记

序：领异标新二月花

杨建仁

2021年5月中旬，金吉泰先生的小儿子金雷泉来到我的办公室说，5月21日，在他父亲去世三周年之际，甘肃省文联、读者出版集团等部门要召开金吉泰童话精品丛书出版座谈会，邀请我参加并发言。金老先生是我十分敬仰的文学大家，也可称之为我的忘年交。他是党培育的新中国第一代农民作家的杰出代表，也是甘肃乃至全国屈指可数的德艺双馨的著名农民作家，更是具有独特风格、独特魅力的儿童文学作家，他的作品影响了几代人。金老先生去世后，甘肃省有关部门为他举办如此隆重的座谈会，我应当躬身前往，可不凑巧的是我已有公务在身，无奈之中只好缺席了。遗憾之余，我特向金吉泰童话精品丛书出版座谈会撰写了贺信，由衷地致以热烈祝贺和良好祝愿，称赞金老先生70年如一日在文学创作园地辛勤耕耘，收获颇丰，是甘肃文学界标志性人物，是走出甘肃、走向全国的杰出代表，希望陇原大地涌现出更多像金老先生这样优秀的作家，用手中的笔记录家乡、书写家乡、讴歌家乡，努力创作出无愧于时代、无愧于陇原大地、无愧于后世子孙的优秀作品。

由于缺席，我心中充满了对金老先生的深深歉意。而令人欣慰的是在出版座谈会召开后的第二天上午，金雷泉就给我送来了由甘肃少年儿童出版社出版的金吉泰童话精品丛书，《头戴水珠的小杉苗》《没牙三弦琴》

《铜环兄弟》《小蜜蜂侦察记》《青蛙借雷声》5本图书的封面颜色，分别由赤、橙、黄、绿、蓝组成，诠释了金老先生多彩的轨迹和缤纷的人生。更令人惊喜的是金雷泉还送来了一本厚厚的纪念文集《为文学而生——中国农民作家金吉泰》，从书名到内容，都高度凝练了金老先生一生的信仰追求和奋斗历程，这6本图书比较全面地展示出了金老先生的文学成果和精神图谱。手捧着这些沉甸甸的图书，金老先生笑眯眯的慈祥面容又浮现在眼前，我向金雷泉脱口而出："你父亲真了不起啊！你最了解你父亲，又是他把你培养成为一名作家，你应当为你父亲写一本书，书名就叫《我的父亲金吉泰》。"金雷泉一边点着头，一边若有所思地说道："父亲去世后，就像把我的魂丢了。第一年什么都没写，也不敢写，第二年才开始零零星星地写了点父亲与有关报刊的交往和情缘，还写了点父亲在生活和写作中的轶事趣闻。您的建议非常好，我担心驾驭不好，试试看吧。"我感觉金雷泉有点为难，马上又安慰他："不急，你用两三年时间慢慢写。"

真没有想到，一次真诚的交流，一个内心的夙愿，竟然在一年内得以实现。2022年5月中旬，金雷泉笑哈哈地走进我的办公室，将一摞厚厚的打印稿递到我的手里，喜形于色地告诉我："您交给我的命题作文《我的父亲金吉泰》完稿了，请您把关并提出修改意见。"我惊讶地说："你这么快就写完了？真不愧为速战速决的寓言作家。"金雷泉依旧笑哈哈地说道："父亲对我影响大，我也比较了解父亲，所以写起来还是比较顺手的。我现在也给您出个命题作文，请您为这本书写个序言吧！"望着他深情而信任的目光，我将所有推辞的话语都咽到肚子里，真诚地对金雷泉说道："好吧，不论是引火烧身，还是自投罗网，我都必须为金老先生写点纪念文章了。"

《我的父亲金吉泰》由108个趣味横生的故事组成，多角度、多侧面讲述了金老先生学习、创作、生活、生产、为人处世等方面的生动细节，用小视角折射出了大情怀，用小切口彰显出了大境界，成功塑造了一位一手耕田、一手握笔的农民作家的典型形象，生动刻画了一生沉醉文学、痴心不改的坚守者的心灵世界，忠实记录了金老先生70年如一日在文学创作园地精心耕耘的快乐时光和辉煌历程。这本回忆录故事讲述精彩，尽管每个故事文字不长，看似生活中的平常小事，但仔细阅读才发现都是精心筛选的经典故事，让人们看到了金老先生漫长人生途中最出彩、最可贵、最有趣的幸福时刻和生活场景。细节描述生动，故事中许多细节新鲜活泼、栩栩如生，将人们情不自禁地带入到现实场面中，读起来耐人寻味、引人入胜。情感真挚饱满，叙述的故事几乎都用白描的手法，亲切自然，真实可信，让读者在深情厚谊中深刻感悟到金老先生高贵的灵魂和高尚的品格。可以说，这本书是金老先生精彩人生的高度缩影，是人品和文品相映生辉的集中展示，也是父子作家坚守文学理想的深情告白，读来韵味悠长，感同身受，仿佛金老先生又笑眯眯地来到了我们身旁。

我是金老先生的忠实读者，从20世纪70年代就开始阅读他的作品，一直到现在，还在阅读他的作品。阅读金老先生的作品，最大的收获就是烦恼减少，快乐增多，暮气消失，童心陡增。记得第一次拜见金老先生是1986年1月，他刚刚从榆中金崖老家受聘到兰州，担任《兰州晚报·农村版》副刊编辑。当时金老先生居住在兰州晚报社家属院职工宿舍的七楼，看到他时，他一副慈祥的面容十分亲切，清瘦的身材显得十分硬朗，头戴布制的太阳帽，眼镜片后投出的目光都是暖洋洋的，一身深蓝色的中规中矩的服装，衬托出一种可亲、可敬、善良、淳朴的老学究的样子。那天，他向我谈论最多的就是自已在创作中的体会、方法和经验，一再鼓励我在日常生活中要多观察、多思考、多动笔。真是听君一席话，胜读十年书啊，我向他诚恳地说道："以后我要拜您为师，多多向您请教啊！"金老先生急忙摆摆手，连连说道："真不敢为师，我一个老朽，应当向年轻人学习，况且你中学时代就在《少年文艺》连续发表过作品，我们同属于儿童文学作者，以后我们多多交流，互相促进，共同进步。"多么谦和、率真、富有爱心和人格魅力的老者，这个普通而高大的形象，从此在我心底深处扎下根来。临告别时，我拿出了新写的两首小诗请金老先生指教，他爽快地说："你先放下，我抽空学习一下再和你交流。"一个月之后，金老先生给我打来电话说："小杨啊，两首诗写得都不错，其中一首《田野上的吉他声》已发表在《兰州晚报·农村版》副刊上了，样报给你留下了，下次见面给你。"金老先生与每个人的交往，尤其与文学青年的交往总是这么坦诚、透明、慈善、纯真，总是像阳光一样让人感受到温暖和灿烂。

从此之后，我与金老先生的交往越来越密切，交流的话题也越来越广泛。每次见面，他给我最多的就是鼓励："小杨啊，你在《人民日报》上发表的关于奥运会的散文，看得我都激动了。""小杨啊，《诗刊》上发表大作了，值得祝贺！""小杨啊，你的创作达到了新的水准，都登上国刊《人民文学》了。"有一次，金老先生得知我在《星星》诗刊举办的首届农民工诗歌大奖赛中获奖的消息后，专门打来电话："小杨啊，向你表示祝贺，你的获奖作品表达了我们农民工的心声！"金老先生与人相处，传递的绝对是正能量，从我与他交往的30多年时光里，从来没有听到过他非议别人。后来才慢慢发现，他有与众不同的精神境界、质朴品格、为人方式和处事态度，他灵魂深处永远流淌着向善、向上、向真、向美的价值取向，浑身上下始终洋溢着执着、豁达、乐观、宽容的人格魅力。一个地地道道的农民，从当年只有小学文化程度，靠勤奋自学70年坚持笔耕不辍，出版各种作品集25部，共计400多万字，被中共甘肃省委、甘肃省人民政府授予"甘肃省文艺终身成就奖"。对一个农民来说，这在全国也是屈指可数的。年近80岁的时候，在患严重眼疾几乎导致双目失明的情况下，金老先生每天坚持写作两三千字，用10个月时间，完成了45万字的长篇小说《农耕图》，荣获甘肃省文学艺术类政府最高奖——敦煌文艺奖，金老先生的顽强毅力和拼命劲头也是罕见的。20世纪80年代初，他以家乡榆中县金崖乡文化站为依托，创办了全省第一个农民文学社——苑川文学社，举办“文学创作讲习班”，吸引方圆村镇100多名“泥腿子”文学爱好者参与其中，每当经他修改、推荐的作品发表后，年过半百的他总是骑上自行车跑几十公里路，喜滋滋地将样报样刊送到作者手里，金老先生乐此不疲为文学爱好者全方位服务的情怀，在当下是不多见的，更加显得弥足珍贵。兴趣广泛的金老先生在晚年时突发奇想，在老宅院子里启动了家庭美化工程，自己设计、自己施工，在自家院子西墙上，用五颜六色的小石子创作了一幅长八米、宽二米的巨型壁画。画面上有红日、山水、碌碡、西瓜、树木、小鹿、大雁、人物，还有太阳灶、飞机、卫星，好一幅天人合一的田园风光画。站在壁画面前，让人遐想万千、拍手叫绝，这一独具特色的创举，完全表达了金老先生所渴望的理想王国和精神家园。2014年4月，金老先生家庭被国家新闻出版广电总局授予首届全国“书香之家”称号。进入耄耋之年的金老先生，创作激情更加旺盛，他竟然又痴迷于剧本创作，先后创编了大型剧目4部，小戏小品曲艺46个。他不仅要创作剧本，而且还要想方设法将剧本搬上舞台。为此他东奔西跑，甚至还要自掏腰包，千方百计寻找业余剧团，想尽办法争取高水平、低成本演出。雁过留声，脚踏留痕，乡村广场、学校操场、打麦场上都留下了他带队演出的闪光足迹和百姓的欢歌笑语。兴致高时，金老先生还上台扮演一个角色，过足他爱戏唱戏的瘾，完全和大家心连心、共欢乐。晚年的他最喜欢表演自编自导的古剧种“扁担戏”，除了在村上幼儿园演出外，大多在自家的院子里演出，有时观众只有他老伴和孙女，还有一条忠实的小狗。金老先生用这种独特的方式，表达对民族优秀传统文化的敬畏和弘扬，也让我们感受到一位真正热爱生活的作家，一定是牢牢生根在生他养他的这片土地上。2018年2月，他破例给子女们提出了一个心愿，在3月25日他85岁生日时，举办一场小型的家庭音乐会。于是金老先生请来了业余乐队和歌唱演员，用合唱、歌伴舞等形式演出了由金老先生作词的歌曲。金老先生身着红色的盛装，亲自登台演唱了由他改编的民歌《绣荷包》。他为家庭音乐会演出台上撰写的对联是："音乐陶冶性情管弦悠扬动四方，歌曲传递精神国歌隆重传海外。"两个月后，金老先生安然去世，这场家庭音乐会竟成为他生命中的绝唱。金老先生就是这样一位具有独特人生信念、抱有独特处世态度、富有独特生活情趣、拥有独特明亮童心的农民作家，他身上始终散发着许多奇思妙想、创新火花和智慧光亮，让人充满无穷的敬意、敬畏和敬佩，我甚至认为金老先生就是一位传奇之人。

传奇之一：金老先生是中国乡土文化的守护者。乡土文化是中国五千年古文明遗留下来的文化遗产，承袭了久远的历史，记录了社会的变迁，谱写了人类文明的进程，是中华民族生生不息、发展壮大的精神写照。作为一名地地道道的农民，金老先生热爱养育他的这片土地，敬重生活在这片土地上的农民，赞美发生在这片土地上的变迁，即使一朵山花的绽放，一条小溪的欢歌，一缕炊烟的升腾，一弯月亮的清辉，都会激发起他心中的无穷波澜，化作他笔下的万般情思。1955年8月，金老先生在《甘肃文艺》发表的第一篇短篇小说《特别使命》，就把关注点放在农村社会深刻变革的人和事上，通过李婶婶到钟楼街的"实际调查"，坚定了她家加入农业生产合作社的信心。1979年12月，甘肃人民出版社出版了金老先生的第一本短篇小说集《醉瓜王》，收入的8篇小说，都是农村题材的。金老先生的唯一一部长篇小说《农耕图》，被公认为是他的集大成之作，这部作品以农村70年的历史变迁为线索，写出了广阔天地的深度、厚度和温度，呈现了多姿多彩的民间和民俗文化，勾画出了一个时代农村的生活图景和精神气象。金老先生创作的儿童文学作品，大多取材于农村生活，如《尕羊羔登山》《小牦牛赛马》《小毛驴出国》，让读者在娓娓动听的故事中，感受到田园之美、心灵之美、文化之美。最令人惊奇的是金老先生在其出版图书的封面上，赫然署名为"中国农民金吉泰"，这一独特的署名方式，可以看出他为自己是农民的儿子、为这片养育他的热土地而感到自豪，始终因中国农民这个伟大的身份而昂首挺胸，他自觉清晰地标识出自己的精神立场和文化身份，高高举起了敬重、延续和捍卫乡土文化的这面大旗。

传奇之二：金老先生是甘肃儿童文学的奠基者。甘肃的儿童文学创作是伴随着共和国的诞生而发展壮大起来的，尽管起步较晚，但势头强劲，涌现出了一批优秀作家和有影响的作品，金老先生就是其中的佼佼者。1956年6月，他的第一篇儿童文学作品《长城南边的草地上》在《甘肃文艺》发表，作品敏锐捕捉到中华人民共和国成立后逐步出现的城乡差别这一现象，以犀利的笔触、鲜活的语言，有力批驳了以城里人自居而形成的优越感，立意高远，思想深刻，内涵丰富，手法新颖，受到社会各界的赞誉和广大读者的好评。1960年11月，金老先生创作的《小满历险记》在《红旗手》发表，作品成功塑造了外号“千里驹”的马小满聪明能干的形象，作品轻松活泼，情趣盎然，是一部质量上乘的作品。金老先生作为甘肃杰出的儿童文学作家，写得最多的是童话，成果最丰硕的也是童话。他先后在《儿童文学》《东方少年》《少年文艺》《幼儿文学》《童话报》等报刊发表300多篇童话作品，独创了“田园童话”和“天生童话”，拓宽了童话题材创作的新天地，出版了《月牙泉的天马》《小毛驴出国》《快乐的小公鸡》等16部儿童文学作品集，多次获得全国优秀少儿图书奖、冰心儿童图书奖、全国农家书屋重点出版物推荐目录，有五六十篇作品入选中国儿童文学精选和典藏书库，奠定了他在甘肃儿童文学界乃至全国儿童文学界的地位。金老先生在去世前的两个月，还创作了《青蛙借雷声》《小镇典故》等6篇童话，他用一颗纯真的童心向这个美好的世界和天真的孩子们深情告白。他是甘肃儿童文学的开创者、亲历者、实践者和奠基者，他的成果已载入甘肃儿童文学乃至中国儿童文学的史册，正如著名作家安武林评价道：“在中国儿童文学作家之中，以农民身份，抒写儿童文学作品，终其一生，成就斐然者，唯此一人，金吉泰先生也。”

传奇之三：金老先生是陇原地域文化的弘扬者。甘肃是华夏文明和中华民族的重要发祥地，是古代中西方文明交流的重要通道，尤其是古丝绸之路的咽喉地带。始祖文化、农耕文化、丝路文化、黄河文化、民间民族文化、红色文化在中华民族文化资源宝库中占有重要地位。生于斯、长于斯的金老先生，不仅酷爱家乡的高天厚土，而且迷恋家乡的璀璨文化，他始终把创作的视角聚焦在陇原大地的风土人情上，把地域文化的弘扬作为一名作家的天职，而且乐此不疲、陶醉其中。莫高窟、月牙泉、铜奔马、皋兰山、白塔山、黄河水车、黄河铁桥、白兰瓜、兰州葫芦等，这些拥有甘肃浓郁地域特色的文化标识，通过金老先生奇特的想象和精致的构思，编制出一个个生动有趣的故事，不但使作品具有鲜明的地域色彩，而且又赋予作品内容一种多层面的、深厚的文化意蕴。一次偶然的机会，金老先生得知国宝级文物“莽权”铜环出土定西巉口时，专门跑到出土地寻找当事人进行采访，先后创作了历史故事《莽权出土后的传奇经历》和童话《铜环兄弟》。一时间，定西巉口出土的东汉时期“莽权”器物引起了社会各方面的极大关注，金老先生还配合中央电视台拍摄了纪录片《莽权寻踪》。当他从《李自成农民起义》一书中了解到李自成起义地点在榆中县城时，查看了许多史料和当地家谱，并实地调查采访，又发现李自成最后有可能寿终在榆中青城。于是他撰写了多篇文章论证、陈述、宣传此事，还以李自成潜藏过的石洞为素材，创作了秦腔《石洞记》，并搬上了舞台。1994年至1999年，《甘肃农民报》副刊专门为金老先生开辟专栏《文坛趣事录》，他在这块园地里记录了108位文化名人的逸闻趣事，之后又集结成册《甘肃文坛百人逸闻趣事录》，成为甘肃文坛难得的珍贵史料。

传奇之四：金老先生是撰写多种文体的探索者。作为一名小学毕业的农家子弟，能认识上千字，了解标点符号的功能就非常不错了，而金老先生从小喜欢学习，肯于钻研，阅读了大量的古典文学作品，背诵了不少唐宋诗词，研习了一批现代文学名著，翻烂了两本《新华字典》和两本《现代汉语词典》，从而奠定了他深厚的文学功底。同时他注重思考，善于积累，在创作中学习，在学习中实践，为他熟练掌握各种文体写作打下了坚实的基础。金老先生的创作除小说、童话外，还创作了大量的散文、杂文、诗歌、童谣、寓言、报告文学、文艺评论、戏剧、小戏小品、曲艺、歌曲、弹唱、相声、快板、楹联和连环画脚本等，这些作品不但数量可观、质量上乘，而且主题鲜明、弘扬正气，成为爱党、爱国、爱家乡的乡土教材。金老先生受聘在《兰州晚报·农村版》《兰州晚报》《心理世界》《青少年摄影报》《质量服务报》等报刊工作期间，撰写了300多篇消息、通讯、特写、侧记、专访、短评、综述等新闻作品，不少有深度、有见地的稿件，还刊登在《新民晚报》《羊城晚报》《人民日报》（海外版）上。他采写的消息《义犬救人》获得全国晚报新闻奖消息类二等奖，这让报社许多专业记者好生羡慕。为了让采写的新闻更加真实、形象、直观，金老先生自费购买了一部照相机，随身携带随时拍摄，一批新闻照片和风光照片又见诸报端。他拍摄的一些传统手工艺、风物景观、农村红白喜事照片，成为珍贵的图像资料。可以说，金老先生在文学创作和新闻写作领域，几乎囊括了所有的文体，这对一个农民作家来说，在全国也是绝无仅有的。同时，金老先生注重挖掘整理省内具有较高史学价值的人文典故，先后撰写各类文史资料83篇，还承担了家乡《金崖史话》的编纂工作，同时为16部电视专题片撰写了解说词。

流年飞度，时光荏苒。金老先生终生农耕，辛勤劳作，在生机勃勃的田野上收获了金灿灿的硕果。金老先生痴迷文学，一生笔耕，在信仰的天宇中写满了颗粒饱满的文字。他的一生，风雨兼程，从不放弃，淡泊名利，恬静始终。他活着，不仅仅为了活着本身，而是活出了美好和真情。真正的富有是生命内在的丰裕，真正的幸福是源自心灵深处的快乐，真正的圆满是保持生命的童心而初心不变。在生命的长河中，金老先生心向暖阳，安之若素，活出了精彩，活出了品质，活出了独一无二的自己，他在收获文学创作累累硕果的同时，还收获了一个得意之作——将他的儿子金雷泉培养成了一位出色的儿童文学作家。金雷泉跟随父亲从事业余创作达30多年，作品多次获得全国寓言文学奖，入选全国20多种精典寓言选本，出版文学专著6本，是中国作家协会会员、中国寓言文学研究会原理事、中国儿童文学研究会会员、中国科普作家协会会员。金老先生不仅仅完成了生命的延续，更重要的是完成了文学的延续。

金雷泉的回忆录《我的父亲金吉泰》，只是打开了学习、研究金老先生文学理想和文学追求的一扇窗户，有待文艺界有志人士继续系统研究“金吉泰现象”。我期盼有《金吉泰传》《金吉泰文艺创作探究》等之类的图书早日问世，这将对甘肃乃至全国的文艺创作、文艺人生、文艺未来都会起到重要的启迪和借鉴作用。

历经沧桑，方知童心最真；看尽繁华，便觉乡土最美。金老先生就像早春二月黄土地上绽放的一束别样的山花，质朴、素雅，不张扬、不炫耀，只是默默装点着文艺的百花园，临风独舞，香满人间，却让所有的喧闹和尘嚣都黯然失色。

岁月悠悠含远香，唯有童心自芬芳。删繁就简三秋树，领异标新二月花。

写于2022年7月25日兰州黄河之滨

目录

蹲在乡里写书

满眼都是童话

金老爷子活开了

我是个中国农民

蹲在乡里写书

童年记忆变童话

父亲的童年是幸福的。

1933年2月，我父亲出生于丝绸古道边一个叫金家崖的地方。父亲家坐落在一处高崖边上，人称崖沿上。站在门口望见一道川里，有宽阔的河流，有稻田，有水磨，还有小鱼、青蛙和黄老鼠等。

我爷爷55岁才喜得贵子，家族虽不是显赫大户人家，但也是丝绸古道镇子上的殷实之家。家中有水浇地，有水磨，还有大片的旱地。父亲的大伯是一位秀才，家中藏有许多古书，父亲的叔伯二哥在地方部队干事，叔伯三哥在做生意，一个侄子还是中共地下党员，热衷于看进步书刊。一个家族在一个锅里吃饭，我爷爷是家中掌柜的，也就是管事的。我的父亲从小文静、懂事，家里所有人都宠爱他。

父亲在家接受大伯的私塾教育，外面干事的家人带回来新式的画报、洋钟，家里还养有两只大鹅，哥哥回来骑着部队的高头军马。这些都让他觉得无比开心，特别喜欢跟在马尾巴后面，在那繁华的大街上听悦耳的马蹄声。

孩童时的景象，清晰地印刻在父亲的记忆里。

春节，最热闹，也最开心，穿新衣、放花炮。商铺门楼上挂着各式各样的灯笼。夜幕来临，那些点着蜡烛的灯光芒四射，照亮整个街道。从视野开阔的高处望去，一个村庄连一个村庄，好像是一道火龙，闪亮、壮观。春节的灯光，让孩子们心里都暖洋洋的，晚上也可以出来玩闹。春节还有迷人的社火，在许多灯火照耀下的寒夜里表演。社火队有许多宫灯、旗灯，那竹

1957年全家照金吉泰（左一）

马的肚里也点燃蜡烛；旱船上挂着许多小灯；七巧灯就更不用说了。其中有两条龙灯，人们在龙眼里安装了两支手电，电光直射老远，龙身也是发亮的圆筒体。

冬闲时，热闹的马戏团来了。他们来自乡下，由几户百姓组建而成，他们的关系是夫妻、兄弟、姐妹，他们的队伍由大街上的客栈出发，徐徐朝广场进发。人们高喊："马来了！马来了！"入场后三匹马驮着女演员慢步绕场三周，一扬马鞭就由慢转快地飞奔起来，做"镫里藏身"，人在飞奔的马背上站立、倒立。裸着上身的男演员，一个挨一个飞身从带刀火圈穿了过去，然后仰脸躺在广场中央，农民打麦场上用的石碌碡横放在仰卧演员的肚子上。插入云天的高杆顶上有长绳垂下，绾住一女演员的长发，吊起，像荡秋千那样在空中飘来飘去，还能在飘荡中换衣服。

家门前是丝绸古路，来往的骆驼、马车、商人、和尚、驿马，都是孩童们眼中百看不厌的风景。巨大的驼铃；铁轮大马车车轴上的清油瓷瓶儿；赶猪人一丈长的长鞭；挑货人两头翘起的扁担；推独轮车的有襻肩的背带；一匹骡子拉的轿车上有为骡子遮阳的布篷。麦场上听古今，古代文成公主坐的是八人抬的轿子；唐僧的遮雨篷上还挂着一只灯笼；作为路标的"十里墩"土墩大多已经倒塌；左宗棠命兵丁栽的柳树现在树干都老朽成空洞。

坐在门前高崖上，最喜欢看有硕大蹄子的骆驼队。那些骆驼没有笼头，缰绳只拴在骆驼的鼻棍上，另一头拴在前一峰骆驼的鞍鞯夹棍上，这样一峰一峰串联起来，几十峰或百多峰骆驼一峰跟一峰单排行走，恰如一长串珠链，怪好看的。驼队最后一峰骆驼的鞍鞯夹棍上挂一只扁圆形铁质大铃，发出沉闷的叮当声，夜间行走，远在前边的拉驼人听风吹铃响，就知道整个驼队是完整的。母驼产羔儿了，在母驼背上的货物中间，加放一个笸篮，把新生的驼羔放在圆形的笸篮里，随着母驼大步前进的步伐，驼羔一动一动地张望这个新奇的世界。

卸去重驮子的骆驼们在荒滩里卧了一大片，牵驼人便拿出许多装上食盐的小布袋，用细绳挂于骆驼的脑壳上，布袋套在骆驼嘴上。一大片毛茸茸的动物卧在地上，围成一堆，安静的荒滩上一片咯嘣咯嘣的嚼盐声，清脆悦耳。

在看热闹的同时，有一个看山的老奶奶，古怪而引人注意。

她家姓陈，一个侄子去了革命圣地延安。侄子离家时，家里还有三叔、三婶、五叔和五叔的独生子。不久，亲人相继去世，家里就只剩下三婶孤零零的一个人了，镇上人都管她叫陈三奶。每天天麻麻亮，老人家就打开后门走出来，躬着身，双手拄着拐棍站在屋后，活像一尊看山的塑像伫立在那里。陈三奶看着不高的陈家护山，又看着眼前荒地上茂盛的灰蓬草，还时不时低声喃喃地说着什么，像是在和灰蓬草说话交谈呢。后来侄子随解放军进军兰州城，在省政府任要职，她被侄子接到兰州享福去了。可不多几天，老奶奶又从城里返回了乡下镇子上。乡亲们围过来一看，陈三奶穿得新新的，养得胖胖的，人们问她怎么不在城里多享几天福，急着回来做什么？陈三奶露出一副苦相说："想乡里的老家，非常想念老宅后门外的那些灰蓬草。"那些草儿有什么好想的，这可把乡亲们笑坏了呢。

儿时，用童真的眼睛看世界，一切美好新奇。到了暮年，童年记忆越来越清晰。父亲说，那些生动画面就浮现在眼前。他就用文字记录了令人

金吉泰（前排右二）1956年参加甘肃省第一次文学创作者会议

魂牵梦萦的童年世界，创作成了精美童话。看社火的场景，写成了童话《龙灯》；看马戏的画面带领我们进入童话《木偶看马戏》《玩具驼作秀》有看骆驼的场景；陈三奶看山写成童话就叫《陈三奶和灰蓬草》。还有童话《空心老柳》《割疮》……父亲可不是简单地怀旧回忆，而是把对孩子们的期望和他的人生哲思融入了童话。

父亲用奇妙的汉字，营造出奇幻童话王国，把美好的童年回忆和人生哲理传递给天使般可爱的孩子们。

小表弟之死

1939年2月，中国的大西北天寒地冻。

日本飞机“天空”轰鸣，远处不时传来轰炸声，大地颤抖，木质窗户上糊的纸哗啦啦响，像是快要震破了。

兰州城东苑川河畔，一处村庄里，大人喊叫着惊慌的孩子，他们躲在屋檐下，胆怯地望着天空，向西飞去的载重飞机，声音大而沉闷，返回的飞机轻省了，声音小飞得快。

飞机在小镇上空打空战，机关炮弹壳不断溅落在农家院落和河滩里。一帮小不点躲在房檐下朝天上看，又怕又恨，小小的心灵里在想：要是能发明一种什么法宝，将鬼子的飞机统统打下来就好了。

躲飞机的父亲突然大哭，大人赶紧叫他到屋子里去，以为他怕了，而他却大声喊着：“四哥，四哥还没回来！”他的四哥去向西四十里外的兰州城办事，那里是飞机轰炸的目标，他担心四哥有危险。家中大人们哄他的同时，也为小孩子的爱心亲情感动。傍晚，四哥安全回家，大家悬吊的心才放了下来。

第二天，三哥带他去吃“飞机肉”。在离家不远苑川河对面的南坪上，一架被打落的日本飞机栽插在黄土坡上，摔了个七零八落。飞机机体和舱内的东西摔得到处都是，大人小孩四处寻找。三哥捡了大弹壳，有小孩的胳膊粗细，送给他当笔筒，里边可以插上大小毛笔。父亲自己在土中，捡了几个小弹壳。

父亲吵着要去外婆家，那儿是距离家七八里路一个叫齐家坪的村庄，外婆家有高高的城墙，有慈祥的外婆，还有大兜襟里边藏着的好吃的，还有外婆家那个堂小表弟。他与父亲特别合得来，两人一见就亲密得离不开，有说不完的悄悄话，形影不离，又不吵架。

这次，父亲给自己的好朋友带上了稀奇礼物：铜的小弹壳。一进家门，刚和外婆家大人们见了个面，他就要往外跑，说要去找小表弟。外婆家人很严肃地皱着眉说别找去。他哭了，但这招也不灵，大人们还是不让去找。在大人的闲谈中，他知道了小表弟家遭了土匪抢劫，而眼尖的小表弟竟认出了蒙着黑纱的土匪，用小指头一指，张口刚说了“是你”两个字，就被土匪残忍杀害。事后大人们分析，这是熟人引来的土匪，知道他家有钱财。而小孩不懂事，竟因认了出来而被灭口。

小小的父亲愣在那儿，一言不发，眼泪簌簌流着。他最要好的小伙伴找不见了，他再也见不到小表弟了。思念之际，他恨那个土匪，恨那些钱财。

面对死亡，会让人深深思考。父亲说从那时他就把钱财看得淡了。

那时，我们家也算富有，有大片水浇地，有成山成岭的旱地。家中雇有长工，他们时常怠工，穷人眼神中有着一种对富人骨子里的仇恨，父亲深有感受。兰州解放后，父亲主动给农会交了四亩水地。土改时，家里所有土地都变成了集体土地。父亲到老都没有表现出一点怜惜，而是经常讲说他入社开心，参加集体劳动时又新奇，“那是幸福的三

强身健体

年”。当巨大的引洮工程开工，要引洮河水把荒旱之地变成稻田池塘时，作为家中独子的父亲可以不去，但他却主动报名，不顾劳累辛苦参加了引洮工程。后来工程下马，父亲得了一场大病，摘除了左侧肾脏，再加上三年自然灾害，家中贫穷到了极限。

从我记事起，我们家中没有一人说过一句世道不公之类的抱怨牢骚话。好像爷爷手中办置下的那些土地，与父亲没有关系似的。不贪恋土地，不珍惜家中财产，父亲奇怪的思想行为引起了我深深的思考。

少年磨炼

父亲十一二岁时，每年冬天农闲，天麻麻亮，他就在凛冽寒风中赶着毛驴去驮脚。

驮脚就是打短工。毛驴就相当于现在的货运小车。

给缺劳力的人家驮粪、驮水、驮土、驮粮食，忙碌一早上能挣五升麦子。文文静静的父亲给人家驮粪时，驴背上两边各挎着满满一背篓粪。年纪小、身体单薄，沉重得令他无法一次从容倒掉。只能踮着脚这边倒一点，那边倒一点，轮换几次才能倒完。

我爷爷五十五岁才得子，对唯一的宝贝儿子之喜爱可想而知，但他老人家没有溺爱幼子。为了锻炼儿子，让儿子今后能独立生活于社会，扛起生活这片天，就让他去打短工。而当时我们家里生活富裕，耕地多，不仅有长工，农活忙时也雇用短工，日子在村子里算好的。

小小年纪的父亲，文雅中有坚强，依命执行。

空闲时，爷爷执意逼迫年纪小小的儿子去拾粪，父亲低着头在为难中背着竹筐四处寻找捡拾。冤家路窄，恰好在镇公所厕所边碰上了他们的校长。当时，父亲脸羞红了，恨不得找个地洞钻下去。但这种锻炼，也把他的脸破开了。

1945年，父亲高小毕业，学习好、家境好，本该继续上学深造，却因父母年老、家里缺少劳力，十三岁的他主动放弃学业，正式在家务农，成为一位地道的农民。

秋天时，他和本家比他大一岁的侄孙合伙去后山坪上驾着毛驴犁地。一人扶着犁翻地，另一人跟在屁股后面，等前面扶犁的人疲乏了，后面跟着的那人就换着扶犁，前面扶犁的人就又跟上。不是两人傻，不知道一人干活另一人坐下休息，而是山上狼多，不敢一个人独自待着。两个人，还有一头驴，聚凑在一起威武厉害，狼不敢过来偷袭。

青年时期的金吉泰

父亲说，少年时，干苦力活，忍受精神磨炼，是人一生的精神财富！

中年时，父亲能够战胜病魔、饥饿和极端的艰难困苦，与爷爷此时对他的锻炼是分不开的。

正所谓培养孩子，使其有战胜困难的心理承受力和生存能力，是真正的关爱。

蹲在乡里写书

1949年，父亲16岁。

是年秋，彭德怀指挥大军解放兰州。他和小伙伴们站在远远的山头上观战。战场上硝烟在双方阵地上升起，许久，才听见相应的炮声。

兰州解放了，军管会大量招收干部去接收工矿企业和各个部门。父亲便和年龄相仿的一个本家孙子相约去兰州参加工作。在翻越东岗镇东北的十里山时，看见了被地雷炸死的战马。走下东岗坡，黄河水线处，马步芳骑兵淹死的战马在水里四蹄朝天。

兰州市中心的酒泉路（那时老人们称它绸铺街）是决定了两个年轻人命运的地方。当时，这条街上有正在大量招收干部的“甘肃军区干部学校”和新开张的新华书店。

他俩在往干部学校报名处走去时，路过新华书店便走了进去，买了一本“西北新华书店”印制发行的《赵树理小说集》。一看，把庄稼人写活了，父亲竟完全入迷了。心想，“自己一辈子能写点这样的文字就足矣”。

父亲的大伯是一位前清的秀才，留有很多木版刻本的“才子书”。自然而然，父亲从小就翻看《三国演义》《西游记》等书；看“闲书”已成了家中孩子的爱好和习惯，但赵树理小说中的土气却把我父亲完全惊呆了，心情之激动绝不是读古典小说可比拟的。

他俩一同走进了干部学校。彼时，社会上尚未划分阶级成分，只要本人愿意，不分民族、性别、年龄、婚否，即使是目不识丁的文盲，只要一填表即是正儿八经的国家供给制的干部。

那位远房孙子在报名处填了表。他把表放到我父亲面前，父亲摇头不填。

孙子问："那你干啥去？"

"我蹲在乡里写书。"

"你想得倒好！万一书写不成那是要受穷的。"

父亲信心十足，摇头答道："穷，没关系！"

在父亲的想象中，做一个穿补丁衣服被富人轻视的穷文人，那也是很有浪漫情调很富有诗意的。

两个小伙伴就分开了。

父亲白天蹲在乡里劳动，晚上在油灯底下鼓着腮帮子开始了"创作"，操笔在纸上折腾。整整三年，毫无结果。名著拜读了不少，纸笔磨损了不少，信封儿写了不少，结果，所有投稿全部反弹归来，"奉还。请谅"了。

有大人怜悯他，指出，"干文学创作这玩意，学点马列主义的经济学有帮助。"

经济学与创作何干？什么生产力、生产关系、剩余价值、托拉斯、辛狄加、殖民地、世界大战……又厌烦又头痛。但为了写小说，父亲硬是硬着头皮啃了下去。

正当父亲窥探到了新的世界有点洋洋得意之际，正值20世纪50年代初期。农村里开展了减租和土改运动，这是一场正义的变革，我家也在被革命之列——阶级成分是富农。

家人为我父亲着想，严正发出警告："别再乱写了，你只不过想出名，但现在你已做了地富子女，笔头儿闯下麻达你吃罪不起！"但年轻的父亲思来想去，最终还是没有舍弃心爱的笔杆，因为自己不仅仅是想出风头。

幸好父亲遇到了好多好多善良的编辑、敬业的老师。如当时任《飞天》前身《甘肃文艺》编辑的清波老师，就对这个乡下投稿者热情指导、

1969年全家照金吉泰（后排右一）

提携，使我父亲的第一篇反映农业合作化的短篇小说得以在该刊1955年8月号上刊出面世。

从此，这个20出头的乡下小伙就和文学有了瓜葛，和文学界有了交往。

不管贫穷、疾病的折磨，不管亲戚、朋友的指责和远离，不管时间的流淌和世俗的诱惑，父亲初心不变，痴爱文学70年，坚持创作到生命的最后一刻。

卖驴买琴

刚一解放，各种新鲜事扑面而来。

那时家里有两头毛驴，一头青驴，一头灰驴，是干活的主力军。

一天，17岁的父亲把家里的那头青毛驴拉到四十里外的兰州城，卖了20个银圆，买了一把小提琴。

爷爷骂道：愚蠢啊，不好好养驴种地，哪有卖驴买那玩意儿的。爷爷是创业人，把土地和种庄稼看成了命根子。

小提琴通身发黄，中间略带红，颜色鲜艳，木质细腻，做工精致。四根琴弦，夹在左侧颌下，发出柔和优美的声音。真是稀奇物，看热闹的人们只是在戏台上或街头卖艺的人那儿常常见到二胡、板胡和琵琶等中国传统乐器，这种西洋乐器，瞅见过，不熟悉。

父亲告诉他们，这西洋乐器叫小提琴，还有中提琴、大提琴。人们的心里有点平衡了，这位金家后生虽然买了个洋玩意儿，但是最小的，应该是孙子辈的。

农闲时或下雨天，父亲练习拉琴。尽管初学，拉得不好，但年老的爷爷还是认真地坐在门槛上侧耳聆听。当琴音里传出《东方红》那熟悉的旋律时，我爷爷高兴地哼唱起来。

当时，在西北偏僻农村土围墙围着的简陋土屋里，传出那悠扬细腻的西洋琴声，令当时小镇子上的人非常惊奇。

听说这琴是用一头驴换来的，大家都觉得不值得！

金吉泰与老艺人探讨新创作的歌曲

音乐再好听，也没有一头驴值钱、顶用、实用，都嘲笑父亲是笨蛋或是败家子。

由于没有专业老师指点，再加上后来生活的种种不如意，疲于生计，那琴盒大多时间斜挂在墙上。隔一段时间，阴雨天父亲会拿下来仔细擦拭一番，用手拨拨，夹在颌下舒缓地用琴弦拉响几声。父亲年老时，拉那心中的爱琴，定会有许多感慨和回味。

年轻时，父亲还学着画过国画，《芥子园画谱》就是自学的老师，画的山水画在过年时就粘贴在窗户白纸上面。在那凄惨的饥饿的春节，增添喜庆，给人鼓舞与力量。

西洋小提琴，这是父亲年轻时向往新生活、新时代，与旧社会告别、决裂，走向新生的具体展现。

农民作家

刚解放，农村里读书识字的人非常少，大部分人是文盲。父亲高小毕业，算是识字人了。但他没有报名参加工作，而是立志在农村写小说。

那时，父亲订了《世界文学》，学写小说，让人觉得高深莫测，很神秘。他白天在田间劳作，晚上、早晨则趴在炕桌上，不断在纸上书写。

1955年，父亲发表了处女作短篇小说《特别使命》，编辑清波老师专门做了点评推介，一举成名。

有一天，父亲接到《甘肃文艺》编辑老师的来信，说要他把所有的手稿都寄去。很不同寻常，不知何故。父亲遵嘱，将好多手稿封成大信封寄去。

过后好多天，这一大堆原稿又寄还回来，没附信，什么也没说。确实不同寻常，也实在不知何故，父亲挺纳闷的。

其后于1956年12月去兰州参加“甘肃省第一次文学创作者会议”时，清波老师才告诉我父亲，是有人怀疑农民写不出这样的文章，所以才把许多手稿索去，用以判断真伪。

连续在报刊上发表作品，并依当时吃香的做法在名字前加注是“农民”。父亲成了当地群众眼中的农民作家，也成为省上重点培养的农民作家之一。

农民作家，成了父亲一辈子的称呼和名片。

敦煌莫高窟留影

20世纪60年代初，生活困难，父亲尽管疾病缠身，但仍在邮局订有《红旗手》（《飞天》的前身）《人民文学》《文艺报》等报刊，到时候就由我母亲去取。每听到大门道里脚步响，他就看见妻子的身影和她手中的报纸、杂志，偶尔从邮局取来一点稿费，她消瘦的脸上就显出喜形于色的表情。父亲回忆说："每次领到稿费，我吩咐她为我老父亲买一斤甘丰酒或什么东西，她照买不误，可她从来没为自己买过任何东西。"

报刊给了他温暖，书写成了他的精神追求，父亲一直在写，没有放下手中的笔。

洋芋有钱也不卖

1960年7月，父亲从洮河工地回来，全身浮肿，便血，只能坐在炕上，不能下地，不能干活。之前他在工地已有病，还住了一段时间医院。去乡卫生院、县医院找了无数医生，喝了无数药，都没有效果。一个不到三十岁的壮劳力，现在成了病汉。

1961年一整年依然如此，又翻过年到了春天，各家各户还是缺粮，吃不饱，饥饿难忍。

生产队长安排父亲去队里的山圈窑岔劳动。那儿离家三十多里，是干旱的北部山区，人少，条件艰苦，可那儿能吃饱洋芋，看似离家远了，实则是照顾。那饱满的沙沙的洋芋，给了父亲温暖和生活的力量。

一天太阳落山时分，一个高大的身影在山梁上慢慢移动，手提五尺棍，步履蹒跚。看身架、看模样，大家认出了此人是省上的干部，去过延安，是我们一个生产队的，大家都熟悉。

此人和我们是亲房，父亲热情地招呼他，嘘寒问暖。

队里的其他几个人也热情地招呼老干部。只有这儿管事的一位姓陈的伙管员，面无表情，脸色阴沉。

大家心里揣摩，老干部可能是城里缺粮，想到山圈里找点东西吃个饱。

开饭时，伙管员分配给每人碗里几个洋芋，唯独没有客人老干部的。

父亲提醒伙管员，应该给客人一份。伙管员冷冰冰地说："队里有规定，不是队里的社员不能给吃的。"

父亲一个病人，人微言轻。其他人也劝伙管员，没用。

老干部坐不住了，尴尬地说："我有粮票，买几个。"

伙管员说："有粮票也不行，队里的规定，不能卖。"

大家好说歹说，伙管员就是王八的屁股——规定（龟腚），不能变。

煮熟的洋芋裂开了皮，像盛开的白花，饱满的沙沙的掉粉，散发着诱人的香味。开花的洋芋笑容满面，期待人们品尝。可在场的众人脸色难看、尴尬，乡里乡亲的，让人坐立不安。

父亲，只能无奈、难受地看着自己的亲房受辱，"看着自家人受到薄待，心里难受极了。"没法子。几个人都从自己碗中取出两个洋芋，送给老干部吃。

老干部面色难看地吃了，晚上和大家挤在窑洞里的大炕上睡了一宿。第二天一大早，他拄着五尺棍走了。

去过延安的省城高干，那晚的心情如何，不得而知。

父亲心里非常难受。这姓陈的太薄待人了，真是歹毒。在山圈里，别说原来一个村，就是来个不认识的，或者来个乞丐，都应该热情招待、吃饱走人。

看着山圈里的人都表示出了愤怒和不满，姓陈的伙管员却满不在乎，说刚解放，他去城里求这老干部找份工作，这人架子大得很，打着官腔，把人待理不理，连句乡亲的热心话都没有。"我没把他当晚赶走就给足了他面子，还想吃我的洋芋，没门！"

为这事，父亲难受了好久。每当父亲给我们讲起这事时，还在摇头难受，自家人让人薄看令人气愤，可他也不该摆架子伤了别人。

这件事父亲讲了多次，每次都告诫提醒我们，对人一定要谦和，千万不可傲慢！特别对求上门的人，事能办则办，不能办要耐心地说清楚，态度一定要好。

文章救命

1962年，父亲大病，手脚时常麻木，握笔很困难，但仍坚持写作。

完稿之后，取名《醉瓜王》，寄往《甘肃日报》。

1962年10月，《甘肃日报》“百花”副刊罕见地以整版篇幅刊登了这篇小说。

当时《甘肃日报》副刊是综合性的，强调每期要花样繁多，图文并茂，发小说也不能太长。四位编辑商量后，便共同下定决心，“豁出”一个整版发表年轻农民作家的小说。这在“百花”副刊历史上是极少见的。

金吉泰个人照

来年，父亲的病加重，但仍然坚守自己的文学梦。

心中坚守的文学，鼓舞着父亲战胜磨难活下去。

一天，清波老师赶来我们家中改稿，两人坐在土炕上连夜修改誊写《修渠记》。作品很快发表，寄来稿费80元。那时，父亲刚做了左肾切割手术，需要休养，要用钱购买针剂。真是雪中送炭！母亲用这钱买了许多救命用的链霉素，家人称这是救命钱。

那时，父亲才30岁，大病缠身，家徒四壁，孩子饿得面黄肌瘦，半夜睡不着觉，不断咂巴着嘴巴。

病中，父亲的伙食是煮胡萝卜、拌面糊糊，吃不饱。

病榻上，想看《参考消息》（成分高的人不能订），母亲就到订报人家去借。父亲从报纸上知道了外地新闻，从《译文》上读到了国外精美的文学作品。精神享受，会减轻父亲肉体上的疼痛，给了父亲巨大的精神鼓舞。

贫困病魔缠身的父亲，书和文学就是滋养品，此时唯有精神的高贵。

经受过了巨大的艰难困苦，父亲在以后的生活中，碰见多大的困难都不怕，都会坦然面对。对一天天变好的生活，则充满知足，充满感恩。

錾凿小石磨

我家有一副石磨，和各地的石磨一样，由上下两扇磨盘组成。

上面那扇磨盘，有两个磨眼，是加工原粮进入两扇磨盘之间的通道。下面有一只磨脐，镶嵌一根短短铁柱，将上下两扇磨盘连接起来，作用类似于车轴。

这是古老的磨面工具，农村每个村子不少农家，都会有大小不一的石磨。

原粮在石磨转动中，从磨眼鱼贯而入，在上下紧贴着的磨齿啃咬下，发出巨大的轰鸣声。被咬碎的原粮从磨缝中喷吐出来，磨面人收入箩中，筛下面粉，再将原粮碎片重新灌入磨眼，循环往复，榨尽原粮，直到只剩下再也榨不出面粉的麸皮。

磨斧头

饥荒年代，苦难的家人又重新启用废弃多年的青白色小石磨，村上不少人也来借用。小石磨天天运作，时间一长，磨齿老了。坚硬的石头磨齿在啃碎原粮，也磨损了牙齿。石质再坚硬的石磨，半年，顶多一年，都是要再錾一次的，称为錾磨。这时，需要石匠重新将磨齿錾磨锋利。

錾凿磨齿得请石匠，但请不起。父亲只好自己动手，没有专业工具，用一钢钎断头钻凿小石磨齿槽。经摸索加工，小石磨变得快当了，出粉率提高了。

村上还有一家也有小石磨，磨齿老了，请正规石匠也请不起，便准备了些好吃的和一些钱，前来恳请父亲去当石匠，为他们錾凿小石磨。父亲自知是外行，怕给人家弄坏，婉言谢绝。

小石磨，原先是用畜力拉转的。现在村上好多农民背着一点点粮食到我家来磨，无畜力，人们就抱着磨杠推搡着转。一圈一圈旋转，推着推着不少人头晕呕吐——因为他们平常用水磨磨面，偶尔才在小石磨上推磨，不习惯罢了。

我们家穷，一直使用小石磨，所以大人、小孩全能推搡小磨，而且练出来了，无论推搡着旋转多久，不晕，也不呕吐。

大家都称奇！

开会发愁

1965年，父亲看守生产队河南边的胡萝卜地。守地人精心管理，偌大一块胡萝卜地，细芽芽一天天在长大长粗。渐渐地，萝卜缨长得茂盛，颜色由翠绿变成了深绿，小小的胡萝卜已由指头粗变成了胳膊粗细了。父亲认真负责看守，不能让人偷盗集体的庄稼，也不能让野兽牲畜糟蹋破坏。看着即将成熟的庄稼，丰收的喜悦影响着父亲，他的身体在恢复，饭量在增加，浑身感觉有力，心情更是好了许多。

一天，公社干部带来了一封信，通知他去北京开会，去参加全国青年

1965年，金吉泰（二排右七）参加全国青年业余文学创作积极分子大会

业余文学创作积极分子大会。

这是天大的好事。

父亲拿着开会通知又开心又发愁，开心的是自己的创作得到了认可，去北京开会能见世面又很风光。愁的是出远门，他既没像样的衣服又没钱。

“临走时，借了妻弟的棉上衣，又借了四海奶的八元钱作零用。”

父亲参会认真，“听了彭真和周扬讲话，并看见了坐在主席台上的茅盾和严文井。”父亲保存的那个蓝皮的64开的笔记本上留下了认真记录的笔迹。

“会议快结束时，党和国家领导人和与会代表合影，整个代表的合影一张收五元，含有甘肃代表队的一小张收费三元。我因手头不宽，只要了一幅三元的。”

十多天后，父亲回来了，给贫穷的家里带来了参会的喜庆，还带来了一张巨大的合影，给大家介绍说拍照的照相机是会旋转的。

父亲没有兴奋地大谈特谈北京开会的见闻。细心的母亲发现父亲脸上有愁容，就问和谁生气了吗？父亲摇摇头。只有他心里清楚，自己虽然和许多创作者一样去北京参加了盛会，但与别人比，自己成绩不大。

这就是父亲对文学的痴情。

村里街头上，一位姓陈的社员对大家说，金吉泰从北京回来了，穿着个马家娃（蝗虫般的一种小动物）的袄子，短短的，不合身。满含嘲笑的味道。

多年后，父亲说，愁容当时看来是一种争强好胜，其实是一种上进心的表现。

北京带回来的那张照片，装进金黄色的木质镜框，高悬于我家正屋墙上，给我们这个朴素贫穷的家庭带来安慰与底气。来我家的人，都会仔细端详，而我则会很快地指出父亲所在的位置。

后来，父亲如此解释：

“不是炫耀夸张，而是为了激励自己。”

无稿费也写作

1959年至1961年，父亲大病，写出了小说名篇《醉瓜王》。尽管这样，还是有很多亲人善意地劝他放弃写作。只有养好病、挣工分、养家糊口才是正业，但他仍坚持写作。亲戚们认为父亲固执，不听话，就在生气中避得远远的。谁愿意与贫困者为伍，灾难就是试金石。

1966年至1976年，富农成分的父亲居然还一直坚持写小说、写故事，这在当时是极其不可思议的。

那时，邮局规定平信贴邮票八分，稿件信只贴三分。即使这样，有一次一封要寄出的稿件，因缺三分钱而在家里放了27天之久。

父亲动手术后，看果园，在饲养园喂牲口，干的是轻活，父亲还在凌晨坚持写作。有一回，作品发表得了80元钱稿费，但同社的社员们眼红说闲话：身子弱干重活干不动，而有劲写小说挣大钱。父亲生气中毅然让母亲退回稿费，困难中的母亲拿着钱流着眼泪舍不得。庄上的老人，连邮电局的人也劝母亲私自留下。因为母亲知道父亲会看退款手续，怕惹有病的丈夫生气，她心疼地退回了稿费。邮电局的那人直说我父亲“硬气”，母亲自我安慰道：“钱退回去，病也就好了，也就再不买药了！”

之后一个阶段，写稿子没有了稿费，但父亲还是坚持每天写作。写作是父亲真正的喜好。社员们见父亲写稿子却没稿费，心理平衡多了，也就认可了农民作家的爱好。那时，父亲出版了连环画《紫曲河畔》《快乐的歌手》《烟楼的秘密》，以及一些农村生活题材的小说作品。《紫曲河畔》中的一幅插图和文字，入选由国务院文化组美术作品征集小组编、人民美术出版社出版的《全国连环画中国画展览——连环画选集（1973）》。这本连环画8开大的开本，大红封面上金黄色的书名，纸张很好，气派、美观，父亲爱不释手。

那时，省上常举办各种学习班。父亲以农民作者身份被抽调参加学习班。在那些困难的日子里，学习班上的伙食要比农村好得多，父亲在那儿可以改善生活，让手术后虚弱的身体尽快走向康复。省文联的好人们如杨文林等，就这样温暖地帮着身处困境的一位基层文学爱好者。

父亲是全省有名的农民作家，但没有正式工作，也就没有固定的经济收入，因此母亲也常笑说父亲是有名无实。

父亲的创作，是为了满足自己的爱好，不是奔着名利而来。这种爱好，也使父亲的创作历程，六十多年自始至终没有间断过。反过来说，文学也一直陪伴着父亲前行，没有缺席。

自学当木匠

1974年，规划中的兰宜公路从我家院中穿过，房屋拆迁，需要重新修建房屋。

父亲放倒了自家门前的榆树，其余从已拆房屋的木料中挑选，再买了些木料，多方筹集，材料终于备齐。

没钱，请不起木匠。父亲一个文人，一个农民，也是无奈，居然拿起锯子、刨子、凿子，当起了木工。

这些工具，在木匠师傅手中，轻巧灵活、挥洒自如，可在经常挖抓书写笔的人手中，那锯子要么夹住，要么锯不直；刨子刨轻了则刨不平，刨重了就推不动；凿子凿得眼偏斜，不方正。

刚开始手生，不熟练，多练几遍，手慢慢竟熟练了。

再仔细观察研究别人家的门窗，依葫芦画瓢画在纸上，就成了规划图纸。

邻居见父亲摆了一地长短不一

父亲试试镰刀锋利不

的木条，担心地问："你能弄在一起吗？"父亲把这些大大小小的木条套成了四个"虎张口"窗子，一副两扇门，一副单扇门。安装在新盖的六间房屋上，崭新、美观，看起来很好。大家都夸父亲能干，父亲谦虚地说："打猛看还可以，内行一看卯榫套得不严实，就知道不是木匠做的活了。"

现在想想，一位书生，竟敢去抢木匠师傅的活，令人佩服。

木匠活干了，其他的打土基、拉石头、泥瓦匠的活全是家里人自己上手。全家老小齐心协力，起早贪黑地抢着干活，竟没有请假耽搁生产队的劳动。居然是一边在生产队挣工分，一边盖起了让人羡慕的六间土坯房。

父亲亲手制作的门窗经历了半个世纪，仍然坚固完整，虽历经沧桑，仍在发挥着作用。

每年春节，父亲会找来农村传统的彩色剪纸，把窗花粘贴在窗子上，白纸映出的小猫、小狗、小公鸡，惟妙惟肖，活灵活现，让人喜爱。

童话惊编辑

1972年2月，省上举办创作学习班，从全省范围抽调作者写稿。

父亲作为农民作家，也是被通知去参加省学习班的工农兵作者之一。

接到通知后，父亲到生产队长那里请好假，便立即赶赴兰州，并拿出了精心准备的《尕羊羔登山》《一片雪花》等三篇童话稿。学习班里辅导作者的报刊编辑一看是童话，非常惊异。有个出版社编辑吓得用双手扪住了眼睛，连说：“可怕！可怕！”

主办学习班的领导知道了，又关心又有点埋怨地说：“老金，你写小说、诗歌、散文什么的不好吗？干吗偏偏就要写那怕人的童话？”

我父亲被文友们看成了怪人。

童话稿子搁浅，只能写小说，父亲的兴趣、爱好被压制在了心底。

1977年，在《飞天》主编杨文林老师的极力斡旋下，父亲的第一篇童话《尕羊羔登山》在刊物上发表。

父亲喜爱童话，原因正如他所说：“童话世界，天马行空！”

此后，父亲放手写心爱的童话，童话创作成了他最主要的创作体裁。国家级、省级儿童文学刊物《儿童文学》《中国少年报》《中国作家》《少年文艺》《故事大王》《童话报》等报刊都有父亲的作品，甘肃报刊更不用说了，都是全力支持本土作者的作品。

四十多年，父亲坚持不懈进行童话创作，一辈子发表了三百多篇童话，出版了十多本童话专著。

爷爷出版童话书了

童话，令人着迷的文体，父亲专门写了创作谈《令人痴迷的童话》。充满幻想，孩子们喜欢，是父亲喜爱童话的主要原因。

农民创作的带有泥土香味的田园童话走遍了大江南北，也传播到了中国宝岛台湾，受到了孩子们的喜爱。

当《童话报》女编辑张丽杉来信说，童话《哑树》感动得小读者流泪时，父亲特别开心。

“精打铁掌助龙驹，不把醉草喂羔羊”，这是父亲创作的信念。他独创的《田园童话》《天生童话》等受到了读者、编辑的喜爱，作品集入选全国和多省市的农家书屋，也被评为改革开放40年读者最喜爱的甘版图书之一。

学骑自行车

20世纪80年代初，父亲去乡文化站当干事。文化站要开展各种文化活动，如举办文学讲习班、篮球赛，经常要到各村去找人办事，行走很不方便、年过半百的父亲便决定学骑自行车。

我家平常封存的自行车，正好能充分发挥作用。

那时候，农村自行车很少，上岁数的人都不会骑自行车。小孩子学自行车，都是在麦场上，先踏着脚踏蹬溜，溜熟了，再“掏巧儿”，就是用腿从车梁下穿过去骑，然后再坐到座子上骑。

会骑自行车的人，车在人手中灵巧自如；不会骑的人，那是个庞然大铁物，一点也不听话，总会连人带车摔倒。疼痛倒是其次，周围起哄的笑声，让人难受。那时，小孩子多，没事干，跟着看别人学骑车也是件快乐的事。

大人学骑车，腿长，只好一脚踮着，直接坐在车座上骑。

父亲摔了很多跤，还是学不会，母亲劝父亲别学了。

父亲没有泄气。他想了个好办法，离我家不远，在309国道边有个水渠，石头砌的，上大下小，倒立的梯形，冬天没有水，屁股跨坐在座子上，车子一斜，脚就能踩踮在渠边上，车子摔不倒。父亲晃晃悠悠地骑着，从农田里回家的乡亲们，嘲笑父亲是八十岁学唢呐，掂不住自己。

父亲总是吃完晚饭后，才去到离村庄较远的渠道里去学。那时，碰见的人少，父亲就一直学到天黑黑的。

我总跟着父亲学自行车，还受到了老人的表扬，说最小的儿子会关心

金吉泰虎丘山留影

人，其实我是趁着这机会推推车子，或者自己练练。

不知过了多长时间，父亲学会了骑自行车，就专门买了个20元的旧车子当作专车。父亲骑着自行车来往穿行，给乡文化站办事，还会去县城、去南山、去北山，去苑川河流域两三个乡的学校推销《东方少年》杂志。

骑自行车办事来去很方便，父亲常感叹说：“自行车没有白学，帮了大忙。”

真是技多不压身。

一直骑到七十多岁，骑不动了，随着公交车的普及交通也方便了，父亲才告别了骑自行车的生涯。

吆喝玩社火

20世纪80年代初开始实行包产到户，农民的生活改善了，大家想着过年时乐呵乐呵。

那就玩社火呀！

父亲当时在乡文化站当干事，又是个热心人。繁荣群众文化活动职责所在，理所当然成了主要倡议者。

算起来，我们村上二十多年没有玩过社火了。村上没有留下家底，所有身子、吹拉弹唱玩耍的家什陈设都得重新置办。这需要大量资金，让人担心，有点发愁。

玩社火，传统筹集资金的方法叫化布施，也就是化缘。一人脸上涂黑抹红，反穿皮袄，扮成丑怪的瓜（傻）娃子，倒骑小毛驴，敲锣打鼓，挨家挨户上门，凭各家农户自愿捐钱。募捐工作从上街头社开始，有捐五毛的，有捐一元的，还有的捐三元。我家尽管生活拮据，由于父亲是发起人，得大力支持，就捐了一个大团结——十元，是那天捐钱最多的一家。

我一边看热闹，一边在悄悄观察了解情况，小小的我为父亲倡议的活动担着心呢。

晚上，父亲回来说，效果不错。一家人悬着的心才放了下来。

第二天，他们又去其他生产队化布施，还找到外地工作的乡亲寻求支持。大家积极性很高，踊跃参与支持。

由于父亲的缘故，我们家人也主动参与到社火的前期准备工作中，干着能干的一切。

蜡烛是社火里用量非常大的消耗品，需要一大笔开支。为降低成本、节约资金，父亲建议买石蜡，自己蘸蜡。从城里买来两寸来厚的长方体，白色中带点黄，用手摸感觉有点滑腻的石蜡块。专门派人去南山的森林里背来一种又硬又易燃的柴草秆，截成20厘米左右，一半缠上棉花。在锅中把石蜡溶化，把截成段缠了棉花的草秆不断往溶化的石蜡中插入，蜡蘸在草秆上，凝结，再插再蘸，一个胖乎乎的蜡蘸成形了，蜡烛模样不像成品蜡烛是标准的圆柱体，也有自己的特色。点着一个，发火好，亮灿灿的，耐用。

一天，父亲去省城兰州买锣、铙钹，回来时很兴奋。他们连去了两个地方都觉着贵，最后找到一家文具批发店，不仅有各种的铙钹，有需要的型号，价格还挺便宜。父亲高兴了，使劲敲着锣，敲着铙钹，声音脆亮。余下的钱，还能买个鼓。边选边敲，声声震耳，吸引得顾客和过路的人进来围观。父亲完全处于一种兴奋状态。营业员捣捣父亲，再指指躺在柜台上的黄背包。父亲马上清醒紧张起来，一把抓过来背包，看看里边东西还在，心才放进肚里，把背包一直紧紧抱在怀里。回家路上，父亲越想越怕，若把公家的钱丢了，怎么解释？怎么赔偿？两三百元钱，那时可是天文数字。

社火如火如荼地排练着。每个生产队担当一个角色，一队是龙，二队是狮子，三队是高跷，四队是龙，五队是旱船，六队是七巧灯，七队是狮子，八队是马驹儿。打太平鼓、敲家什、举旗、挑灯的人员各队都有任务。

每场社火表演结束，习惯要有后台，就是演秦腔戏，这是标配。父亲四处诚邀秦腔好家，选好人后没有戏服，四处打听，得知邻村邴家湾有。借戏服，父亲义不容辞担起任务。不知是父亲要带我去开眼界，或需要我给他帮忙，还是因为我好奇，硬跟上了去。天黑了，父亲带着十岁的小儿子去五里远的邻村借戏上的香（演戏的衣服）。寒冬之际，天黑得早，人也休息得早。要找的人，父亲只知道他家的大概位置，黑灯瞎火，找个人问下路都得等半天。费周折打听了半天，才在个崖沿上的一个深巷里找到一个大门楼。一推大门还好开着，赶紧拉紧门拍喊，怕狗出来咬人。没有狗叫，人出来了，是个中年妇女，一问就是这家。心放下，可这妇女说他掌柜的吃完饭出去了，不知去干啥了。那人听我们是邻村玩社火来借演戏衣服，还挺热情，倒了杯开水，说等等就来。父亲无话找话地说着，好在农村人熟悉，三说两说就把熟人亲戚联系了起来。我焦急地看着门外，马蹄钟噌噌噌快速走着，他家几个和我差不多大小的孩子，已打着哈欠迷迷瞪瞪准备睡觉。女主人说，男人平常不出去，没啥事应该快来了。父亲试探着说，“太迟了，麻烦你去给我们找找。”那妇女倒很畅快，出门去找。好大一会儿，快11点女主人来了。说马上就来，她男人的一个同学家老人放命，他们商量办后事。我听了头皮发麻。又等了好大一阵子，一个高个中年男人回来，对父亲挺客气，领着我们去队部里去取戏服。大集体时每个生产队都有办公的地方，他们的队部是村麦场上的几间平房，电灯很耀眼，一个库房里挂着红绿青黑的各色绸衣服。半夜三更，站在那还有点胆怯，怕那戏服里边钻出来一个黑脸包公。选好了戏服，父子两人背着衣服，在黑乎乎的路上往家里走去。父亲很开心，说今天运气不错，一下子就借全了。我心里有点害怕，好在父亲温暖的手拉着我。

庞大的社火队伍起来了，服装鲜艳，参与者精神饱满。社火玩了一场又一场。大家兴头很高，从不迟到早退，一定坚持到底，绝不半途而废。白天黑夜玩，没有一个人喊累，大家都沉浸在欣赏或参加表演之中。社火，把人团结在了一起。

那是个快乐的春节，那是个热闹的春节，大家直呼过瘾。

社火是中国民间庆祝春节的一种传统狂欢活动，现在是西北地区甘肃、青海等一些地方的非物质文化遗产。

社火，人称“丑”社火，人们穿得大红大绿，脸上涂抹得黑白黄红

秦腔剧《邸娘娘嫁女》演出照

的。几千年来讲究礼仪、憨厚、拘谨、纯朴的中国农民，在这时、在这里，可以放开性子狂欢，这是中国式的农民狂欢节。

在这偌大的社火队伍里，走在前面的有春官大老爷，发号施令的是社火头。

而从吆喝、化布施、买东西到演戏，一直参与的父亲，只是默默地服务。作为社火的发起者，又是乡文化站干事，又是全省知名的农民作家，他没有一点“领导”者的架口和派头，每天提个黑色人造革手提包，装着有关社火的资料，一直跟随社火，主动去干各种大事小事，一丝不苟。

当时，我有点失落，为父亲打抱不平，可父亲好像挺乐意似的。

现在回忆，父亲是真正的群众文化工作者。

业余好写作

父亲业余爱好写文章，竟坚持了七十年。这种痴爱，这份执着，令人赞叹。

父亲50年代初就开始学写作，白天在田地里干活，早晚在纸上写写画画。1955年，他发表处女作短篇小说《特别使命》，被称为农民作家。这农民不仅是他的身份，更是他安家立命的依托。作家只是业余的一种爱好，是在工作之外挤时间写作的人。

父亲喜欢早睡早起，晚上八九点就睡，早晨四五点钟起床。在我很小时，半夜一睁眼，白纸糊的窗外天还黑乎乎的，而写字台上的台灯亮着，父亲坐在靠背椅子上，手拿蘸笔，凝神写作。那背影深深刻在我的脑海，当时觉得父亲形象十分高大。天大亮，生产队员上工时，父亲就去干生产队长安排的农活。

父亲当农民时这样，在文化站当专干时这样，在报社打工时这样，坚持50多年清晨写作。

父亲说，早晨安静，写起来精神集中。那一篇篇童话、小说就是在清晨空气新鲜、精力饱满的美好时间里完成的。

创作时间，都是父亲在工作之外的业余时间挤出来的。他不看电视，不喝酒打牌，不参加应酬娱乐，没有其他业余爱好。因此，父亲唯一的业余爱好，只是文学创作。

人生七十古来稀，父亲结束在兰州的打工，回老家生活，还坚持干农

金吉泰参加金崖中学《苑川》校刊座谈会

活，农活之余就写作，再到后来农活干不动时，就变成了上午、下午写作，晚上坚持看新闻联播，后来又喜欢上了海峡两岸、军事天地等节目。

父亲干不动农活了，这时候父亲真正成了“专业作家”，有时间了但眼疾又困扰着他。

父亲年老眼睛不好，我们劝他少写，他竟乐观地说：“看不见花花世界，就不会受外界干扰，美好的生活画面就会浮现于眼前。”他一手拿着比较粗的碳素笔，白纸上写着硕大的黑字，字形歪扭，字行忽高忽低，有时甚至重合。尽管这样，父亲的思想还是天马行空，显现演绎着美妙的童话。

时间的充裕，一生的厚积薄发，也就自然形成了父亲晚年创作的高产期、丰收期和收获期。

为了业余爱好，坚持了七十多年，整整一辈子，文学、生活、生命已融为一体，写作变成了生活。

人如果把爱好变为生活，就一定能收获硕果。

创办苑川文学社

去乡文化站当干事，每月工资45元，这对父亲来说是个大好事。

改革开放之初，人们对知识充满渴望，对文学充满热爱，全民都有文学梦，写作积极性很高。每到冬季，父亲就举办文学讲习班，一下子吸引来了周边乡村的许多泥腿子文学爱好者。

大伙在古庙戏楼西边耳楼上，听父亲讲座，大家围着火炉，手中拿着书报，一边兴高采烈地探讨，一边练习写作。等每人拿出初稿后，学员金怀德的父亲善写毛笔字，便请他把小小说初稿就像写大字报那样写在大纸上，悬挂起来，供围坐火炉周围的学员边看边讨论。小青年们都来自农村，天真、淳厚，说话直来直去，根本没有专业文人的那种客套与文人相轻的习气。

经过多次讨论、琢磨，逐一改稿，把比较好的作品经由父亲亲自送到编辑手中。父亲不仅自己传授，还利用认得省城文学界名家以及报纸杂志编辑的资源优势，登门请名家来讲课。省文艺界杨文林、赵燕翼、曹杰、于辛田；《飞天》编辑清波、李禾、冉丹都来金崖作社会考察并与基层作者见面交流。

就在文学班上，韦锦莲，一个四十多岁的农村妇女，写的小说上了《飞天》。她识字不多，不会写的字就问上四年级的女儿，让大家称奇。陆彩云，还是一名中学生，几篇文章发表在贵州的《幼芽》刊物上。一时间，省内报刊《陇苗》《甘肃日报》等都有榆中农民创作的作品。农民业

金吉泰（右一）、榆中县文化馆负责人在金崖文化站与文学青年交流

余文学创作，一时搞得很是红火。作品发表，父亲比作者还高兴，这是他耕耘的收获，他便骑着自行车去几十里外送样刊。

当时，有人笑问父亲：你办文学社能写出《三国演义》《水浒传》吗？父亲回答：不能。

但农民们，写出了自己种粮之外的产品。

父亲颇为羡慕河北陈跛子组织的“青蛙”漫画组，他们使农民漫画走向全国。

榆中的文学创作红红火火，父亲倡议组织成立了全省第一个农民文学社“苑川文学社”，书法名家黎泉题写了牌匾。

成立那天，省市县的领导、文艺界的大家以及电视台、电台、报社的记者都来了，三圣庙中的金崖文化站热闹非凡。先是成立大会，父亲当选为社长。然后去兴隆山采风，让人最惊奇的是下午五点多从兴隆山返回时，大轿车上的收音机正在播放甘肃广播电台采访的文学社成立的消息。在座的文学社社员们仔细聆听，兴奋异常，这是多么光荣的事呀！

为办好成立大会，父亲忙了几个月，重点是请人，多次坐班车去省城，逐一上门邀请落实。

当年，一位文学爱好者保存的一份油印“榆中苑川文学社社员及文学青年登记表”上，人员多达110人。

1988年9月，第二届文学讲习班顺利举办，刘玉、祝正祥、吴季康、匡文立等作家、编辑讲课，并指导修改作品，活动共进行了五天。《飞天》前主编杨文林和诗人何来、李老乡，偕同时任主编马青山，编辑宋亚霞、赵剑云、陈青来金崖与县内农民作者相见。作家赵燕翼、阎强国、匡文留、靳莉等专程来榆中看望鼓励农村作者。

苑川文学社直到现在，还是团结榆中文学爱好者的一个大家庭。

父亲被聘到报社编副刊时，也特别关注、关心、扶持农民作家，再到后来父亲年老回到老家，我家小院又成了农民作家聚会的据点。

2002年5月，兰州市作协在金崖小院举办纪念毛泽东延安文艺座谈会讲话发表60周年活动。2012年，《甘肃农民报》编辑部曹剑南、郭万杰老师来金崖参加活动，写稿《苑川河畔文学潮》。杨文林、何来、李云鹏等文学大家专程到金崖与榆中农民作家亲切交流并进行指导。

从20世纪80年代到现在，榆中在全市以及全省文学创作的人数和成果都是首屈一指。经过近四十年的共同努力，榆中有四人加入中国作协，出版作品集上百部，多人多次荣获甘肃省委省政府颁发的敦煌文艺奖等。

家中常来拜访者

小时候，交通不便，偏僻农村里人员交流不多，来往的客人基本上是亲戚。我家情况特殊，父亲是位农民作家，文学爱好者不时会慕名而来。

小小的我从刚记事起，邻村有一高中毕业的大个子，还有我们村上下驿头的一个胖子，还有尕坡跟前的一个小个子，隔三岔五来我家里找父亲聊天。特别是雨天坐在我家热炕头上说话，一说就是半天，说是在谈文学。有时还拿来稿子让我父亲看，让我父亲修改。

害得我们几个孩子只能在院子里玩，还不敢高声说话。我实在想不通，他们坐在一起一直说啥，父亲为啥不烦。

恢复高考时，不时有准备高考的学生来请教如何写作文。

改革开放时，文学创作风潮涌起，成为一种时尚，似乎全社会的人都做着作家梦。来的人有痴迷文学的，写了好多好多；有自负的，认为自己怀才不遇，篇篇都是名篇；有急切的，想马上就能发表作品，一举成名。父亲总是很热心、很诚恳、很实在地提出建议。有的人没有听到自己想听的话，一去再无音讯。有的人尽管很认真，写得也多，可是缺乏悟性，说了多少遍，连旁边闲玩的我都听懂了，那人却还听得迷迷糊糊。可父亲从不厌烦，很有耐心。

父亲很热心，对每一个来访的文学爱好者都热情招呼，倒上茶水，尽兴寒暄。家里人在父亲的要求下，对来访者都很有礼貌。

当然，也有作者来得不是时候。一次我们家正用草筋泥抹房顶，这活儿是流水作业，和的、提的、往房上吊的、运送的，再有抹的，每一个环节得有一人。父亲承担的是最重要的也是最后一道工序，在房顶往平整抹。车子铃声丁零零一响，大槐树村修电视机的郭师傅一边放停自行车一边笑嘻嘻地打招呼：“金老师，在抹房啊！”父亲拍拍手上的泥土去接待客人，我们等着。可那人话多得说不完，我们暗暗说这人没眼色。只好由哥哥们充当匠人，把农活干了。

一次，父亲从兰州回到家里时，天都快黑了，他开心地说大个子的一篇小说发在《飞天》上了，这是大事，让我赶紧去给送刊物。大个子家在邻村，要穿过庄稼地和一条河床上有许多大石头的干涸的季节性河道。我拿上样刊，快速跑去，等跑回来时天都黑黑的了。父亲问，给刊物时那人是个啥样子？我说：“笑成了个喜儿，拿在手里净看，都不知道和我打招呼。”

还有一个作者的童话在上海《童话报》上发表了，父亲说这是个突破，亲自骑车去七八里外的作者家中，把样报送到作者手中。

父亲热衷于指导别人创作，也喜欢鼓动，有时候父亲还显得特别迫切。我说父亲是拔苗助长，有的人明明不爱文学或没有那个天赋，是跟着凑热闹，不值得费那么大劲。

父亲对我说，我们邻村有一个唱戏的把式，声音、架子都非常好，在我们一川里都赫赫有名，可没有传下一个弟子。把式去世后，人们说起他时，都摇头说：“可惜，可惜！”

不仅文学爱好者来，连《飞天》《陇苗》《甘肃日报》《甘肃农民报》编辑老师也常来，省城的好多赫赫有名的作家都来过我家。著名作家赵燕翼深入生活时，在我家住了二十多天，他每天与各式各样的农民聊天，还帮我家种油菜。赵老师大高个、方脸膛，衣着朴素，说话慢而和蔼，可写出的《小燕子和它的三邻居》《红蚂蚁黑蚂蚁》《雁儿飞马儿飞》等童话精美高雅，诱人有味，让人惊叹。

上门拜访者不时在变换着面孔。那些文学爱好者，有的实现了敲开文学殿堂大门的愿望，有的当上了文化部门的领导，有人停笔不写了，也有的认为老父亲写得太乡土，不喜欢。可不断又有很多新的爱好者来拜访。几十年来，上我家拜访的人一直没有断绝。

文学的魅力把这些人吸引进了我家的小院中。来我家最多、交谈最投机的还是农民，这是阶层、阶级决定的，父亲对农民作家最好。

父亲唯一不赞成的是中学生搞创作。他说，学生要好好写作文，别因为沉迷于写小说、诗歌，影响了学业。多少年后，一个知名企业家说高中时她痴迷上了写作，拿着最得意的作品去找我父亲，结果父亲看完后没有鼓励，也不热情。她的作家梦从此破灭了！我说，若当时父亲热情那就多了一个作家，而会少了一个企业家。大家哈哈大笑。

我坐在炕沿上，因为要给来的客人倒水。一边玩，一边旁观着父亲和来人在茶几两边面对面畅谈文学。父亲喜欢撺掇别人搞创作，可不知为

金吉泰（前排右二）与兰州大学文学院院长李利芳（前排左二）及其学生合影

小院欢聚

啥，他从不逼自己的孩子写文章。

可在那样的家庭气氛影响下，父亲的谆谆教导竟影响了“旁听生”的我，长时间的耳濡目染、言传身教使我的内心发生了变化，上师范后我也喜欢上了写作，途中也有松懈放弃之念，可在父亲的引导下，我坚持了下来。

从此，我与父亲的交流中又增加了文学。

父亲痴迷文学创作，关爱青年后辈，喜欢交流鼓舞指导，热心修改、帮助提携，吸引来了无数的文学追梦者。

那坐落在苑川河畔，古丝绸之路旁，有两棵枣树的普通农家小院，成了榆中、兰州乃至甘肃许多文学爱好者和文友们相聚畅谈抒情的乐园。

小的时候傻着呢

我尕的时候傻着呢！

这话不是我现在的反省，而是我六七岁时对四五岁时做的一件事的感悟。

现在来看，是不是觉得很可笑，很幼稚。但当时我的父亲并没有笑话我，还给予了认可肯定，这对我一个习惯的养成有很大的帮助。

四五岁时，父亲去省城参加文艺讲习班，回来时给我带了几本连环画和儿童刊物《红小兵》，崭新的图书平平展展，封面和插图十分精美。这可是稀罕物，在那之前我没有见过娃娃看的书。

先是父亲给我讲里边的故事，后来哥哥姐姐给我讲，我懂得故事的内容后就自已看，还讲给周围的小朋友们听，那些比我大许多的小朋友都听得痴迷。一遍一遍地翻看，书的角角一页页卷了起来，再一张张捋平，压在炕席子下面。书压平了，有了炕土味，又接着看，后来看厌了，不知扔到什么地方去了。时间一长又想看，翻遍了整个家里书都找不见了。

失去了才觉得可惜。特别是一本连环画中的主人公叫小山子，和我年龄差不多，机智、勇敢、勤奋，是我崇拜的榜样。我时时想念诱人的小人书，后悔自已不操心弄丢了。

一天，父亲逗我玩儿，我记起了小人书的事，就一本正经地说："我那时候傻着呢！把小山子给丢了，那是我最喜欢的图画书。"

父亲慈祥地对我说："尕泉（我的小名）懂事了，记起了小山子。"并几次给家里人说起我的这句话，父亲表扬我，我也受到了鼓舞。

金吉泰（二排右一）全家照

之后，父亲去城里，又专门给我带来了连环画。这次，我记住了上次的教训，每次看完后我就把书藏在隐蔽安全的地方。父亲每次去城里回来，都给我买小人书。我都存了起来，书存得越来越多。

父亲都表扬我懂事了，我再把书弄丢，那就丢人了。

父亲时常会学说我说过的话，表扬我长大了。我高兴之余也在提醒督促自己，别犯老毛病。

我上小学时收藏连环画书有100多本，还在大街上摆起了书摊，看一本两分钱，挣起了钱，存下钱后再买书。

现在，那一两百本连环画，还保存完好，只是显得有点陈旧，但一看到那些书，一幕幕场景就会展现出来。《岳飞传》前三集，是一块儿买的，我包了牛皮纸的封皮，还用毛笔写了书名。这套书是陆续出的，为凑齐一整套15本书，可用了好长时间，费了许多气力。《双枪陆文龙》是二哥托兰州新华厂的人从天水新华厂找来的，《牛头山》是父亲托了好多人才买来，终于帮我凑了一套完整的连环画。

我还存了许多书，搬家时一箱箱的，最重，最累人，但我都珍惜保存着。

这存书的好习惯，是在父亲的表扬中帮我逐步养成的。不知道父亲当时是否有意，但非常感谢我的父亲对我无微不至的培养。

小伙伴的嘲笑

那时候，我每天和小伙伴们在巷道、麦场和土山上疯玩。

有一天，在外边玩耍时，渴了，便一溜烟奔进我家厨房，拿起水勺在水缸里舀生水一顿猛喝。畅饮后，一抹嘴唇来到我家正房。恰好父亲在屋里坐着，几个小伙伴黑子、科子、猴儿有点拘谨。父亲温和地招呼我的好朋友，并仔细询问他们家里的情况。

一拉家常，气氛活跃了。

父亲坐在靠近写字台的靠背椅子上，小伙伴则斜靠着炕沿或坐或站。我则蹭到父亲跟前，屁股一抬顺势坐在了父亲的大腿面上，父亲搂抱着我和几个小朋友说话。

“嘿——”科子拉长声音笑着，并用手指着我。我一愣，干啥了？一脸茫然。

科子说：“你看你看！”他指着我坐在父亲怀里的样儿，示意另外几个小朋友，他们都张嘴瞪大眼睛朝我笑了起来。这是在笑话我！我懂了，他们笑话我这样大的人了还在父亲怀里撒娇，我便猛地从父亲的腿面上蹦到了地上，显得很不好意思。

其实，我平常在家里时就是这个样子，父亲经常抱着我，逗我说话，家里人聊天说话也是这个样子。我觉得非常自然，没有一丝的可笑和不好意思。

好像父亲的大腿面就是我的椅子，父亲的怀里就是我最温暖的港湾和依靠。

父亲看出了我的窘样，拿出来了连环画让我们几人看，并给我们几个认真地讲解。同伴们的眼里充满了羡慕，觉得我父亲真好。

同伴们的诧异和我的不好意思，也提醒了父亲。

父亲首先感觉我长大了，对母亲和家里人说："尕泉长得挺快，原来是抱起来坐在我腿上，现在屁股一抬就坐上了，脚也挨上地面了。"并分析说，"科子的爸爸在外地上班，而他的伯父比较死板，是不会和孩子们亲昵、玩耍的，所以他们对我父子的亲热行为很惊奇，也觉得很可笑。"

那时候，我们印象中都是严父慈母。生活窘迫、孩子众多，父亲板着脸打孩子、骂孩子是常态。父严子怯，非常分明。不像现在的年轻爸爸，只有一个孩子，最多两个，对孩子十分溺爱、亲近，一起玩耍，像是好朋友。

而我，则因为父亲是个文化人，比较开明。我又是父亲七个孩子中最小的孩子——老生胎，才得到父亲更多的慈爱。在小伙伴的眼中，父亲对我的疼爱则成了另类。

看看，当时的我是多么幸福。至今回忆起来，都能感觉到一种温馨和浓浓的父爱。

父亲，是我一生有靠背的椅子。

瓜房前赏月

玉米快成熟时，生产队安排，父亲和本队的一位老人刘师傅，去村庄后面的山坪上看护玉米，防止獾猪破坏，也防止人为偷盗。看护时间是白天、黑夜，尤其是晚上，更要盯紧看牢。

獾猪，不仅偷吃，还搞破坏，有时能咬断一大片嫩生生的玉米。玉米棒刚刚灌浆，还不饱满，让人看着心疼，所以人不能离开。白天我去给父亲送饭，当我走上山坪时，整个山坪都是郁郁葱葱的玉米，快成熟了，玉米叶变成了青黑色，每株都伸出一两个硕大肥胖的玉米棒子。

我爱去送饭，还有个原因，父亲有时候会给我存下煮熟的玉米。凡是獾猪破坏的，风刮折的玉米杆，看守人就掰下不成熟的或半截玉米棒煮了吃。

我几次央求父亲想在瓜房子里睡一晚，父亲同意了。那天下午，我比平常早一点去送饭。父亲吃饭，我坐在瓜房门前的石头上，一眼望去，坪上、山湾里的玉米地尽收眼底，夕阳西下，红色的霞光洒在玉米叶上，像洒了金子一般。微风一吹，玉米叶飒飒地响着。我则进入了幻想天地，晚上的这个山坪是个什么样子，怕人不?

和父亲一起看护玉米的刘伯伯，比父亲老，说话慢腾腾的，也不爱说话。

太阳一下山，大地上好像被罩了黑布一般。

突然，我看见西边一地沿的地埂上跑着一个小猪一样的东西，比猪胖，肚子挨在地上，再往跟前走，看得更清了，那家伙头扁，鼻尖，耳短，颈短粗，尾巴较短，四肢短而粗壮，背毛为白色，下颌、喉部、腹部以及四肢都呈棕黑色。我不知道这是啥，用手捣捣父亲，父亲顺着我的指头一看，猛地回头说："獾猪，抓！"父亲抄起一把钢锹，追了过去，老刘也拿起一根木棒冲了过去，我也翻身往前跑。那家伙听见了响动，掉头向地埂下跑去，那肉嘟嘟的身体明显加快了速度。在我们的追喝声中，獾猪钻进玉米地，三拐两转找不见了。三人仔细寻找，也没有了踪影。

父亲说，今天算是把这害人精见了，平常只见它毁坏的玉米，可没见过踪影。并说这家伙牙齿特锋利，在它留下脚印的必经处，用粗铁丝拴了套子，套住了它，可它竟然咬断铁丝跑了。两个大人分析，这家伙在这儿出现，说明它的窝离这儿不远，以前他俩都是在远处寻找，说不定就在眼皮底下。我则想，刚才若追上，钢锹能打过它吗？它不咬人吗？说不定它还会咬钢锹呢！

天很快就暗了下去，我总是听见玉米地里飒飒的像是有人的脚步声音，真怕忽地往外钻出一个人来。

忽然听见西边远处有人呼喊，前面坪沿上有声音在回应，父亲和老刘也把手合拢成喇叭形呼喊回应。这是几个生产队看护庄稼的人在联络，若有大的情况可以互相支持。这一呼喊，我放心了，这山坪上的玉米地就像电影里藏着游击队的青纱帐，到处都有我们的人。

父亲去巡查，要把我们队的地从边界上整个查看一遍。刘伯伯岁数大，和我待在瓜房前坐着。一会儿，月亮从东边升起来了，整个大地明晃晃的，真是月光如水。远处峰峦叠嶂的黄土山，静静地躺着，好像比平常低矮一些，月光照见处亮亮的，山的褶皱处月光照不见的地方却有片黑影。那月光看起来静静的，比平常更温柔、更宁静。

好长时间了，父亲还不来，我为父亲担心，如果地里钻出坏人或野兽咋办？我伸直耳朵听着，远处的脚步声近了。父亲回来了，怀里还抱着几个玉米棒子，说可能就是刚才那头獾猪，咬断了十几根玉米，吃了玉米棒子。我看见一个玉米棒子只剩下了半截，父亲指着牙印让我辨认。

刘伯伯架火在茶壶里煮玉米。我则暗暗感谢獾猪的破坏，让馋嘴的我没有白住。为了吃的，瞌睡也没有了。父亲和刘伯伯唠嗑。我一边听，一边幻想着我的天地。

月光照耀着我们，天地静悄悄一片。

父亲讲月亮中的吴刚、嫦娥、玉兔的优美故事，我则抬头仔细辨认明月中的桂花树和可爱的小白兔。

刘伯伯和父亲说，他总听见瓜房东边的深沟里有“吭哧，吭哧”的声音，他有点怕，父亲说世上没有鬼。听得我倒有点害怕，往父亲身上靠了靠，仔细侧耳聆听那寂静的大沟中是否有声音。

父亲话题一转，讲起他年轻时，土地私有，我家的沙地就在这儿。那瓜成熟时，颜色发黄发亮，月亮一照，闪耀光芒，真是好看。天热时，砸开一个，瓜瓤又沙又甜，流出的瓜水里含的糖分多，都黏手。我听得直咽唾沫。

这时，玉米棒熟了，野地里连接天地之灵气，这儿煮的玉米就是香甜，和家里煮的不一样，特别是壶底下的有焦味的玉米棒子才好吃。

吃饱后，抹抹嘴睡觉。瓜房里的土炕上，铺着绵草，父亲在上面铺着一张灰中带黑、带白的山羊皮，羊毛软绵绵的，睡在上面真是舒服。一会儿我就进入了梦乡。第二天醒来，全身乏懒，真舍不得离开那羊皮和绵草。

时隔多年，野外住宿、月光如水、慈祥父亲的一言一行，还时常如电影般一幕幕在我眼前浮现。

小公鸡打鸣

父亲属鸡，我也属鸡，都挺与鸡有缘。

小时候抓鸡是我的一绝。走到鸡跟前，小手一伸，母鸡蹲立竖起双翅，我就吃力地从两个翅膀把鸡提起来，沉甸甸的。

母鸡生蛋，要找个偏僻有麦草的地方。人常在麦衣棚、草堆、杂物间里找鸡蛋。鸡咯咯咯地一叫，奶奶就会喊我去找鸡蛋。我会很快找出热乎乎的鸡蛋，放在奶奶手中，奶奶会夸我，在父亲跟前也夸我。鸡发现蛋被人取后，也会寻找更隐蔽的地方，连续几天都会听见鸡叫，而找不到鸡蛋。农村农舍院落都紧挨着，还有公共场所，弄不好蛋会丢的。因此我用心地寻找，也仔细聆听，鸡刚一叫就马上跑过去。找见新鸡窝了，里边竟有一窝窝鸡蛋，有七八个之多，真令人高兴。

天还没亮，父亲起床惊醒了我。父亲逗我，说他是老公鸡，我是小公鸡。每当看我睁开了双眼，父亲逗我说："尕公鸡怎么叫呜？"

我伸长脖子鼓起劲，拉长嗓音，"勾勾勾——"，音色清脆嘹亮。

父亲夸我叫得像，我叫得更欢实了。

父亲说："你听老公鸡怎么叫的。"父亲故意嘶哑着嗓子叫起来，声音破哑，"咕咕咕——"，难听。父亲说像不像瓦碴子擦铁锅。惹得我和母亲都笑起来。那时躺在父母中间，父母逗我，我则努力表现。回想起来是多么温馨幸福。

这是早上的必修课，父亲逗我玩闹。这一学鸡叫竟逗得院中的公鸡与村庄上的公鸡此起彼伏地鸣叫。

玩笑过后，父亲起来写作。那闪亮的台灯光芒四射，把父亲的身影放大，投放在墙上、屋顶上，父亲静静地坐在那儿，蘸笔在稿纸上唰唰地写着。父亲完全进入了写作天地，我不敢影响父亲，悄悄地看着，慢慢地我又进入了梦乡。父亲写了篇童话《公鸡和闹钟》发表在《儿童文学》，其中就有我们父子的身影。

在父亲的影响下，我也走上了文学创作之路，专门写寓言，2004年出版第一本寓言集时，我请父亲写序言。父亲说，老子给儿子写，说好了人会笑话，说不好，达不到序言的目的。就写了六篇寓言命名为《写给儿子的寓言》，第一篇就是《小公鸡打鸣》：一只小公鸡打鸣，太阳升了起来，他觉得自己了不起。有一天，他没有打鸣，以为太阳就不出来，结果太阳照常升了起来，小公鸡骂太阳没良心。小公鸡只好去干第二件事：写寓言。这是父亲寄语儿子：别掂不住自己，要好好写寓言。看过《西部寓言画卷》的读者大都记住了这则寓言。

父亲出了几本书，不论童话、小说、戏剧，都是简装本，他特别喜欢硬皮的精装本，黑色的缎面让人喜爱。正好敦煌文艺社出版“陇原当代文学典藏丛书”，王忠民社长把父亲的儿童文学也列入计划，父亲选了书名《快乐的小公鸡》。

童话《快乐的小公鸡》发表在《飞天》上，是父亲的倾心之作，写了一只快乐的小公鸡，为找工作拜师学各种本领，竟敢挑战城雕火凤凰，还和火凤凰携手扑灭森林大火，众人纷纷议论着这场奇特的竞赛和小公鸡的表现，当然，他们说得最多的就是两个字：韧劲！

父亲对这篇童话比较满意，故在最看重的精装版童话集出版时选成了书名。

2018年5月，一个阴雨的周一，从早上起来一直下着雨，我焦急地联系着出版社和送书的人。中午时分，父亲呼吸急促，全家人紧张起来。还好，父亲又缓了回来。下午四点钟，快递小哥送来了飘着墨香、久久期盼的《快乐的小公鸡》。这书辗转从广州来到西安，又来到兰州，又来到了金家崖这个农家小院，送到了父亲的手中，放命的父亲竟坐了起来，拿起书仔细翻看抚摸。我读了目录，父亲看见了最喜爱的书很是欣慰，说："老天对我父子不错。"

此时，父亲真是快乐的老公鸡。

那时，我心里满满的是感激，感谢精装童话书，感谢编辑、社长、出版社，感谢快递小哥，感谢老天，让父亲看见了他喜爱的书。

如此温暖的情景，也成为父亲在人间的最后一个留影，永远定格在我心中，让我永远铭记。

怀念中我不时看着父亲写给我的序言，感慨万千，就请书法家张有为先生写成横幅，挂在书房里。

每当看见那语重心长的一个个字时，小公鸡就知道该去做第二件事：写寓言。

你看那公鸡，除了叫鸣，还喜欢刨着吃，一个石子一个石子地找着吃。我也和公鸡一样，一个字一个字地吃进去，再铺陈在电脑上，再印到洁白的纸上，营造出神奇的精神世界。

小公鸡按时打鸣，高唱报晓天下明。

听着童话长大

小时候，冬天在热炕上，夏天在圆圆的明月下，孩子们围成一圈听大人讲故事，那是许多人童年常有的情景。

我家也是如此，奶奶讲的是野狐精、扫帚成精等民间故事。奶奶讲得很慢很投入，仿佛穿越到了遥远的远古时代或神奇的童话天地。

父亲讲故事大多在农闲的冬天。一个个夜晚，灯光明亮，一家人散坐在炕上或凳子上，英俊儒雅的父亲盘腿而坐，时而激情澎湃，时而低沉缓慢，讲解着心中构思好的童话。他在观察，若家人能认真聆听，或感动流泪，那便是一篇成功的作品，这是父亲在试验与感受。我一边听感人的故事，一边任由思绪天马行空，自由驰骋，产生无尽的遐想。

父亲读过的书多，讲李自成打甘州和金县起义的故事，讲民间传说，讲地方上的逸闻趣事，还讲他正在创作的小说。

有时父亲也会给我们讲《爱的教育》中的故事，《小抄写匠》《万里寻母记》，父亲偏爱此书，给我们讲了无数遍，特别是《万里寻母记》中的小主人公马尔克关爱父母，历尽千难万险，顽强战胜困难的故事深深打动了我。父亲有时摸着我的头叫我马尔克，给我鼓励。

20世纪70年代末，父亲的创作转向了童话。那些童话有了腹稿，我们是第一读者，父亲讲，我们听，我们催促着父亲快讲，而父亲则在观察我们是否喜欢听。

父亲去敦煌采风，回来后兴奋地给家里人讲述那儿的人物风情。《月牙泉的天马》《莫高窟的纤夫》就是采风后的硕果，因有浓郁的西北地方特色，都刊发在北京《儿童文学》杂志上，这让我知道了敦煌、月牙泉、沙漠、壁画，还有偷画的外国人。

我印象最深的是父亲写《小毛驴出国》，我们当地小毛驴最多，也最熟悉，父亲把它编在故事中，我们觉得很亲切。父亲养过驴，对于驴的习性非常熟悉，因此也把小毛驴写得憨态可掬。响水边傻乎乎的小毛驴给画家当模特，在人撺掇下向画家要模特费，千里追踪出国，在国外看见了飞行的火毯，也被爱国的画家感动。这时的小毛驴，让我们感觉到它的可爱亲切。

父亲看到了印度狼孩的故事，给我们讲了狼孩不认母亲，在逃跑中死亡的事情。父亲在童话中把去世后的狼孩变成葵花，在轻风中抚摸母亲，感动得我们流泪。

家中的红枣熟了，父亲发现树上有鞭子缠在树枝上，树杈上还有布娃娃。父亲问："它们怎么上树了呢？"我们笑了，那是年幼的小侄子干的。不久，《红枣熟了》发表在上海《幼儿文学》上，我们家的故事就这样上了报纸，这发生在眼前的故事读起来怎能不亲切感人？

家人是父亲作品的第一读者，这是用口语表达的，父亲又用华美的文字，一笔一笔写在方格稿纸上，誊写得整整齐齐，寄给天南海北的文学报刊。文章发表出来了，变成了铅字，又有精美的插图，一看，优美，引人入胜，成了印刷品真就变高贵了。

封面精美、内容精彩的《儿童文学》《东方少年》《中国少年报》《故事大王》《童话报》《少年文艺》等报刊、样刊，也就变成了父亲和我最喜爱的书刊。当地的《甘肃日报》《兰州晚报》等报的副刊，也成了父亲发表作品的园地，这些作品都受到了我们的喜爱。我们总是会先反复看父亲的作品，然后再看报刊上其他人的作品。

听着童话长大，让人垂涎羡慕，真是快乐幸福。

修复古庙

金崖镇清代建筑三圣庙是当下保存最完好的古建筑之一。三圣庙坐北朝南，临街是木质结构的古戏楼，进门向北内有大殿、献殿、两厢雨廊，古戏楼两旁的耳楼是民国年间才补盖上的。

这座古庙内供奉关老爷，故当地人称老爷庙。父亲回忆说，每逢祭奠节日，对联上有“山东一人山西一人”的题语，山东一人是指的是孔圣人，山西一人即是武圣人关羽。但是这座庙人们又叫“三圣庙”，三圣指哪三圣，因缺乏资料，就不知其详了。

此庙临街的古戏楼是木质结构，两边缺少耳楼，至民国年间，时有金崖镇的人士金聚芝（笔者爷爷）、金世海（金香泉之父）二人，每天清晨到金崖粮食集市，向粮商、粮贩募集粮食，然后变卖粮食，集资将古戏楼的东西耳楼于1947年前后盖起，使三圣庙成了一个完整的建筑群。

自古以来，每年秋收农闲，三圣庙便上演戏文，十里以内的农民都来观看，人山人海。这种盛大集会每每要开十天半月，盛况空前。这里1949年前当过镇公所，20世纪六七十年代差点被破坏，由村支书力阻制止才得以保存，并在这里办了几天农业中学。

1980年，金崖乡在这三圣庙里办起了全县第一个乡文化站。父亲在文化站当干事。此时庙宇破败，古戏楼、戏台的木板空缺，献殿的殿脊筒瓦有的破碎，献殿西侧还挺立着为上海知青做饭的泥烟囱。于是父亲动手拆除烟囱，用水泥捏了两只仙鹤、两只鸽子，补放在献殿的殿脊筒瓦上，近看

父亲在青海塔尔寺

粗糙，但在高大的庙宇下远看还是挺优美的。父亲亲自上场，把缺失的戏楼舞台上的木板空洞补好。他每天清晨提水洒扫站内和门外大街，坚持不懈，几乎成了金崖大街上的一道风景。担水，清扫，泼水，干干净净，三圣庙成为充满活力让人喜爱的文化站。

庙门口的黑板定期登载当地新闻，文化站中午、傍晚开放。干完农活的农民，便抽空来图书阅览室看书看报。古庙里，不时举办象棋赛、少年绘画学习班，表演戏剧小节目，放电影，开农民运动会，当然最活跃的是文学社。

多方争取支持，要对古庙进行大的维修。父亲鼓起了干劲，亲自参与，不仅组织管理督促，还亲自干活。当他爬上大殿的屋顶上，真高，吓得人心惊胆战。待到适应时，父亲看见了精美的砖雕，目睹了中国传统木制建筑结构的精美。父亲既是管家和监工，又像个打杂小工，全程参与维修，完全像自己家里翻修房屋时那样。

1985年，父亲被聘到省城《兰州晚报·农村版》当副刊编辑。他向乡上递了辞职报告。但他饱含深情地坚持了二十多天，把所有维修活干完，打扫干净，并于11月30日请来榆中师范学校自编的文艺节目隆重演出，将崭新的文化站展现在父老乡亲的面前。

第二天，也就是12月1日，父亲依依不舍地告别了倾心工作了6个年头的古庙文化站，坐上班车来到省城，开创编辑报纸的新天地，他自谦地称为

“打工”。

父亲老年时，还一直惦记着三圣庙，劝导我出资，为戏楼制作木制瓦形楹联，并为献殿、驿站、进士祠堂、甘肃工委遗迹各制匾一块。请我省著名诗人高平作楹联，请知名书法家牟作元书写，为文化站镌刻瓦对楹联，楹联是：

古庙沧桑党政工学都用过，

今人集会弹唱歌舞更精神。

此联可以说是概括了这座古建筑的历史和全貌。

此文，也说明了笔者爷孙三代人与此庙的情缘。

两棵枣树

院中有两棵树，一棵是枣树，另一棵也是枣树。这是套用鲁迅先生《秋夜》里的一句话，但父亲的文友来我家都会记起这句话，还会情不自禁地大声朗读。

两棵枣树和累累红枣，成为我们家中的一道风景，成为一个意象。

当枣树结满一树红枣的时候，有贵宾、文友来访，父亲一定会摘下鼓鼓的、红色中带点褐色斑点的枣儿来招待宾客。枣中精品，又嫩又甜。大家坐在树荫下聊天，品尝，好不惬意。临走，父亲还会给装上鼓鼓的一袋。

作家陈希荣如此写道："当你跨进榆中县金崖镇苑川河边一个普通农家小院时，你会惊喜地看到，小小院中有两棵树，一棵是枣树，还有一棵也是枣树。这就是中国农民作家金吉泰的家，两棵枣树是他50多年前亲手栽育的，至今已有牛肉面碗口粗，身架微斜，皱皮开裂，瘦骨沧桑，但枝条疏朗，叶色浓郁，生命旺盛。丙申夏日，就在这两棵枣树的大片阴凉下，一边品茗，一边和耄耋老人金吉泰先生畅谈文学。"

作家尤效清则这样写："那一对枣树像是金老先生怀中揣着的一张名片，春夏季节枝叶茂盛，老树繁花，啄木鸟在上面弹琴抚歌；秋天红果压枝，枣香扑鼻，让远道而来的客人大饱口福，满载而归。这是一个晚秋时节的艳阳天，我们几位文友又去拜访家乡的文学大师，走进了绿树浓荫、红枣飘香的童话世界里。那些翠绿的新的小枣树苗，硬是从细小的砖缝里探出身子，像调皮的孩童依偎在老树的身旁。再看这棵枣树，粗大的树身分成两枝，向一个方向凸出，宛若女人一对饱满的乳房罩在秋阳里，母性的光环闪闪烁烁。”

这两棵枣树是我们家的老成员，比我岁数还大，我应该称之为枣哥、枣姐。

1963年，身处困境的父亲希望有点绿色，有点盼头，在院中栽下了短小耐旱的枣树苗。寄托着希望的枣树苗，有极强的生命力，没有辜负父亲的期望，第二年就结了八个枣儿。伴随着小枣树，家中的孩子们逐渐在长大，但家中养成了枣儿不红不摘的好习惯，让邻家老人赞叹不已。我家还有自酿酒枣的传统，在那大年三十晚上，品尝鲜红糯甜的枣儿，是我们家人的渴望，那是我记忆中冬天最好吃的水果。

小孙女亚里怀念爷爷的文章《时光带不走的枣儿》有详细的描述：

“那是个农家小院，经过一条幽深的长巷，进入院门，两棵高大的枣树立在院中，是小院的核心。幼时就很喜欢它们，常常和朋友吹嘘，我家有两棵枣树，一棵是雄的，一棵是雌的。靠近门的那棵是雄的，而靠近正房的那棵枣树附近有很多‘孩子’，所以推断那是雌树。待‘孩子’成年后，爷爷奶奶会在每年3月初和冬至时分将它们托付给附近的人家。这么想想，多少年来我家枣树的子孙已经遍布我们老家了吧，也是很有成就感的一件事。事实上两棵枣树已经知天命了，真是见证了大家庭的变化。

“我们大家庭的每个人，对两棵枣树都有着浓浓的感情，都有着专属的回忆。我小的时候最喜欢打枣，长大后也喜欢，但是很少有时间去老家了。一般都是哥哥们或伯伯站在屋顶或者梯子上打枣，其他人拿着各式各样的容器开始抢枣。有人拿着盆，有人拿碗，有人拿塑料袋，我的容器总是最好的，因为奶奶会给我准备一个易携带的大筐，哈哈，抢到的就是自己的了，所以打枣前大家都很激动。

“家乡的传统是打枣后制作酒枣，挑选质量好的，完全没有破损的枣，清洗干净，放入酒坛，倒入好酒，密封，待大年三十时开启。大约半

金吉泰（右一）指挥孙子锯去院中枣树的偏枝

年时间，酒精和大枣充分接触，发生奇妙的化学反应，最终入口的酒枣口感绵密，甜糯，请原谅我无法用语言形容，只能说吃过的人都赞不绝口。这整个烦琐的过程都是由两位老人完成的。以前过年吃的时候只是觉得特别好吃，并不会想到爷爷奶奶多年如一日的付出。

“爷爷奶奶50多年的照顾，使得枣树苗壮成长，枝叶茂密。桃李不言，下自成蹊。爷爷不在了，枣儿还在，我们的回忆还在，有些东西时光是带不走的。”

此文发表于《甘肃日报》，若爷爷在天有灵，知道疼爱的小孙女写纪念文章，该有多高兴呀!

亲手栽植、培育两棵枣树长大的父亲如此说道：“这两棵枣树多年来相与为伴，是我写作生涯的见证者，或者说一棵就是我自己，另一棵就是我的文学梦想吧！”

父亲常常满眼含笑地瞅着枣树，创作灵感降临，诞生了幼儿文学《红枣熟了》，童话《枣树苗出嫁前后》《红枣树一身刺》等。

靠主屋的一棵枣树，主干偏斜，遮挡住了阳光照射屋内。父亲主张截掉那一主树枝，家里人舍不得，怕结得枣儿少，怕影响树的成长。父亲坚持己见，粗壮的偏枝在两个孙子拉锯中倾斜倒地。粗粗的一截树桩显示着密密年轮，家人爱惜地在那崭新处抹泥巴保护。第二年，锯掉主干后，剩下的所有枝干都往上空中长，树长圆了，枣儿也结了好多，数量少不少，没有明显感觉。

枣树，花小味淡，果小繁多；长得慢、耐干旱、经苦寒、木质又坚硬，无须施肥操心，极适宜恶劣环境中生长。

坚忍、坚强、不张扬是枣树最突出的性格品质，这酷似父亲的精神风骨和品质。

如今，两棵历经沧桑而又茁壮的枣树已经到了花甲之年，依然傲然屹立，真正见证了我们对文学的求索和家族的发展历程，让人仰视、敬畏、浮想联翩……

好把式

父亲在大家眼中是个文化人，又是个名作家，人们以为他文文静静，只能写写画画，不会干农活。其实，父亲在种田干农活方面，却是好把式，优秀农民会干的活父亲都会干。

使驴，父亲十一二岁时就学会了，常赶着驴给周边的村民驮东西、打小工。沙田里种瓜压瓜，犁地、耧田、锄草、拔麦，摞麦垛、碾场、扬场，育烟苗、挖烟苗、刨烟、起尖、拔烟，以及铡草、打胡墼、泥瓦匠等，只要是田地里的农家院里的活，父亲都会做，也喜欢做。

既使后来父亲去到报社当编辑了，每到周末一定会回到家里来，参加劳动，非常自然，该干什么，怎么干，没有一丝的生疏。父亲常说：自己天生就是农民，喜欢田地中干活，觉得舒畅。

土地，是庄稼人的命根子，那儿能生长万物、产出黄金。那青青的麦苗，饱满的麦粒，丰实的玉米棒，能引起人童话般的无限遐想。包产到户时，分给我家的两亩半旱地，恰巧挨着旁边的水田。一部分旱地高出水渠，一部分旱地地势低，是北高南低的平缓坡地。父亲便要平田整地，带领我们先把最平缓的一块坡，修整成平平的土地，放上了旁边渠中水变成了水地。当年种的油菜籽花艳籽肥，一家人很有收获感。冬闲时，又去平整临近的坡地，蚕食推进，旱地越来越少，水田越来越多。最后的一半，地平展，但高出水渠一米高，拉土降高，工程量太大，平整了两分地用了很长时间，太吃力，大家觉得得不偿失，决定不平整了，仍当旱地种洋

金吉泰（前排右二）和妻子、七个子女

芋。父亲琢磨了好长时间，从我家田地的上一平台的渠边处，大老远修了条小水渠，清水蜿蜒而来，旱地又变成了水地，种出了比旱地多几倍的庄稼果实。

父亲还想开垦挖些旱地，他发现十里以外的荒山上有些相对平缓的荒地，就发动我们去开荒。大家都不愿去，可父亲坚持要去。

土地包产到户后，人们都吃饱了，只有我们家还在平整荒地，放羊人嬉笑我们家不怕将来又被定为地主。

父亲带着儿子、孙子，把自行车放在河滩里，然后拿工具，爬上半山，开荒。那场面，一定会被别人认为是当代的愚公开荒造田。

中国农民开垦荒地几千年，距离村庄近的、平整的山地都开垦完了。我们开的那荒坡，险陡，上面长满各种野草，土地僵硬，里边还有大小不一的石块，锋利的铁锨向下挖去，需用脚反复蹂踏才能挖下去，草根缠绕，翻起的土块整块粘连在一起，特别吃力。

从下面开始翻地，茬口需要开得宽些，把挖起的土往下面翻，平出来的地会变得比原来陡的荒地平缓些。老人说，每年下一尺，种几年这地就平展了。荒地翻垦以后，太阳暴晒，再施点肥，第二年种的油菜籽长得不错。父亲得到鼓舞，又带领我们平整荒山。第三年，种的油菜让羊吃了，种的洋芋让人摸了，没有收获。下一年，还是如此，父亲不得不终止开荒计划。据哥哥们分析，是放羊人故意让羊吃的，心里不服气。也有可能是放羊人休息没管好羊，反正让羊啃吃光了。

后来父亲路过，看到当年开垦的荒地时，有点遗憾地说：那地长庄稼还是行的。

春天时，天干旱，父亲要在一块旱地里种洋芋。大家都劝说，太旱，出不来。结果父亲种上后，老天就下了二三指雨，洋芋芽出来了。父亲说："我就说嘛，天会下雨的。"可后来两个多月，无一滴雨，长出的洋芋苗不仅没有长大，反而被晒蔫，直到干枯，父亲看得心疼。六月底天下了一场透雨，那洋芋苗生命力顽强，干枯的枝上嫩芽又出来了，秋天还结上了洋芋。由于时间短，洋芋小，父亲称为厄尔尼诺洋芋蛋。当文友们来时，父亲煮一锅热气腾腾、裂开口笑的洋芋蛋，讲解洋芋种植经历，大家吃着觉得这传奇的洋芋真有滋味。

父亲还想种植药材，邻近的银山乡种柴胡，父亲便找来了种子。柴胡种成功了，卖的收入也好，就是种植的人太少，产量不大，销售需要自己送到很远的地方去卖，要出路费，所以效果不佳，也就不种了。

父亲真是位地地道道的好农民。

学习《讲话》的反思

父亲学习毛泽东《在延安文艺座谈会上的讲话》的经历和他老年的反思，多次给我讲过。

父亲第一次接触《讲话》，《讲话》发表才六年，还是新文件哩。

那是1948年，西北的国民党骑兵去攻打解放区，强壮的骑兵只去不回，共产党得胜的消息不断传来，一些解放区的书籍也秘密传来，算是非法书籍，但越是非法，人们反而兴趣越大。

第一次见到神秘的《讲话》，很出乎意料，因为父亲猜测，能用兵打胜仗的人一定是剑眉英武的人，怎么书封面上的毛泽东，竟戴着布帽子，在很和善地微笑呢！封面一条红底子上是端庄的书名。

书的封面纸还好一点，翻开看，书页纸是粗草纸，正文用楷体竖排。一读，有点新鲜。因为当时国民政府的报纸及公文上把“我”称“余”或“吾”，“我们”称“吾人”或“吾侪”。长官的训话是“兵丁之征集”“粮饷之筹措”，等等。而这份共产党文件却全是通俗的白话，使只有小学文化的乡下少年，一口气就顺利地读了下去。

有趣，毛泽东说了，他是个学生子（原文）出身的人，认为农民手是黑的，脚上有牛屎。领导人心中的隐秘弱点，能这么公开出来很有意思。接下来批评有些人不愿歌颂革命，只会不知疲倦地歌颂自己。歌颂自己就有点失笑，如果“不知疲倦地”歌颂岂不太滑稽了吗？这是挖苦的话，挖苦得深刻。当读到“换句文雅的话说”那一段时，也是令人兴趣盎然，津

甘肃省文学界大咖在金崖农家小院欢聚

津有味的。读到“阳春白雪”与“下里巴人”那一段时，很惊奇这位领袖人物的博古通今，比喻之恰当。

当少年的父亲背着人读完了这本薄薄的草纸印的“非法”文件后，初步印象是：共产党的这位领袖，不仅能用兵打仗，居然对文艺也感兴趣，而且知识渊博。

1949年兰州解放，10月中华人民共和国成立，《讲话》就成了公开的经典，庄严地收入了印制精美的《毛泽东选集》中，是文艺工作者的必读经典。早也读，晚也读，久而久之也就习以为常了。

20岁，年方弱冠，父亲居然提笔写起小说来。家中的大人拿起涂鸦的稿子，看过以后，笑得半天没有合上嘴。稍停，大人对我父亲说：“孩子，小说，那是写社会，要看得深一些才行，像你这样就人写人，就事写事，太浅，有什么意思？这样，你去把马克思政治经济学中的‘剩余价值’学说读读，再把毛泽东的《实践论》《矛盾论》和《讲话》读一读，这对你以后的创作和写小说是会有帮助的！”被迫性学习，对今后创作确实帮助巨大，这是父亲压根儿没有想到的。

时至1972年，为纪念《讲话》发表30周年，省上举办了一次盛大活动，成立了专门的办公室，向全省下达任务，每个部门、各地政府都要拿出绘画多少幅、戏剧几台、小说若干篇，以纪念《讲话》的发表。省上临时组织起的“创作学习班”把父亲以农民作者身份抽调去写小说，完任务。主持学习班的是杨文林老师，学员们就住在豪华的兰州友谊饭店。

每天早上，学员们进入有地毯的会议室，大声朗读：伟大领袖毛主席教导我们，我们的文学艺术是为人民大众的，首先是为工农兵的，为工农兵所创作所利用的……这些本来就熟悉的话天天朗读，听者似乎在认真聆听，其实心理上已经麻木了。

当时，众作者之所以翻阅《讲话》为的是不犯错误，于是小说中就有了这样歌颂工农兵的话：“老贫农张大爷站在田间，如铜打铁铸一般，光彩夺目……”千部一腔，千人一面，爱情不敢写，矛盾绕避开，故事雷同，大家都是一个调调儿。恰恰忘记了《讲话》中的话：“缺乏艺术性的艺术品，无论政治上怎样进步也是没有力量的。”

1982年5月16日，在纪念《讲话》发表40周年前夕，《兰州报》发表父亲写的《〈讲话〉给我带来的甜头》文章，文中如此写道：“自己是一个乡下凡人，在最初热爱文学的时候；在写文章感到为难的时候，都曾一遍遍细读过《讲话》。那些像春风春雨一样的教诲告诉我，要想用文艺为人民服务，做一个有出息的文艺工作者，就得到火热的斗争中去，要经过长期的甚至是痛苦的磨炼才成。”

父亲说，那时他对《讲话》强调工农兵的精神并未真正理解。

1986年，父亲去兰州一家报社做合同编辑，主编该报副刊。这时，看到桌上厚厚的来稿中，有相当一部分来稿，发个人牢骚的有，埋怨怀才不遇的有，攻讦别人的有，失意痛哭的也有……人家的这也是所谓的文学呀，但为什么不写写下苦人呢？

这时父亲才想到，《讲话》发表时正值抗日战争时期，军队要浴血打仗，工人要造枪火、地雷，农民子弟要参军，要出军粮供应前线，反映他们的事迹有何不可。《荷花淀》一文就做出了表率，把残酷的生离死别的英勇抗战写得那样抒情、那样美，给人鼓劲，给人美感，这有何不好呢？

父亲深情地写道："时光匆匆，几十年过去，毛主席早已离我们而去，当年我这个读者也变为老翁即将入地，回首十五岁初读《讲话》至今，各个时期的心情大不一样，十五岁时是光念不懂，四十五岁在会议室听朗读，那不是学习而是学舌，如今《讲话》已渐行渐远，这才明白了《讲话》的轻重，这才明白《讲话》不仅是领袖教导、长官训话，而是高人指点，因为毛主席不仅讲话而且做了示范动作，说中国传统的格律诗就这样为革命服务，毛笔书写的书法就这样为人民服务。还有，《讲话》本身有别于会议文件，形式很特殊，堪称是一篇嬉笑怒骂的优美杂文。可惜我们当时并不明白这一点，而是到七十多年后的今天才领悟了一些，迟了！每忆及此，感慨良多。"

七十年的陪伴，还让父亲深刻反思，值得今天的创作者们借鉴。

反思值得回味，历史是一面镜子。

今天，阅读领袖文艺工作者座谈会上的讲话和党的文艺路线，首先要读懂弄通，不要念在嘴上，抄在纸上，用来装点门面。其次学思践悟，结合实际，真正用来指导实践。最后，创作成果是否来源于生活，是否为广大人民群众所喜欢，是真学、真信、真悟、真用的试金石。每一位文艺工作者，都应深入思考，并努力践行。

《飞天》园中诞生的农民作家

我的父亲，一辈子痴爱文学，生命不息，笔耕不辍。他一手耕耘农田养家度日，一手笔耕不辍，金声玉润出版专著20多本，荣获中共甘肃省委、省政府颁发的“文艺终身成就奖”。作为一个农民，能收获这么丰硕的果实，付出的汗水可想而知。

父亲这些文学成就的取得，离不了《飞天》刊物及编辑的关心和培养。从读者到作者，从年轻小伙到耄耋老人，父亲与《飞天》结下了70年的不解之缘。父亲称《飞天》是作者的娘家，是发自肺腑的认可、肯定和感激，《飞天》的几代园丁也确实做到了名副其实的“娘家人”。

1955年初，兴隆山下金崖乡有个富农家庭出身的小青年，在几张包装水烟的麻纸上，密密麻麻写了一篇生活故事，再拿小楷毛笔誊清，用“稿件·邮资总付”的优待条件，投寄到《甘肃文艺》编辑部。当负责处理小说的清波老师从堆放在自己工作台上几尺高的来稿中，读到这份工整小楷的“作品”时，忽然眼前一亮，仿佛发现了一块黄金。编辑想方设法，把那位没有署名稿件的作者——土头土脑的乡里娃子弄到办公室里来，面对面辅导他把那篇名为《特别使命》的短篇小说修改完成，并在是年8月出版的《甘肃文艺》隆重推出。此作者就是我的父亲——金吉泰。

20世纪60年代初，村屋烟囱无烟，村巷不见鸡羊，也少人声，气氛惨淡寒冷。病中的父亲则艰难地握笔在纸上刻画着欢快的场景、幽默的人物，意在鼓起读者对生活的信心。他在作品中如此描写“瓜田夜景”：“二更

《飞天》原主编杨文林（前排右二）、李云鹏（前排右一）、何来（前排左一）和金吉泰夫妇（前排右三、右四）以及榆中县部分农民作家合影

时分，月亮升上来了，天地立刻明朗起来。这一回他的胆子大了些，在大片瓜田畔巡逻。这里没有他熟悉的学院大楼和宿舍里明晃晃的窗户，只见月光照着广漠无边的沙滩；北面那座黄土山脉越发雄伟高大，平坦的山梁上还覆盖着白雪，陡峭的山坡上尽是些皱褶，突出的褶棱上照着月光，凹下去的部分全是阴影。金麦穗还是头一回身临这寒月独照，远山连绵，沙滩漫漫的境地。忽然有什么东西扑棱棱当头飞过，落在瓜棚顶上又怪叫起来。正这时啪的一声鼠夹响了，他赶紧跑过去一看，果然夹住了一只老鼠。这是一种挺奇怪的老鼠，尾巴五寸多长，尾巴尖上还有一团毛。”但这篇小说的核心却是严肃的，在大声疾呼：科学种田要先试验再推广呀！因为当时的饥荒就是违反科学规律造成的。

1963年秋，父亲因病去兰医二院做左肾脏切除手术。住院20天，出院回乡下家中休养。据医嘱，以后，每三天，要注射一针链霉素。全家人正在为药费发愁之际，大门口忽然露出了清波老师熟悉的面孔，真是预料不到的事。清波老师是下乡找作者修改稿子的，他带着我父亲创作的《修渠记》，下乡与作者交谈、修改。清波老师坐在我家窑洞里的土炕上跟我父亲恳谈意见，并连夜修改。善良的老师和蔼地盘腿坐着，细看这位身体虚弱的作者删除、填写、誊清。直到第二天下午，稿子誊清，他带着稿子要走，父亲送他到5里以外的陆家崖火车站。过了数月，《修渠记》在《甘肃文艺》上发了头条，收到稿费80元，我母亲拿这钱去买了几十支链霉素，她用双手捧在胸前兜回来。好，这一下解决大问题啦，于是我们一家人称《修渠记》是救命篇，称清波为恩师。

父亲本来是写小说的，因对童话奇幻魅力的痴爱，就在20世纪70年代初试写了几篇童话，当他把这些娃娃故事送交《飞天》主编杨文林先生时，先生又惊喜又不敢在他主编的刊物上发表，因为在全国范围内，以成人读者为对象的文艺刊物，没有一家刊登此类体裁的。后来，先生和各方沟通、游说，终于在1977年3月，把一篇童话在他主编的文艺刊物上发表出来。这就是我父亲的第一篇童话《大拇指头历险记》诞生的经过。可以说《飞天》是父亲文学创作的发芽生根之地，是故土苗圃。从1955年至2018年，接班的编辑们延续扶持本土作者的传统，陆续发表我父亲的作品，直至他生命的最后一刻。一位农民创作的小说、童话、散文50多篇作品在《飞天》园里异彩纷呈，成就了一代作家。

在榆中金家崖金胄山根的农家小院里，长着两棵茂盛的枣树，每年都结有满树满枝的红枣。这儿，清波老师改稿来过，赵燕翼老师体验生活在山梁上种过油菜花，杨文林老师在这儿唱过秦腔，李云鹏老师、何来老师在这儿尽情赋诗，马青山老师在这儿挥毫泼墨，阎强国老师与农民文学爱好者交流畅谈……一切是那么温馨美好，一切是那么诗情画意，恍如昨日。

杨文林先生八十多岁时，还著文论述了当年从乡下来的四个泥腿子作者金吉泰、刘志清、张国宏和任国一。2009年10月，《甘肃文坛“四君子”》一文竟在《飞天》的显要位置上出现时，父亲愣住了：今日的《飞天》不嫌我们四人土气吗？难得！

父亲感慨地说：“因为当年倡导的是文艺为工农兵服务，时兴培养工农作者，可现在时过境迁，这时候已不是那时候，一个钱字了得。谁还说那些陈旧话题，再从严格意义上说，我们这些草根作者只是文学界的票友罢了。”

但是，杨文林老师却深情地写道：“于当代中国文坛，金吉泰、刘志清、张国宏、任国一们的意义，在于真实地写照了中国农民命运的转折，农村政治、经济、文化的历史巨变，这一切都生动地阐释着新中国农民的精神轨迹和心灵历史。请不要疏远这些农民的话题吧，也许它是对人民的大众的文学精神回归的一声呼唤。”

时任《飞天》主编的马青山先生更是深刻剖析了“四君子”的时代意义：“他们几位可以说是新中国农民政治经济文化翻身的见证者；是新中国新文化建设的见证者；是革命文艺哺育的第一代新中国的农民作家、诗人；是参加首届全国青年业余文学创作积极分子代表大会被周总理接见过的四个甘肃农民作家、诗人；是毛泽东文艺为工农兵服务、为工农兵而创作、为工农兵所利用的文艺路线培养出来的社会主义文化新人；是甘肃文学界出版界扶持的四个农民之子；也是《飞天》面向群众、面向工农大众、面向社会主义文学的编辑方针和作风的生动体现，犹如一面旗帜，一首赞歌，一种宣示，一个心愿，一种遵循，是对李季、闻捷精神承传的真切告白。”

这些真切告白，高度阐述了刊物、编辑、作者融为一体的真情厚意。这儿有的是师生情、文友情，还有一种亲情，一种知已情。

中国梦，感召着炎黄子孙奋斗前行，而我的父亲则有自己的文学梦。凭着丰富的农村生活，凭着对文学的痴爱，他克服眼疾困扰，克服年老体弱掣肘，在人生最后十年，创作作品一百多万字。2014年出版长篇小说《农耕图》，2015年出版童话集《天生童话》，2017年出版《金吉泰戏剧·曲艺集》，2018年出版童话集《枫叶童话》，真可谓辉煌的十年。

特别是，长篇小说《农耕图》面世后，先后获得甘肃省敦煌文艺奖、黄河文学奖。作为长篇小说组的评委，甘肃省作协主席马步升在《甘肃长篇小说的前世今生》和《甘肃文学的新气象——以第六届黄河文学奖获奖作品为例》文章中如此写道："获长篇小说二等奖的《农耕图》，作者为年届80岁的农民作家金吉泰。金吉泰已有长达一个甲子的文学创作历程，以前的作品主要以童话故事为主，而在晚年，却实现了华丽转身。对于一个老作家，这是极其难能可贵的。这部作品以兰州郊区农村70年的历史变迁为线索，写出了生活的广度厚度，也写出了多姿多彩的民间文化。《农耕图》是一个时代农村的生活图景和精神图景。"作品获奖值得庆贺，但一部作品得到专家、学者的好评，普通读者的争抢阅读，更是对作品的肯定，这是对作家的最高奖赏。

2018年5月26日，是我父亲去世的第三天，"娘家人"来了：《飞天》的三位主编李云鹏、何来、马青山，甘肃省作协秘书长陈昊以及作家许曙明老师一起来了。李云鹏、何来两位老人都已年过八旬，还患有疾病，他们一行竟风尘仆仆从省城赶来吊唁，送一位农民作者一路走好。

马青山老师既是《飞天》的主编，也是省作协的常务副主席，吊唁现场，他从手提袋里掏出了5本刚刚印制出来、散发着油墨香味的《飞天》第六期刊物。上面刊登了我父亲的童话力作《小老鼠不会算卦》，这是我父亲人生最后阶段创作的最有分量的一篇作品，一万多字，用5种不同类型的纸张，写了60多页，是神奇的小老鼠在引导着他老人家书写。马老师叹口气，有点惋惜，说老人没看见杂志。迟吗？不迟！六月份的杂志，五月底已送到了作者面前，而且是主编亲自送来，这是何等的关心与厚爱。马老师双手郑重地将《飞天》摆放在灵前，在作者遗像前鲜艳地摆放着。马主编亲自用毛笔书写了挽联，粘贴在花圈上，静默无语，好像在与作者做最后的交流。

李云鹏老师，则拿出一幅自编自写的书法作品，翰墨飘香现真情，白纸映衬着黑字赫然记录着与我父亲的最后告别之语：“结识60年的老友走了，心甚悲痛。金吉泰是儿童文学园地勤奋且持久的耕耘者，他笔下那颗别样跃动的童心，一如他始终寄身立命的乡野厚土而生趣盎然，他是位自有才华而不显山露水的智者。”书法作品引来帮忙的乡亲和吊唁者的围观，大家品读内容，点评书法，感慨不已。此时，想必父亲也定会含笑欣赏。

大诗人何来老师，此时还沉浸在回忆与思考当中，默默无语，回去后专门写了怀念文章——《怀念金爷子》。

“娘家人”在灵前，依依告别，看见老作者的棺中摆放着的垫棺作枕之作品，点头称是，感到由衷的欣慰。

小院里，有石子粘贴嵌拼的农村景色的壁画，有雕刻在黑石板上的童话插图，还有老人从百里之外的河滩里拉来刻上田园诗的大青石。以往这儿，以文会友，以文结缘，充满着欢声笑语。今天，编辑们辅导培育的文学爱好者神情肃穆地赶来了：摔伤腿拄着“双拐”的农民童话作家齐梅菊，“诗为媒”的主角石正明，一边放羊一边写诗的古风，秦腔《石洞记》中扮演“李自成”的演员，《农民进行曲》的谱曲者们都来了。《甘肃日报》女编辑张琳伤心地哽咽哭泣起来，远在外地奔波的农民诗人孙清祖、栖云柳发来怀念的诗作。还有很多文友、编辑、学生、朋友在微信上发文纪念，在与他们的“金老师”相聚和告别。

此情此景，情深义重，感人肺腑。此时，我们家人的哀哭，是对父亲的一种思念，是对“娘家人”的一种感恩，是对文学的一种感谢，是对文学联姻的一种赞美。

父亲扎根《飞天》园地至今，整整60多个年头，可谓是年轮很多的老老草根了，他屡屡怀旧说：一个乡下泥腿小伙，怀揣一篇稿子，出入木塔巷30号、中苏友好馆小楼、省政府礼堂前院大楼，去《飞天》园地的种种场景、人物言谈以及接到从《甘肃文艺》《陇花》《红旗手》直到《飞天》新杂志的各种镜头，历历在目；一代代园丁，甘为基层作者做嫁衣，付出了心血和汗水，令人眷恋怀念，感到温馨幸福。

温暖如春的《飞天》花园，历届编辑与一位痴爱文学的农民作者，在长达一甲子的交往中结下了深厚友谊。60多年，根深叶茂、深情厚意，让农村一家人充满深深感激之情。更令人开心的是，耳濡目染，我也走上了文学创作之路。《飞天》一如既往慷慨厚爱，对我这棵文学新苗提供沃土，培育壮大，开花结果。我喜爱寓言创作，《飞天》作为纯文学刊物，罕见地几次发表了我创作的寓言作品。还发表了著名儿童文学评论家李利芳教授评论我寓言创作的文章《凝聚生活智慧　见出人生本相》，对我多年致力寓言创作进行了全方位的点评指导。《飞天》就这样润物无声地对文学新人和寓言这个冷门文学体裁大力扶持，这是《飞天》刊物的风格和品行。说心里话，我能执着寓言创作30年，出版6本寓言专集，多次荣获金骆驼寓言创作奖、金江寓言文学奖，加入中国作协，都离不开《飞天》园地沃土对我的鼓舞支持帮助，更赋予我在寓言创作这条道路上奋斗不懈的无限动力和温暖。真正是发自肺腑的万分感动！

春天的和风吹拂着人脸，院墙外的柳条已变得翠绿，巷道边摆满了五彩的花圈。小院里，亲朋好友，络绎不绝，以往笑容可掬、热情好客的老主人却没有闪面。他累了，忙碌奋斗了86年的父亲慈祥地静躺着，不能像往常一样笑脸相迎，不能亲手摘枣奉献给自己亲爱的园丁。但我知道，父亲看到了，你看他的遗像在开心地笑，此时的父亲是无比幸福的。

我知道，父亲这时定会说：

“谢谢了，沃野千里的《飞天》园地！

“辛苦了，做嫁衣的《飞天》历届园丁！

“祝愿《飞天》园地，升起更多的明星，飞出更多的凤凰！因为故园老家的昌盛总是令人兴奋的！”

一位农民作者，努力睁大双眼充满深情地远送着、注视着“娘家人”，向敬爱的园丁们祝福并久久地招手！

70年笔耕不辍，70年激情不减！常人难以做到，但《飞天》园地、园丁和一位农民作者做到了。肥沃的园地，敬业的园丁，执着的老农，在文学园地培育并收获丰硕的果实。全面、真实再现农村生活的《农耕图》，优美精巧、自然天成的田园童话，让大读者、小读者品尝咀嚼得津津有味。

70年扎根人民，70年扎根生活，文学已融入我父亲的生命。文学创作与同共和国共同成长的新中国农民，躬逢盛世，热爱祖国，热爱人民，创作田地的海阔天空，拔穗结实的鼎力相助……所有这一切，成就了一个有精神品位、快乐自足的中国农民作家。

致敬盛世！

致敬《飞天》！

致敬园丁！

致敬父亲！

满眼都是童话

年过半百进城打工

1985年11月，《兰州晚报》总编辑黄应寿上门邀请我父亲去《兰州晚报·农村版》做副刊编辑。

经慎重考虑，父亲接受了邀请。自此，53岁的农民开始进城打工，一干就是18年，2002年回家。

报社的各种活，父亲都尝试过，编副刊，画版面，校对，当记者做采访，写新闻、通讯、专访、书评、摄影，等等。

一个农民，因爱好文学创作来到报社，为了干好这些活，为不给农民丢人，父亲出了多少力，下了多少苦，只有父亲自己知道。但我知道，父亲是个要强的人，是个要干啥都要干好的人。他不怕累，只能以认真辛苦换得领导、同行的认可。

对于编辑工作，父亲全身心投入。为办好农民版的主打栏目：麦场夜话，稿子基本上由父亲亲自策划撰写，要么亲自去实地组稿，帮忙修改润色。稿子尽量署基层通讯员的名字，实在没人署只能用笔名。

为给报纸增光添彩，他主动联系、邀请冰心、叶君健、王汶石、李满天等名家为报纸题词，撰写作品。

为搞好新闻采访，父亲省吃俭用专门买了个甘光牌照相机。他拍摄的新闻照片也登上了报纸、画报。

在报社，父亲知道了领导排名是重大的事，谁前谁后那是大有讲究的。还有中国汉字，太丰富，有相像率特别高的字。你几次认真校对，还

金吉泰在《兰州晚报》（农村版）编辑稿件

是错了，你都不敢相信。最后弄得看见字，自己怀疑自己，遇着字先查字典。出错了，就要道歉，受批评，还得罚款，这些事父亲都碰到过。

打工十多年，父亲先后在《兰州晚报》（农村版）、《兰州晚报》《青少年摄影报》《质量服务报》《心理世界》等编辑部工作，不管工作岗位跨度多大，父亲都能胜任，也很快乐。

打工时期，父亲是辛苦的，但又是充实的。他唯一的遗憾，也可能是追求的目标过高，没有写出像马克·吐温《我怎样编辑农业报》那样诙谐幽默、令人捧腹大笑的文学作品。

报社生活，培养了父亲新闻记者的专业素养，一听见新闻，马上就会跳将起来，就像猎狗发现了猎物，一定要去现场刨根问底。当过校对，不清楚的字一定要弄清楚，发现错别字一定会指出来。

敬业，形成了职业习惯。

为108位文人立传

俗话说：文人相轻。但我在父亲的身上，没有发现这一点。

从小我就看见父亲对来家中请教的文学爱好者非常热情，“端茶倒水，喜笑颜开，亲切交谈”，这是多少年如一日的情景，深深刻画在我的脑海里。父亲对业余作者的成长有极大的热情，鼓励、教授、修改、推荐，对其创作恨不得把心掏出来，发表后兴奋地去送样刊样报。有时，我嫉妒地说父亲：拔苗助长。父亲自我解嘲地说：是皇上不急太监急。

20世纪90年代，父亲在《兰州晚报》当聘任编辑。他在新闻采访中发现，许多文化人的一生中，都有那么一两件有益有趣的事，或是小插曲，或是一个侧面的“边角材料”，是轶闻趣事，说起来、听起来都会津津有味，但又入不了正史和辞条。

父亲有了搜集这些野史的设想，这想法得到了既是文学圈内人物，又任《甘肃农民报》总编辑许维老师的大力支持。慨然在“春雨”副刊上开辟专栏，定名为“文坛趣事录”，定期介绍一位甘肃的文化人。

设想虽好，但做起来难度很大。首先要选准人，事先预约，上门采访，有时要去两三趟，才能找出、谈出那个动人的点。稿子写好后，还要再约请当事人对重点内容逐一核实。真是历经艰辛才会写出一篇千把字的文章。父亲从没说过困难和艰辛，而是满怀激情，不知疲惫地奔走于文化界同仁之中。

每周末回家，他就给我们津津有味地讲述采访的趣事和过程。七八百字的一篇稿子，要寻找这位名人最有趣、最风光、最值得回忆的那个点，又让读者喜欢并能记住真是不易的一件事。

于是文学界的名人大家，还有演艺界的明星，书画界的成绩卓著者，新闻界的朋友都做了专门的介绍，其中还包括了一位在旧社会不幸流落风尘的女性……因该报是农民报，对农村里涌现出来的女歌手、剪纸的小伙和农民作者就不能不有所关注。说是文坛，其实称作“文化界”更确切些。不过这样也好，既体现了群体性，也体现了民主和平等。

此专栏自1994年始，至1999年止，长达数年时间，父亲用他的韧性坚持了下来，几任总编辑始终保留了这个栏目，热情地关照、呵护，责任编辑更是付出了心血。

108名文化人的逸闻趣事被收录记载下来。

十年后父亲认真审视，觉得这些稗史还相当有史料价值哩，便想尽办法，在热心人的帮助下，自费结集成书。父亲亲自设计了有飞天图像的封面，一本薄薄的小册子《甘肃文坛百人逸闻趣事录》面世了，这也是一种既别开生面又很有意义的劳动成果。

书出来后，父亲给入选的人一一送书，近的上门奉送，远的邮寄，还给省、市、县各级图书馆、档案馆、博物馆亲自登门赠送。

今天看去，这百人趣事尽管是甘肃文坛史料的冰山一角，但保存下来的这些有别于正史的稗史还是很珍贵的。至今，还有人上门索求此书。

更重要可贵的是，一位农民能以极大的热情和毅力，付出心血将文坛的点点滴滴琐碎小事记录在册，这需要何等的胸怀。

土墙挂字画

老家房屋，是建于20世纪70年代初的土坯房。墙面、屋顶、门窗一切崭新，门框、窗框用青砖围了边框，尽管椽头有点细、顶棚是旧报纸糊的，但在当时显得气派、敞亮，让人艳羡，甚至嫉妒。

父亲一辈子心盛，有激情。家中墙上挂有长的、方的各种镜框，装有会议照、维吾尔族少女骑毛驴的国画、父母亲的头像素描，有装裱的书法中堂、横批，还有祖父、祖母的照片，父亲给孙子们讲童话的摄影照片，后来，还加挂了国家新闻出版局颁发的“书香之家”古铜色牌匾。墙面上挂满心爱、寄托之物，没有空闲之地。

时间一长，父亲会换着挂，如把中堂《过故人庄》换成了水墨漫画《大树底下好乘凉》，把老书法家写的正楷横批《观沧海》换成了外国女书法爱好者写的“天下为公”。每个房内墙上，父亲都会根据住的人的工作、性格以及房屋的墙面大小，挂上不同内容的字画。

来的客人都喜欢欣赏书画，特别是周边的老农，看完后都会赞叹：“到底是作家的屋里。”家中虽然贫困，但书画中传出的精神在鼓舞着家人努力上进。

儿女大了，有了自己的房屋。父亲都会主动操心，求画、装裱，不让儿女的家里墙面上空着。父亲希望家中有点文化气氛，书画浸养子孙。

自小家中挂满了字画，习惯了，认为家中就应该这个模样。我的家中墙面也不让有空闲处，总会挂上合适的内容。

父亲喜爱的金玉振书法

20世纪80年代末，我尕姐出嫁，陪送的嫁妆中，有被子、暖壶、毛毯等本地人家通常陪送的东西，还有父亲专程上门求画家李宝峰画了一幅中堂画，从家中棕皮箱里找了一副对联，装裱好，用红纸一包放在陪嫁的物品中，很是醒目，客人们都称稀奇。现在说起嫁妆，尕姐一脸开心地说，那画很值钱呢。

父亲开会、新闻采访结识熟悉的书画家多，熟悉了有时主动给，有时求。孙子们还没有成家，爷爷已经送了字画。小孙女还在上初中，爷爷给了一幅牡丹斗方和一幅剪纸。

2015年，省市文联、作协为父亲召开创作六十年作品研讨会，兰州宁卧庄宾馆气派的会场里，书画家朋友、作家朋友相送的字画挂了一长排。会后，父亲给每个孙子送了一幅字画。孙子们开心，爷爷更开心。

如今，那一排土房子，经过半个世纪的风吹雨打，已与周围邻居家的水泥楼房、砖瓦房很不协调，显得苍老、破旧。

父亲去世后，屋子里空空荡荡，没人居住，但那些字画、照片依然悬挂着，父亲的笑容还在，每一挂件中，都有一个感人的故事，一段温馨的记忆。

字画传精神。今天，每个儿女、孙子保存的字画，是老人对后人的期望，是儿女后辈的独特念想。

农民代言人

父亲是个地道的农民，当然知道农民的艰辛与不易，特别是要在业余爱好上干出一点成绩，更是不易。那里面有说不出来的屈辱和辛酸，这点父亲深有感受。因此，父亲利用一切场合，一切方法，鼓励、支持农村人去外面闯，常说："都是人，别人能干我们也能干。"

邴翠林姐弟喜爱书法，父亲做了宣传，弟弟邴如宏找对象时就拿着宣传他爱好书法的报纸，并喜结良缘。

湖北姑娘程胜凤，因写诗嫁到了大西北的榆中小康营，父亲写了《诗为媒》的新闻稿，引起轰动，并鼓励她坚持写作。

董水花喜欢传统剪纸，父亲便鼓动她创新有地方特色的剪纸，并专门画了古丝绸之路景象的剪纸底稿，长卷剪纸惊艳亮相后，引起不小轰动，作品被兰州市博物馆收藏。

父亲还喜爱漫画，他邀请著名漫画家苏朗、文岩、曹昌光、朱光荣等人来到榆中师范学校，办漫画培训班，成立"红玫瑰"漫画小组。

榆中北山的孩子们竟然也踢足球！他跑去采访宣传，加油呐喊。可孩子们和外面的足球队没有正式比赛过，为帮助孩子们实现这一心愿，他跑到县城多所学校联系，在熟人的帮助下，促成了一场足球友谊赛。今天，足球越来越受到重视，那些孩子的继承者们有了成果，还出了国门，去到英国踢球。

农民丁武明喜欢微缩古建艺术，将中国嘉峪关城楼缩小比例，用木料按传统卯榫结构做成，父亲给了大力宣传。丁大师一直坚持，在全国各地展出，中央电视台四套“走遍天下”栏目专门做了介绍。

农民作者常来我家做客，从20世纪60年代开始，总有文学爱好者前来讨教，人换了一茬又一茬，但谈论的主题文学永远不变。主人热情的接待，诚心的批点、帮助和督促不变。农民诗人尤效清说，他有时既想来又不敢来我家，想来和我父亲交流，怕的是我父亲问他的创作进展，问他作品发表情况。

这些农民文友有时也会说些文化部门轻视农民，不支持农民发展的牢骚话、体己话。

父亲生活在最艰苦的农村，但他的文章里写的都是追求积极向上的生活，当然也有讽刺，但不会专门挖掘社会生活的阴暗面。20世纪90年代，一个名作家写的一篇报告文学，极尽报道农村的贫穷、落后和愚昧。文中有眉有眼写道：

“我走进榆中窦家山的一家农户，地上晒着地瓜，爷孙三人饥饿时只能以地瓜为食……”

父亲心里很不舒服，这纯粹是编造。那时，榆中山区农村虽然比较贫苦，但吃的还是有的，再说我们那儿根本不种地瓜，土豆倒有。父亲客气地向这位作者询问具体的人名，说也想买几斤地瓜度日。连续几封信都石沉大海，没有回音，又向作者当时的单位中国青年报社写信也没有回音。

为支持发展金崖村的轻音乐剧团，父亲跑到镇上求情下话，请求支持点活动资金。当镇上支持后，他与爱好者们互相鼓劲，排练节目，为群众演出，作为对镇上支持的回报。

父亲的名片别出心裁，身份只有中国农民。童话作品集《田园童话》《金吉泰儿童文学精品集》和《天生童话》出版时的署名是：中国农民金吉泰著。这也要感谢责编杨旭青女士的魄力。

父亲在采访中得知，甘肃武威雷台铜奔马是农民王洪尚带领一帮人发

守望麦田

现的，并及时上报文物部门，还送到了县城，并没有破坏文物。这与当时编造的文化馆长危急关头抢救文物，制止愚昧农民砸损的宣传大相径庭。他毅然写文章还原事实的真相，作品发表在《追求》杂志上。1928年，定西农民秦恭发现了莽权，这在甘肃乃至中国都是件大事。父亲找机会专门坐班车去定西采访，把国宝的传奇经历和发现的农民一起写进了童话《铜环兄弟》，发表在国家级刊物《中国作家》上。后来中央电视台专门来采访，父亲给予了大力支持。

父亲对农民、对农村的感情是一种挚爱，愿为农民、农村付出是发自内心的。

义务宣传员

父亲有一种使命和责任，就是宣传当地的历史文化，范围是从自己家的村、镇、县、市、省、大西北，再到全国。

我家门前是古丝绸之路，长长的驼队在咣当咣当的驼铃声中，走了上千年。法显、玄奘、文成公主、左宗棠从这条大路上行走，留下了许多传说故事。这儿有许多历史遗迹、民俗文化、杰出人物，需要弘扬宣传。

在父亲笔下，农民如何发现铜奔马，国宝莽权的传奇经历，成吉思汗与丘处机，沙漠人造海，沙漠梭梭树，紫斑牡丹之歌，都走向全国，甚至走出了国门。

当时我在榆中电视台工作，父亲为支持我，撰写了多部专题片解说词，如《肃王淳化阁帖与碧血碑》《古战场遗址》《万眼泉与文成公主》《白虎山下中外文化交流》《兰州空战记》《莫高窟与榆中人》《西秦国都城》《七岘沟秦长城》《兴隆山的文化底蕴》等，这些历史记忆专题片让当地百姓喜欢上了地方电视台，也让文化榆中建设有了许多新的内涵。

引洮河水灌溉干旱的陇原大地，是甘肃人多年的梦想，20世纪50年代，十万人战天斗地会战洮河沿线，后因条件限制下马。当年二十多岁的父亲亲自参与了那场会战。新世纪，这项工程又上马，父亲时时关注着电视、报纸的宣传。水通了！老人欣喜地跑到通水现场、隧道观看，手掬清凉凉的水尝尝，十分兴奋，无限感慨。写文章《引洮上山今昔谈》发表在《丝绸之路》，童话《洮河龙穿山》发表在《甘肃日报》。

李自成在金县（今榆中县）起义，后又归隐榆中青城，这桩重大历史事件引起父亲的关注，他实地去探访李自成避难钻藏的石山洞，翻阅李家家谱，倾听当地百姓口传讲述。根据李自成兵败的教训，父亲写出了度化人心的秦腔剧《石洞记》和史料文章《李自成揭竿地榆中》。

解放战争中，兰州战役是解放大西北的重要战役。我的家乡就在兰州战役主战场，父亲多次去大柳营彭德怀当年的指挥部，采访、察看、深思，写出了话剧《大柳营》，并与当地老百姓在8·26兰州解放日排练演出。

家乡金崖镇编撰《金崖史话》，县上编写《榆中史话》，老人都认真参与，撰写了四十多篇文章。父亲写的文章《记忆中的金家崖兵站》《兴隆山独有的人文典故》《火车从古国京城穿过》《丝绸古道上的“骆驼场”》让人记忆犹新。他还义务校对此书，并积极建言献策。父亲慷慨地说，地方上的事就是自已的事。

去世前十天，老人还带病参加了本村的建设规划，书写勾画了厚厚一本建议，特别注明要把当地特色文化加入进去。村上召开规划论证座谈会那天，会开得很晚，父亲积极发言并坚持到最后。后来母亲说：连续坐着，累坏了，回来后病情加重，痛苦了一晚上。

家乡的许多新人新事，也被父亲写成了散文和新闻登上了全国各地的报刊，如《走出窑洞上楼梯》《写诗的乡下小两口》《远去的苑川山会》《雪线下的村庄》《管弦悠扬接驾嘴》《新娘迎娶新郎》，等等。

情是家乡亲，月是故乡明啊！

心中的信仰

一位农民，不是中国共产党党员，竟然信仰马克思主义，让人不可思议。

父亲少年时，家境富裕，耕地多，雇长工，1949年后被定为富农成分。后来，家里孩子多，两位老人年迈体弱，父亲又在60年代初害了4年病，做了切割左肾的大手术，然后是缓慢的身体恢复，日子越过越差。天灾加人祸，家中困难到了极致，精神上的压抑也到了极点。

但改革开放后，父亲从来没有说过共产党的一句坏话，没有说过毛主席的半个不字。我家人都坚持认为共产党伟大，没有牢骚不满的话。我小时，父亲常回忆说，共产党的队伍和国民党以及其他军阀的队伍根本不一样，并对官兵一致非常称赞。还说毛主席在延安文艺座谈会上讲的是大白话，是文艺界的高手。父亲搞创作一辈子，没有正式工作，没有退休工资，从来没有埋怨过，而一直说现在的社会真好，说他是躬逢盛世。

老人一生很满足，一直说党和政府，各级文联作协、领导对他都很关照，他很知足，很感谢。老人不是共产党员，但他信仰马克思主义，信仰共产主义。可在世人的眼中，父亲搞了一辈子文学，又在报社干过，没弄上个正式工作，连个养老钱也没有，不成。

父亲没有入党，但他的所思所想，所作所为，都洋溢着崇高的共产主义精神，是我这名共产党员所达不到的，这真是一种境界。

父亲对中国共产党很有感情。

父亲在长篇小说《农耕图》里，开宗明义地说小说是“历史流水账，度化人心篇”。并注明他这部小说的读者对象，是马克思主义的拥趸、社会科学的研究者。他认为社会主义建设中出现的失误是创新中的不足，大集体有其优越性，而他将其弱点归结为人性弱点的充分暴露，说这是马克思所没有估计到的。他在小说序言中是如此写他对集体主义的感受的：“可惜的是把人类天性中的自私本能和意识的危害性没有计算进去，因而为此付出了沉重的代价，既然付出了学费，这就值得社会学家仔细探讨研究，得出其有益的教训。”

父亲有一天让我买本埃德加·斯诺的《红星照耀中国》，他想再看看。我耽误了一两个月，才从网上买来，拿给父亲。父亲高兴地说：“你竟然还记着。”父亲以为我忘了，但再没有催我，我的心里很不好受。父亲眼睛不好，我读给他听。他一边听，一边发着议论，比如：斯诺从北京来到西安，多方联系去延安时，老人说他还不知道这些情况；听到斯诺路上遇到危险时，父亲说，这个美国人厉害。当斯诺看到解放区的新面貌时，父亲说这就是共产党得天下的原因。并对延安的新风气、新气象，赞不绝口。斯诺千辛万苦终于见到了毛泽东，父亲正好听到了最精彩的这一段。阴雨绵绵的一天，父亲病得很重，很难受，我想读书减轻老人的痛苦，问听书不，老人说：听。听了一小段，摇头说不想听了。

老人安详地走了，手脚都热乎乎的，像睡着了一样，我的父亲再也听不到这本他想听的书了，书里面还有许多精彩的内容没有读完。

遗憾！真怪我买得迟，读得慢，这本书父亲永远读了一半，没有读完。

我还会读这本《红星照耀中国》的书，期盼父亲能够听见。

老农心中有“道”

父亲爱写作，是来自骨子里，他自己总结为：痴爱文学，就是一种病态的爱。

父亲在一生创作中，一直坚持文以载道。

从短篇小说起家，中篇、长篇小说，儿童小说、故事，散文，诗歌、童谣，人物传记，戏剧、小戏小品、歌曲等所有文体，都有尝试，只是没有创作寓言。临去世前半年，他和小儿子共同创作了《大千寓言》，并题写了：大千世界，寓言万千。

父亲在新闻单位工作后，新闻、消息、随笔、报告文学、特写、书评、人物专访等，也时常在父亲手中呈现。

但父亲也有没写过的内容。

不写伤痕文学。我家成分是富农，当时“地富反坏右”是并列的。在那种年代，高成分在各种场合都受歧视，轻视、侮辱常有，好事没有，脏活、累活全都是。20世纪60年代全国大饥荒时，父亲又患大病，摘除了一个肾脏，当时家里孩子多又有老人，缺少劳力，家徒四壁，生活在饿死的边缘。80年代兴起写伤痕文学，父亲有的是素材，就是自家的经历就能写许多。他不写，是因为毛岸英牺牲在了朝鲜，困难时期李讷也没有肉吃。

不为金钱折腰。80年代改革开放后，金钱至上思想蔓延，有不良文人写起色情、凶杀情节，这些不健康、不积极向上、无聊的作品还挺有市场，挣钱挺多。生活依然拮据的父亲没有心动，没有为了改善生活，为了口袋中多有些金钱，而低下文人那颗高贵的头颅。他说，自己的《田园童话》就是向口袋书宣战的利器，不能让垃圾产品污染孩子们洁净的心灵。

不写农村的阴暗面和国人的丑陋。父亲对20世纪90年代以描写国人愚昧落后的作品在国际上连获大奖，深为反感。

不写没有主题思想的。综观父亲所有作品，都有一个文以载道、以文化人的主题，展现真善美、鞭挞假恶丑，并且教育引导人积极向上，再就是讽刺人性的弱点，民族的痼疾，有时甚至是爱国主义题材。但父亲追求的不是刻板说教，而是寓教于乐，追求故事优美，语言生动，结构精巧，让人在笑中、哭中有所思考，有所感悟。他说，自己也有孙子。

父亲说："中国，是一个被列强欺负惨了的大国，反抗外国侵略，是中国特有的童话主题，是应该让孩子们知道的大事。"老人年届80时，与平民画家窦国权交谈时说："我虽然老了，快离开世界了，最近儿童故事我照样写下去，叫我们的青年健康成长。在艺术的外表底下，还包含着一个教育人要自强，还要爱国家的主题。我还有个小小的野心，要编一些爱国故事。人家在读我的故事时，思想上受了些影响，将来这个孩子长大成人，有一天变成将军了，若在我们国家危难的时候，他起决定性的作用。这就说明我的作品起了作用，那个时候我老汉虽然死了，但是我含笑于九泉之下。我还抱有这个目的。"时隔十年，2022年3月，中央电视台农业农村频道播出有这段文字的视频，让人感慨万分。

读者喜爱是父亲最大的追求。

头戴布制太阳帽，一副眼镜，瘦削清癯面庞的父亲形象被朱光荣老师创作成一幅漫画像，画出了农民作家的精气神，大家都说神似。父亲是一位农民，但他有自己的操守，种田人知道，耕种五谷杂粮，要铲除掉各种野草，不能让这无用的东西影响庄稼成熟。

父亲老了，从戴眼镜到用放大镜，都是为了能看清字，一张张照片记录了父亲的艰辛创作。

有所写，有所不写，这是一个作家的良知。

热爱生活

20世纪80年代，在甘肃省作协的资助下，父亲来到著名的敦煌莫高窟、月牙泉，写出了发表在北京《儿童文学》上的童话《月牙泉的天马》《莫高窟的纤夫》。父亲去了美丽翠绿的甘南草原，与老牧民聊天时听到有趣的故事，写出了《小牦牛赛马》，由上海少年儿童出版社出版了童话绘本，去了青海鸟岛，写出了童话《鸟岛上》，发表在《儿童文学》杂志上；去民勤看浩瀚无垠的沙漠，写出了《沙漠人造海》，发表在《人民日报》海外版上。

后来，父亲到了报社工作，积极参加新闻采访。他还参加省文联组织的报告文学采访团，赴陇南的白龙江、铜城的白银银光厂采访并撰写报告文学。在报社办“麦场夜话”专栏，需要组织约稿，深入采访。一听到新闻线索，父亲都会第一时间深入现场采访。一次，听我母亲说最近发生的趣事，和平镇一地方上有辆拖拉机翻了，把人压在下面，幸亏他带的狗在晚上不断狂叫，吸引来附近村庄上的人，救了主人的命。父亲立即赶赴现场采访当事人，写出了新闻《义犬救人》，获得了年度全国晚报新闻二等奖。由于新闻采访，父亲跑遍了兰州的三县五区，还有甘肃的大部分市州。

为深入生活，父亲专门在干旱荒凉、靠天吃饭的榆中北山垲坪，一位白姓师傅家建立了联系点。隔一段时间去住几天，探寻采访线索。在榆中南山的马坡，是二阴地区，山清水秀，但雨水过多，天气寒冷，庄稼有时都成熟不了，也是贫穷的地方。父亲在我奶奶住院时，认识了马坡村的范

父亲编撰秦腔《邸娘娘嫁女》时采访邸氏后裔邸得全

正义，他经常去，像亲戚一样不时走动。范师傅的老父亲，一位70多岁的留山羊胡子的老头，还有一年来到川区的我家帮助换茬拔麦子栽绿烟。后来，我父亲多次去马坡看望范家爷爷。

父亲老了，但非常留念老家金崖的小院，因有病住进了县城的楼房，儿女们觉得挺好，但老人非常着急。当儿子拉他去兴隆山后面的分水岭看山下的庄稼，看马衔山的六月白雪，或者去上庄黄坪看秋天的黄叶，去小康营的狼儿子山看漫山的雪境，在肃王牧马官滩的地方引吭高歌，那时的父亲是非常开心的。

2017年，父亲几次说想去北山看看。老人眼睛不好，北山光秃秃的只是荒山黄土，有啥看头。国庆节放假，我拉上老人进北山，走在蜿蜒的巴石沟国道上，车转来转去，但老人很是兴奋，不时问是不是到了某某地方，父亲大致估计得不错。在贡井乡一处开阔处，站下来向远处眺望，父亲说：自己有野性，就喜欢到大山里来，看见这光秃秃的荒山，就觉得亲切，莫名其妙的开心快乐。在父亲的指挥下来到了中连川乡，父亲指着一家说，那是当年江泽民主席看望慰问过的贫困户家，并介绍述说着当年他采访的情景。车继续向东前进，又看了会宁的村庄，深沟对面靖远险峻的高山。父亲说这山和榆中北山的山不一样。后又原路折回到贡井，再从鸡冠梁上回家。在那，父亲看见了北山的林场，以及耐旱植物柠条，说他当年采访那守林人时，那儿的鸟雀说的话，守林人都能听懂，还会交流。父亲记得清清楚楚。

那天坐车观山一气儿六七个小时，天气阴沉，老人没有劳累，没有说冷，一直显得挺开心，好像到了著名风景区一样。

我时常想，父亲最后的十年，眼睛不好，还创作出那么多的作品，就像他说的：生活在他的眼前像过电影浮现出来，不累，写出来反而全身舒服，开心。这全部是父亲深入生活，与浓厚的土地，与土里生土里长的老百姓心心相连的缘故，热爱生活，热爱人民，这生活的养分反哺了父亲，让父亲写出了许多令他和读者满意的高质量作品。

作品来源于生活，千真万确。

自有正气在

农村中到处是生活垃圾。生活好了，产生各种的生活垃圾就多了。

当时，农村还没有专门的垃圾场，农民也没有这个习惯，到处乱扔，满地都是，垃圾成为祸害。我家院落的周边，邻居们就随处乱倒垃圾。父亲就把我们家门前的垃圾捡拾起来，还把周边邻居家乱扔的垃圾也铲到架子车上，拉到远离村庄的深沟里埋填掉。邻居们也不行动，父亲的带头行为，没有影响带动周边的人，反而觉得我父亲好像是垃圾清运工，就应该做。一个年轻媳妇，把一包垃圾送出来，还等着把垃圾往车上倒。我们反对，父亲不理。周围垃圾多了，邻居就会想起我的父亲，询问这位老人怎么还不来清运。

父亲在省城当编辑，而他自己给自己定性为打工。每周末回家种田，周一去兰州上班。在编织袋里装上一周吃的馍馍、衣服等，提着编织袋去报社。在《质量服务报》当编辑时，总编辑秦皓也是一位作家，与父亲私人关系很好，善意地提醒：老金，你是个作家，又是编辑，提个编织袋像个农民工。父亲也笑着说："我就是农民工呀。"

村上人吵架，经常来找父亲诉冤寻理。父亲就会实地察看，公平地提出意见。一次，两邻居为占一墙宽的地方大打出手，两家都来找我父亲。父亲到现场时，一家主人就问父亲，是不是对方也找你了。父亲照实回答。原来早就有人给事主说了，事主对父亲有了成见，父亲怎么公平的建议，他俩都不听，认为父亲在帮对方，最后没有调解成功。

父亲敢爱敢恨。我们村上有一少年，家贫顽皮，喜欢武术，打架逞强斗狠，在群众中影响很不好。我父亲打破成见，吸收他参加镇上武术比赛，他表演的拳路很有气势，成了小明星，非常风光。当时仍有很多人在背后说这少年的坏话，劝我父亲别和这样的坏娃来往。后来，这家伙打了奶奶，我父亲知道了，公开在乡文化站对面大街上的黑板报上点名批评。好心人都劝我父亲别这样，别惹事。果然，这少年在背后大骂我父亲，还扬言要报复，后来两人就很少来往，估计他一直在记恨。人们笑我父亲，说劝你不要和这样的人来往，现在看看。

当父亲过世时，那小伙主动来我家帮忙，上房顶搭灵棚，干活很卖力，后来碰在一起喝酒与我聊起父亲时，他流下了泪，这泪是反省还是怀念？我没有问，但这时我真为父亲的堂堂正正、敢于批评歪风邪气的一身正气而敬佩。

天下暴雨，村上的村道，特别是上山的土路，就会被洪水冲坏，冲个大坑，路断无法通行，或者路窄危险，父亲就会修路。修的次数多了，人们发现路断没有人修，就想起了我父亲，互相盘问，问我父亲最近去哪了，路冲毁了也不修。

在城市，无论年轻还是年老的夫妻散步很正常，但农村年老的夫妻很少在一起去散步，但父亲执意带上我母亲晚饭后一起去散步，时间一长，大家也就认可了。

世俗，不管对错，反正大家都这样做，若有人敢挑战，就成了另类人。

教育就像务庄稼

父亲读了很多书，也希望子女个个读书成才。

可惜，家中成分高又日子穷，我的哥哥姐姐们很早就辍学，参加了生产队的劳动，挣工分养家。对后面的几个小的孩子，父亲采取了鼓励态度，希望发挥自身的主观能动性，效果不是很好。七个孩子，只有我考上了师范，跳出了农门，成为时人羡慕的公家人。

父亲去报社当副刊编辑，和他同房子住的曾老师，当过中学老师，把孩子们带到了兰州上学。每天晚饭后，曾老师洗锅抹灶，孩子们写作业，然后检查作业，孩子们从来不看电视。几个孩子的学习都很好。

这事对父亲启发很大，感慨曾老师下了那么大的苦，那么认真抓孩子，能学不好吗？于是，父亲发动儿女们从抓孙子开始，每周末父亲回来后，就检查孙子的作业，督促孩子们写作业。我和尕哥也加入了抓教育振兴家庭的行动中，认真一抓，孩子们的成绩就上去了。

父亲托人把两个孙子送到了兰州最好的中学读书，并每周给孙子背馍馍陪伴上学。在这种气氛感染下，两个在雁滩的姐姐也把孩子送到榆中县城租房读书，并陪伴上学。

那时，父亲周末回来，全家人聚在一起，听父亲讲他一周采访或听到的有趣事，大家闲聊，后来我想这是一种轻松的家庭周末会议和沙龙。讲的都是正能量，是一种有趣的生活，更是一种很好的家庭教育。

父亲借助一切机会教育全家人，在我爷爷去世30周年祭祀时，父亲写了祭文：

金吉泰拍摄的家人照

“……不求他们升官，也不要他们发财，只愿他们成为横穿南极之秦大河，驾机飞落红场的鲁斯特，或能发明击落侵略飞机的新型导弹，合成能医好顽疾癌症之特效药物，则余愿足矣！……”

每年大年三十晚上或者大年初一，全家召开家庭会议，汇报一年的成果，畅谈来年的打算，由父亲点评并指导。神圣的家庭汇报会，大家都很认真，互相感染鼓舞，给人力量，携手前行。父亲带头，78岁那年在家庭会上宣布写长篇小说，到一年后的家庭会上时，老爷爷竟完成了45万字的《农耕图》，让儿女孙子们深为感动，受到鼓舞。

这就是父亲的言传身教。

付出就会有回报。

孩子们大都考上了不错的大学，大孙子和小孙女还是中国顶尖大学清华大学、北京大学的博士、硕士，这是父亲最大的欣慰。

今天，孙子们在天南海北的不同工作岗位上奋斗拼搏。孙子们一定会想起爷爷对他们的教育和期望。

通过抓教育，全家人也形成了一种共识，教育就像务庄稼一样，家长和孩子都得下苦。

致富梦

父亲是位传统文人，但没有一丝轻视商业、商人的思想，反而很重视，积极响应国家号召全民经商致富的政策，鼓励子女们经商致富。

在小学时，我热衷发财致富，卖冰棍、卖葱秧，在大街上摆连环画摊。父亲没有制止，不怕我不务正业荒废了学业，而是笑呵呵地鼓励我的大胆和闯劲。

在改革开放初，大哥与邻居合作在土窑里种起了凤尾菇。暖和的窑洞里架起了一层层的木板，上面铺上麦草，里边洒上菌种，就长出了洁白的小树状的一片片圆形蘑菇，表面光滑，下面有毛茸茸层层白皮，摸起来软绵绵，拿起来沉甸甸。用两个指头使劲一捏，就会有水出来。锅里放些清油，一爆炒，香得稀里糊涂。蘑菇长大成熟后，采摘下来，装进竹篮子里，用自行车捎到兰州去卖，很受市民的欢迎。父亲专门写宣传稿件，在《甘肃科技报》发表，宣传农民靠种植蘑菇致富。后来事业发展，还培育起了菌种，形势一片大好。这时，蘑菇有了腐烂病，父亲去农科所求救，也没有效果。农民创收的道路就此结束。

父亲专门召集了家庭会议，商量办个加工厂，或代理加工也行，想了很多法子，联系了许多加工厂，都没有成功。

后来，父亲发动我尕哥买了织手套的机子，业余时间加工手套。刚开始还行，可就是太辛苦，利润不大。后来销路不好，就停止了。

二哥在家里开了个小卖部，百货烟酒都有，经营了几年也没有发展壮

小院牡丹花儿开

大。倒是我的三个姐姐都有做小买卖的天分，不论是卖百货，还是炸油条、卖麻辣烫，都不错。二姐的小商店，到现在还是红红火火。

回忆起来，父亲年轻时也在镇子的集市上，卖过自己种的旱砂地西瓜，还卖过葱和果子。1990年，父亲的第一本童话集《小毛驴出国》出版了，但有个任务，需要自销1000本书。父亲又当起了图书推销员。于是，父亲联系发动认识的人，特别是学校里的老师和校长，帮忙销售图书。许多朋友都十分热心，但也有家人非常熟悉还抱有很大期望的人却冷冷淡淡，不帮忙，让人难堪难受。即就是热心的人，书送过去，等一个阶段卖完后又去取钱，还有卖不完的书得背回来。那时，车不方便，需要专门坐班车去取。一次到榆中北山卖书时，山区的小孩非常喜欢看这童话书，可手里没有钱买，就央求老师能不能用麦子换，老师热心撮合促成，父亲同意了。正好我们家里也缺粮。当地老师就按书的总价折换成麦子，收集了两大袋子，后来父亲从班车上带了回来。那卖书的辛苦令父亲记忆犹新，也心生害怕，以后都不敢出书了，更不同意自销。

经商致富，与读书成才，互不矛盾，因为经济基础决定上层建筑。

山民宰鸡

兰州榆中的北部山区，山大沟深，十年九旱，群众生活艰苦。

垲坪乡小坪岔村的村民，为帮季正福的妻子看病，大家出钱、出豆子，腊月底出车……在采访这些新风尚时，我父亲认识了季正福。

有一天，《质量服务报》办公室电话铃声大作，季正福在电话上说，他送病情严重的妻子到省人民医院看病，钱少，人家不收云云。父亲放下手头活计，忙去医院看望，情况确实危急，当即向一个企业家募捐了一千元，又领他去榆中县在生沟子有企业的郭经理处求援。郭经理接受过我父亲采访，为人厚道热心。郭经理当即给他四百元，谈话中，郭经理说："你们北山的洋芋好吃，过几天我到你家去吃煮洋芋。"

从郭经理处出来，父亲对季正福出主意说，万一郭经理真的去你家你不可真的就只煮洋芋，宰上一只鸡吧！

洋芋丰收了

父亲想的

是，一是真心感谢，二是能否对这困难家庭再给点支援。

后来，郭经理一直没去。

倒是我父亲有一次去季正福家，稍坐后即告辞，他们一家人强拉住不叫走，说你看门外雪这么大，等雪小了再走。屋外雪真大，父亲就留下等候。稍停，他们居然端来一盘热气腾腾的爆炒鸡块！显然，鸡是刚宰的。

父亲嗔怪说："季正福啊，我是教你招待郭经理的，你怎么用在我身上了？"

父亲只尝了一块，就告辞。大雪还纷纷扬扬，天地白茫茫一片。季正福拿一把铁锨边铲雪路边护送我父亲上了山梁，告别后，我父亲频频回头看他在风雪交织中的背影。

在马坡窑沟

榆中南山的马坡地区，属二阴地区，山形地貌很有特色，是父亲深入生活、采访的一个根据地。这儿有父亲因我奶奶住院认识的知交——马坡村人范正义一家。在这儿，父亲写出了感人至深的一位乡村医生的报告文学《上帝给他立碑》，还把鲁瑞林将军和侄子鲁金成为找工作争吵的事写成了《将军家事》。

父亲多次去过马坡乡的窑沟村，先是采访养蜂模范张璞耀，后又为其当社助老师的儿子帮忙，对减低工资的问题向报社反映，争了争。期间，窑沟村有年轻媳妇居然认得我父亲，原来在多年前，范正义请我父亲去三伏村调查几个临洮老太太翻越马衔山的事，她当时还是个上学的小姑娘，跟着看热闹，所以知道我父亲。随之，我父亲也认识了她的婆婆和丈夫张光悦。

坐在田埂上

数年后，张光悦患肝硬化不治之症，他母亲碰巧见到我父亲，便请他去安慰坐卧不宁、烦躁不安的儿子。我父亲到他家新堂屋，只见年轻的张光悦有点浮肿，翻来覆去地打滚，并用手拍炕，一见我父亲大睁眼问：“金老师，我这病好不好？”他母亲悄悄给我父亲压底线：哄一哄，好哩！

我父亲对他说：“新发明了一种药，专治你这种病，会治好的！你安心休养。”

他精神来了，说：“那就好，金老师不会哄人！”

我父亲听了心里很不平静。

数月后，我父亲在县城遇到窑沟村人，一打问，可怜张光悦，已经去世了，临咽气时还问：“金老师来了没有？”

父亲听了，默然良久。

“他是个啥”

20世纪90年代。

甘肃省文联副主席、《飞天》前主编杨文林编报告文学集时，约我父亲参与写稿，在发稿酬时将七百多元汇往“榆中金崖乡”，哪村哪队没有写清楚。

金崖邮电所骑摩托车的邮递员一看这张写得笼统的汇款单犯愁了，因为他知道金崖村有一字不差的两个名字，也就是两个“金吉泰”：一个是上街头的，年龄大，在兰州打工，爱好写作，偶尔有数目不大的稿费寄来；另一个在下崖头，年龄小得多，在外地工作。邮递员说，汇款数字大就是工资，上街头的金吉泰，他是个啥！遂将汇款单送交下崖头的“金吉泰”。下崖头的“金吉泰”家又不敢去兑汇，因为他家与省文学界毫无瓜葛。

后来我父亲风闻其事，便向邮递员说明情况，把汇款单讨了回来。

“他是个啥！”太看不起人了，我们家人心里很不舒服。

又过了几年。

父亲去《质量服务报》打工，编辑部在该局八楼，因贵重仪器很多，晚上不许任何人留宿，父亲便在焦家湾租农家简陋房子居住。

冬季生火，在街上叫了一脚踏车蜂窝煤，当卖煤者把一车斗蜂窝煤取放在房门口时，他听了我父亲的口音，问我父亲是哪里人？我父亲答复后，他说他也是榆中人，并说：“金崖，你们金崖有个金吉泰啊，很有名

2015年，金吉泰被评为年度百佳“兰州好人”

啊！”

父亲说：“什么金吉泰，他是个啥！”

卖煤者一脸疑惑地问：“为啥？”

父亲说：“这个人我知道，他不成！”

卖煤者愣在原地，好一会才走。

这也算是父亲的自嘲吧！

父子眼中不同的勇士城

父亲是个农民作家，对当地的历史文化传说知道得很多。

农闲时，父亲就给孩子们讲故事，讲得绘声绘色，而我只拣喜爱的听。

从父亲的讲解中，我知道了：

家门前是古丝绸之路，法显、玄奘、文成公主都曾从门前大路上走过。我关心地问：那孙悟空和猪八戒是不是也是从这儿过去的？父亲说没有，我的兴趣马上淡化。父亲又说起了《西游记》中高昌国的国王麴文泰就是我县兴隆山下人，当时挽留玄奘留在高昌国的故事。不过我感兴趣的是偌大的骆驼场中，骆驼们头朝里围成一圈，卧着过夜。那骆驼大嘴伸进自己脖子上挂的盐袋中，嚼着盐粒嘎嘣作响。骆驼生气了还会喷人鼻涕、啐人唾沫。那前头带路的骆驼脖子上挂一大铃铛，赶骆驼的人可通过铃声判断骆驼的远近。还知道，深夜里赶猪的人，“喽喽喽”的叫声和甩长鞭的“叭叭叭”声传进路边农家屋里酣睡人的梦中，一大群猪被赶猪人驯服得乖乖依次前行。还有长途跋涉专门背东西的人，背的时间一久他们的脊背上就会被货物压出疔疮，那就疼得背不成东西，同伴们就压住他割疮，那人疼得哭爹骂娘，同伴可不管，过两天又会给另一人割疮，那人同样会疼得痛骂同伴。割去疮才能背货物，才能有吃的；被割疮的痛骂那是痛极了的缘故。

父亲还讲小时候，日本飞机在头顶盘旋，排列着三角阵形去轰炸兰州铁桥，飞机被守城的炮弹击落。一架被击落的飞机就坠落在我们村子对面的山

金吉泰拍摄的铁路从勇士城中穿过

梁上，父亲在堂哥的带领下，去“吃飞机肉”，捡来了粗炮弹壳当笔罐。

我们村子是集镇，非常繁荣。过年时，街上的商铺门前挂着各色的纱灯，远远看去，非常喜庆，父亲说比今天现代化的灯好看得多。

一天，父亲说：“走，带你去看下勇士城。”离我家十几里的高家崖地界，有一处西秦国国都的古城遗址——勇士城。父亲带我去看，我心里充满激动和渴望。

父亲骑着自行车，我坐在后面的捎货架上。先沿着县乡道路走，再穿过宽宽的苑川河，然后下车，手推自行车上大坡，来到陇海铁路线边的小道上。父亲骑上车，我从后跳上了车子向东前行。路稍微有点上坡，父亲带着人骑起来比较吃力。铁路边拳头大的石头比较多，石子碰上轮胎就会跳一下，让人一惊。好在铁路在山的夹巷中穿梭，就是摔倒也不怕。可过涵洞时，那路不仅窄，旁边又是深深的水渠沿山而下，没有护栏，吓得人心惊胆战。

西秦国都，应该气势宏伟，应该有参天大树或宫殿吧，要是在那儿能拾个古物应该是很值钱的吧！我努力想象着。离开火车路，又上坡，看到平坦的一块块的耕地，穿过一个土豁口，前面是一片绿油油的麦田。父亲说：到了。我四处张望，没有城呀？父亲说：就在这儿。看我惊诧的表情。父亲用指头给我指着，哪儿是城墙。仔细看去。一台台土地的尽头有城墙的影子，原来威武险峻的城墙已被时光磨平了棱角，变得像个普通的小山包。刚刚进来豁口的两边，就是东城墙，现在已显得低矮，上边还架有水管，任何人都会以为是现在的人修建的水渠。偌大平坦的土地上，农民们在耕作，还有拖拉机在中间宽阔的路上奔腾，农田一片生机勃勃。流着清清机井水的灌溉渠中，积淀着许多黑色碎片，父亲用手取出来说：这就是当年城中用的瓦罐碎片。

我很失望，这儿毫无景色，就是一块大农田。父亲却很有兴趣，询问当地农民。一位历经沧桑的大爷热情地说：当年土地平整大会战时，挖出的墙壁上有鲜艳的壁画，有的地方还有烧焦的很粗的木头，老人双手比画着，并指着很远的西南角说，那下面就有壁画。可现在什么也看不到，只有随风轻轻摇摆的青青麦苗。

父亲带我来到北城墙边，这儿连城墙的痕迹也没有了，铁路从这下边穿过。据说当年修铁路，为保护古城还偏移了原来的规划线路，只破坏了北边城墙的一部分。修铁路时挖出一把剑，保存在县博物馆里。向下一看，深深的壕沟里两条铁轨向东西方向无限延伸而去。

又来到西边一个最高的小山头，这儿是当年的城头。顺着父亲指点，我看清楚了，整个城池占地规模宏大，特别在苑川河畔占据着独特位置，城池四通八达，视野开阔，北边临河，四周有深深的护城河。在这儿，父亲说，我们站的是主城墙头，外面是个半圆形城墙围成的深坑，这就是瓮城，“瓮中之鳖”就是从这儿来的。我深深刻记在心田。

根据现场老农提供的信息，父子俩来到捡拾保存了一枚古印的农家。那位朴实的大哥拿出了白色印章，说谁都不认识这字，于是在白纸上印戳了红色印迹。父亲详细进行了询问，特别是细节，后又拍了照片。

回来时，我有点失望，这勇士城没啥看头！和想象中的一个国家都城，差距太大了。父亲满脸高兴，说他今天终于亲眼看到了这个古城，实地一看，真不一样。父亲兴奋地说："你想想，有彩色壁画证明当时多么繁荣，那烧毁的木头说明当时城里发生了残酷的战斗，是内讧，还是外部入侵，就成了隐藏的秘密。"

回来后，父亲写了一篇名叫《火车从西秦国都中穿过》的文章，刊登在报纸上，还附有印章印迹的照片，请专家研究。

父亲从古城中看到了许多，而我却觉得没看头，真是年少浅薄。

那座勇士城，现在越来越受到众多人的关注，也有好多游客慕名而来参观拜谒。

破除公路“幻景”记

20世纪80年代末。

五十多岁的父亲，以农民身份在省城晚报社编副刊。那时记者很吃香，乡亲们有事都会周天上门找记者帮忙，而父亲也喜欢搞点新闻采访。

村后兰宜公路进入巴石沟S形的地段，奇怪地频出车祸。

有一次，又出事伤人，伤者竟在夜间匍匐爬行约两公里之遥，到桥头的金崖医院就治。

随着传说，鬼话也就产生了，说是汽车夜间行驶到这里，就有一个披麻戴孝的年轻媳妇挡车，就出事了。有人为了镇邪，竟用半自动步枪在S路崖边向沟底射击，以驱除鬼魅。

有熟悉情况的当地牧羊人告诉我父亲：S路对面的崖坡上有一段石砌的护坡，其宽窄正巧和公路一样，白天还好说，如果是夜间，车灯一开，灯光下，形成了一条笔直的公路“幻景”，汽车就照直开到崖下去了！父亲白天到现场一看，果真如此，可这里连个“路要拐弯”的路牌标记都没有。

“惨哪，你还是把这事给报社领导反映一下吧！”说完牧羊人就痛心疾首地告别走了。

父亲便利用星期天回家的机会，骑自行车过苑川河桥，到龙儿沟坪的金崖道班找领导，结果领导回家去兰州了，就对留守的工作人员亮明了身份，说明来意，请他转告领导，希望在这里树立一个“这里有弯”的路牌，约定下星期天见回音。

待到下一个星期天，父亲满脸希望的又骑车到道班，留守的人在大门外等这位土记者，说，领导说了，我们道班的任务是把路面上的石子扫干净就行了，至于公路拐不拐弯不关我们的事。

公路道班，衙门不大，职权有限，但这几句话确有外交部新闻发布会的派头。让我们全家人心中不爽。

就在这时候，传来了令人欣慰的消息。原来国家领导人要沿着这条路深入山区访贫问苦。父亲给家里人说，这次公路上一定会插牌或维修。谁也没有想到，就在车队来之前，竟有专人在百慕大式的S形路段站岗值班，护送车队通过，一直等到车队出山走过，这个值班的大活人才撤走。

父亲分析，从派专人执勤这一点来看，相关部门也晓得这里存在的问题，一定会采取行动或栽警示牌子的。

期盼中，又出事故了。

最令人心惊的是在一个腊月二十九的晚上，有几辆山西的运货车鱼贯驶入巴石沟，很明显，他们是连夜上路要赶到家里过除夕的团圆年的。孰料其中一辆竟飞驶跌下悬崖出了车祸。第二天，父亲去现场，只见崖下冰滩上散布着汽车碎片和汽油印迹，一罹难的司机小伙俯趴在冰上，面孔不见，唯见手乌青如炭！

父亲没有眼泪，内心里却是大恸悲伤。接着发生的事又令他大悲而羞赧。人们看到，死者的家属，连夜从山西疯疯张张赶来……在运走遇难者遗体的时候，可怜的亲属还遵从古老习俗，要买一只白公鸡“引魂”。他们找到附近一家村民，村民短处拿人，竟要价26元，比正常市场价格高出了四倍（当时市场价格每只鸡5元左右）。死者亲属一句话不说，如数掏付。父亲在那里，却为整个地方人脸烧！

父亲不由愠怒，便在《兰州晚报》上发了一条消息，指责有关方面连个路牌都不插。消息见报，没有任何反应。死痞！

这是父亲第一次在文中出言语骂人。

不久，又在夜间发生了重大车祸，一辆拉着棺材和子女、女婿去北山埋葬老太太的卡车，又在S路那里飞下沟底，棺材摔成了木板，人员伤亡达七八人之多!

震惊之余，父亲怀着悲愤的心情，又写了《公路幻景应该消除》的消息，专门去甘报社交给张正秀编辑，请他帮忙披露。

《甘肃日报》影响大，消息刊登后，省公路局方调来工人和大型机械，在巴石沟险峻的S形路段突出部位施工，他们动手了。

不少村民一见周末回乡的父亲，满脸欣喜地说：“你总算把公路上的人搬动了啊，这是善事！”

父亲听见赞扬，内心无比喜悦。这当然是听见好话满足了虚荣心，但更重要的是从中可以证实：为S路段死人的事焦心的不只是热心的牧羊人一个，而是有这么多的乡亲关切此事。

五一劳动节那天，父亲骑车飞奔到S路段施工现场。好热闹！只见尘土飞扬，人声、铁器碰击岩石响成一片。工人们在节日里照常辛苦，场面感人。

父亲上城后，马上在《兰州晚报》上报道了新闻：《路曲折白岩护坡常惹祸，炮声鸣节日施工村民乐》。尽管此标题俗而聱牙，但据说流汗施工的工人们，见报后还是很受鼓舞的。

几个星期以后，父亲又骑车去工地。只见荒沟里的S路段这里一片寂然，空无一人。原来他们已完工走了。

父亲一打量，人家就是专业内行，新斩劈的山嘴已不碍视线，一眼就可以看出这里是弯道，原来路面的拐弯处也拓宽了许多，更醒目的是靠崖的一侧栽了一长溜红白相间的水泥桩标记。

好啊，宽天宽地，新路新桩。现在，任何人都会一眼看清路况，在这里行车，保准不会有事。

笑吟吟的父亲一摸那红白水泥桩，便愣住了。沉重的水泥桩竟虚应故事地插在崖边浮土里，一点不稳固，用手摇撼，因其桩浅土虚，哪怕是小小顽童也可以搡倒、弄丢的。

这位爱管闲事的老头无限感慨：可敬的修路同胞，这里是出了十几条人命，才好不容易把你们请来的，人们对你们一万个感谢，可你们中间栽水泥桩的这个同志却差劲，怎么能这样虚应故事呢？为山九仞，功亏一篑，真是美中不足啊！

从此，巴石沟S路段的车祸不再发生，传说中穿白戴孝的鬼魂也就消失了。

后来，父亲有事进北山，路过公路幻景处，见新栽的红白路桩又缺少了一根。这是怎么回事？北山归来，抽空到现场实地查看。据牧羊人说，是几个中学生玩闹时把一根搡下沟底被洪水冲走了。

父亲决定带家人去维修，成年的子女以种种理由反对，周围的邻居也话中嘲笑。父亲主意已定，买了一袋水泥，和孙子一起用架子车把水泥拉到公路“幻景”处。孙子小，又好奇又热心，是爷爷的追随者，愿意和爷爷做好事。爷孙俩就地取材抱来石头沙子，用石块把红白水泥桩四面围砌，就近河里取水，再用水泥砂浆把石块封死。路过的行人，还讽刺挖苦这一老一少。

看孙子凹着嘴，鼓着腮，鼻梁和额头上满是汗珠，提着水桶，脸上完全是一副胜利的表情。好心疼。小不点碎仔仔，竟是爷爷的知音、同道、同志哩！便美美夸他一顿，娃就越来劲了，卖力地帮爷爷加固这些红白好看的水泥桩。

待把十几根水泥柱一一加固完，爷孙俩已经累得精疲力竭。父亲缓不过劲儿，就央及孙子把自己拉回去。幸好返回时公路呈下坡路，父亲就坐在车上，由孙子拉拽车子回家。

一路上，人们见七八岁的一个小孩子拉着六十多岁的一个老头，一起投来奇异的目光。

父亲说起这些事时，竟一脸开心自得。

执着的父亲，热心的父亲，有大爱的父亲，深深佩服。

新栽的红白路桩醒目矗立，平展的大道通达四方。

公路幻景是一面照妖镜，能照射出善恶真伪。

农家小院的外国客人

一年麦收成熟的季节，我家要在农舍接待两位外宾——兰州大学英语讲师、英国人阿玛娅和她的男友美籍留学生凯文。父亲高度重视，站在中外交流的高度，在家中做了充分准备。小院大门，正房门口贴两副红纸黑字的新对联欢迎他俩。

大门口是：

走进农家小院落，

观察底层大世界。

金吉泰（中）与阿玛娅（右）、凯文（左）在金崖农家小院

院内正房门口是：

世界和平有待各国维持，

人类文化不妨敞开交流。

届时，乡下阳光明媚，两位贵客、几个兰大学生步入农家院落。两个外国人一眼看见了窗户下方留有烟熏痕迹的炕洞门儿，问那是干什么用的？庭院里的太阳灶上正烧开水，这又引起了他俩的兴趣。

大家一起先去街中心舒蕾幼儿园参观，中班孩子用英语向客人问好。又去三圣庙，看了古建筑献殿和内中展览的书画。

返回家来，父亲送他俩自己创作的童话和寓言书。阿玛娅一见书兴致来了，要赠一幅墨迹。她对石质腻润，色呈墨绿，砚边雕有蟠龙的洮砚，显出很诧异很感兴趣的样子。阿玛娅手握中国大毛笔，很缓慢很认真地在洁白宣纸上书写了“天下为公”几个汉字。落款是“阿玛娅书”，并按上红色的中国式的阴文印章，然后赠我父亲留作纪念。

父亲已许久不动毛笔了，更不会书法，但在此情势下不得不硬着头皮拿起大毛笔狂草（可遮丑），遂一笔画了“黄河母亲”四个字的小条幅，落款是“中国农民金吉泰”。之后，双手递上，回赠予她。她将条幅撑起悬吊空中，问：“‘黄河母亲’是什么意思？” 父亲说：“我们中华民族，繁衍生息在黄河流域，黄河是哺育——” 会说中国话的凯文插话说：“黄河妈妈！” 一院子人说，对对，说得对，言简意赅，精彩，精彩！ 父亲将手中的横幅展开，对他俩说：“天下为公，是我们的国父孙中山先生提倡的，意思是世界大同，世界和平，OK，OK！” 阿玛娅用洋腔连说：“好，好，好！”

父亲还亲自给洋朋友表演了扁担戏，外国客人尽兴而归。

这是发生在西北农家院落里的真实场景，但仿佛又在童话故事里似的。

编报生涯

不怕笑话，父亲刚开始办的报是黑板报。

他在家乡的文化站当干事，每天工作是开阅览室、放电影，组织群众文化活动。办黑板报，也是每月的一件大事。文化站设在三圣庙，坐北朝南，街道对面农户房屋后墙下立着一块大黑板，两根粗壮的木腿支立着，顶部有檐，木制的人字形，遮风挡雨，下面有块四边包有棱边的大黑板，与文化站大门相对。每次出黑板报，父亲都要提前精心准备，在笔记本上写好内容，画好图形。内容有全乡的大事，有国家的重要政策，还有本乡出去的名人和有成就者，还有监督台。每次出报，先用板擦认真擦去粉笔的痕迹和粉尘，再用墨汁整个刷一遍，漆黑簇新。父亲站在木板凳上，旁边的粉笔盒中有各种颜色的粉笔，开始工作。这是开放型的办报，周围的群众和路过的人会围观，评头论足，也会询问还没写完的内容。为了办得活泼丰富，会在黑板上分三栏，大题目、小标题，用大小不同的字体，还用彩色笔画出边框和分栏线，要办得美观好看。有时为了看效果，有时又有其他事打扰，父亲会在木板凳上上上下下无数次，才能完成一期板报。父亲站在文化站大门口，欣赏路对面黑板上的劳动成果。若路人表扬夸赞几句，那可好开心。他还要随时盯着，那些顽皮的孩子也想在黑板上留下自己的手迹，只要用手在黑板上一抹，就会留下痕迹或模糊了汉字。给我影响最深的是，黑板上前一期刚表扬了一个调皮的男孩表演武术的新闻，大家对这孩子还有点异议；后一期又出现了批评这孩子打奶奶的事，这孩子扬言要报复。1985年8月，黑板上有全乡初中毕业考上中专、师范的名单，而我也名列其中。开心的我悄悄看了几次，觉得无比自豪。那时，农村孩子考上中专、师范是件大事，是件荣耀的事。板报两周一期，按时更新。在这儿，人们知道了全乡的大事，以及外面的新鲜事。

1985年1月27日，父亲将总结我乡一年中十大实事的新闻在《兰州晚报》发表，并加了"编者按"。这一形式在以后的机关单位总结、安排来年工作上常被应用。

同年12月，父亲到《兰州晚报·农村版》副刊当编辑，开始真正办报。父亲发挥作家的特长，邀请名家李满天、王汶石给小报写稿，请冰心、叶君健、洪汛涛、孙幼军题词。父亲干工作非常认真，不惜出力。他在暗暗加油，千万别干不好，让笑话农村人，再说搞文字工作是他最喜欢的。他精心设置了副刊栏目：麦场夜话，小说、诗歌、散文、故事、剪纸、书画，还有小说连载。主打栏目麦场夜话的每一篇稿件都提前谋划，联系撰稿人、现场采访、反复修改，可却署别人的名字。我有时觉得不公平，有些吃亏，但父亲淡淡一笑，好像理所当然。著名诗人南山牛就在这儿发表了处女作，并走上了文学道路，取得显著成绩。他如此回忆道："1987年，我有幸结识了刘志清老师。他回去后去兰州参加一个会时，将我的习作给了在《兰州晚报·农村版》编副刊的金吉泰。金吉泰应该是我诗歌写作道路一个重要的引路人；1987年3月31日该报副刊，发表了我的诗《小路》。这首诗仅仅12行，是金老师从我42行原作中选出来的。42行中择出来12行，每一个字又都是我写的……我恍恍惚惚有了点感觉：诗，应该是这样写啊……"而我父亲对南山牛更是赞赏有加，说他的作品上过《诗刊》头条，是成绩显著的农民作家，却不曾说他给南山牛发表过作品，而好像他是从刊物上看到后才知道的。副刊天地，让父亲在培养基层作者方面做了大量工作。这偏僻的小报副刊，发表了许多大家的作品，也发表了无数文学爱好者的处女作，在"玫瑰园"中培养了许多知名作家。

后来《兰州晚报·农村版》停办，父亲到了《兰州晚报》编辑部，先是编辑报告文学版，在当编辑的同时，父亲也参与报告文学写作，他写的《上帝给他立碑》《时在早晨八九点》《墨曲九流》等报告文学深受读者喜爱。后来他又参与校对，知道了校对的酸甜苦辣，也认识到了中国汉字的神奇和美妙，写出了童话《“猴”字过关》等。报社的各种工作父亲都干过，也给他提供了丰富的创作源泉。

1993年，父亲离开了《兰州晚报》社。60岁的他还想再闯荡几年，来到《青少年摄影报》，还是编副刊。在这儿父亲的摄影水平也得到提升，也发表了一些摄影新闻。“张琳的处女作童话名叫《雪花儿的梦》，作品构思奇巧，童话味十足，很不错的，就刊发在《青少年摄影报》‘五光十色’副刊上。”在这儿发表的，还有根据意大利作家埃迪蒙托·德·亚米契斯的《万里寻母记》改编的连环画，父亲对此喜爱有加，再次转载。

后来又到《质量服务报》编副刊，该报主编秦皓，也是位作家，写过《忧愤三记》等，同为作家，他对我父亲非常关照，父亲在那儿工作得很开心。由于报纸的性质，当地百姓有产品质量问题都来请父亲帮忙，父亲总是热心相助。由于在这儿工作，父亲一次查《甘肃省计量志》，发现了时任甘肃省建设厅长的杨慕时购买莽权一事，并深入探究，坐班车专程到莽权出土地定西采访，当面采访了莽权亲手挖出者秦恭，为文物莽权留下了重要的见证材料。

人生七十古来稀，70岁的父亲又回到了老家。当地金崖中学校刊《苑川》，榆中县办刊物《黄土地》等请他当顾问，写稿子，老人积极写稿支持，还热情地出主意帮忙。充满深情地为家乡《苑川》校刊撰写发刊词。

近20年编报工作，对父亲的文学创作帮助很大，既开阔了视野，增长了见识，也为父亲后来井喷式创作奠定了基础。

真佩服父亲的先见之明，当年怕拘束不去当教师，而到知天命之年，“为了有利于我的创作，愿去报社当编辑”。

《兰州晚报》情缘

父亲是位农民，以种田为生，业余喜欢文学创作，是大家眼中的农民作家。

1980年初，父亲在金崖乡文化站当专干，那儿就有《兰州报》，本地报纸读起来亲切，是农民们最喜欢的报纸。一天，记者李宝泉采访我父亲文学创作的稿子登在了该报头版，熟悉我父亲的农民都争相传看，我们与这张报纸更亲近了。

1985年秋季，《兰州晚报》要创增农村版，设有副刊曰“玫瑰园”，想让我父亲去编辑、操务这片文艺园地。

出于对文学艺术的爱好，父亲不顾已过知天命之年，一把年纪，拎着行李包进入张掖路246号院内，登上悬空的铁梯，到晚报农村部报到。

半路出家，经营陌生的这片“玫瑰园”。父亲插起招军旗以后，三县五区业余作者的文稿雪片般飞来。鉴于报纸副刊还不宜全是纯文学，还得顾及新闻性，便设置了“麦场夜话”栏目，专登描述真人真事的微型报告文学或新闻故事的稿件。在此栏目内先后刊出了《当年女响马》，说的是榆中银山一位妇女参加过“甘南民变”义军队伍的经历；《卡本特先生走皋兰》，记叙了联合国官员卡本特先生在皋兰视察农田建设的新闻；《是谁最先发现铜奔马》是铜奔马出土时鲜为人知的情节。此文在“玫瑰园”问世，后发表于北京《追求》杂志，上海《文汇报》和《甘肃日报》又予以转载；《华罗庚和程兆生的友谊》说的是华老和甘肃省工人诗人程兆生交往的佳话。

《兰州晚报·农村版》编辑在兴隆山，金吉泰（前排左二）、鲁正葳（前排右二）

为给农村版副刊写篇有关《柜中缘》原型人物的报道，父亲专门去青城，找见原剧作者李干成的几个儿子和家属了解情况，可他们都摇头不知道。从他们家出来，见一长须老翁，贸然相问，也就是碰运气，熟料老翁笑道："我是《柜中缘》里花旦的外孙。"他遂邀父亲到他家，对《柜中缘》言之甚详。父亲对峰回路转的采访非常满意，时隔多年还给我们讲得绘声绘色。

像这样，为了组织特色稿子，父亲常常深入现场组稿，大幅度地修改稿件，每一篇精彩文稿的背后，都有父亲付出的心血和汗水。

为了让本土写尕小说、诗歌的年轻作者开眼界，父亲先后约请王汶石为"玫瑰园"的幼苗们专门写了创作谈；临洮籍的河北省文联副主席李满天居然还寄来一篇短小说《访友归来》；每逢六一儿童节，父亲曾先后请孙敬修、叶君健先生为"玫瑰园"题词。尤其令人难得的是当年冰心先生年事已高，在轻易不动笔的情况下，居然给题写了"无农不稳，但要

‘稳’必须有知识”的话语，并钤冰心红印，这让父亲非常感动。

知名大家和业余作者在“玫瑰园”里的同一版面上相遇，回忆起来亦是别有一番滋味的。

父亲满怀激情全身心投入工作，从学画版开始，约稿、改稿、组版、编排、校对、培养乡村通讯员，独当一面。凭着自己的文字功底和敬业精神，把副刊办得图文并茂，雅俗共赏，大力扶持了一批农民作家。

父亲原先打算在新闻媒体单位体验生活两三年就行了，没成想在《兰州晚报》一干就是7年，从编辑、记者、校对甚至印刷机旁“看开印”亲身躬行，全都熟悉了。

父亲年过半百，进城“打工”，这无疑是为了丰富阅历，为自己的“文学梦”添加浓墨重彩。但报社工作，也养成了他新闻人的职业习惯，喜欢打听新奇，喜欢实地采访。父亲只要听见“新闻”，一定会兴奋起来，定会深入实地采访。采写的社会新闻《义犬救人》给读者留下了深刻印象，并获当年全国晚报新闻奖消息类二等奖。

2001年，《兰州晚报》改刊推出了一个新专版画刊“浮世绘”，内容是用漫画加调侃说明，用来讽刺社会不良现象，同时还介绍世界风云人物。美编蔡卫东约我父亲撰稿，每周出一期。开设“风云人物”“江湖故事”“市井兰州”三个栏目。父亲精心选材，用原名和近十个笔名，以不同风格的文字给读者奉献精神饕餮盛宴。文字嬉笑怒骂，针砭时弊，配上精美的插图，父亲很是惬意。父亲把每期有“浮世绘”的一页报纸剪裁下来，叠放得整整齐齐，存放在一个牛皮纸袋里，雨天闲暇时会拿出来欣赏。

父亲一直坚持给晚报写稿，新闻消息、报告文学、散文随笔等小文章隔三岔五见报，也荣获该报举办的小说、童谣、主题类等各种征文奖，但父亲还是有点遗憾，说自己没有写出像马克·吐温《我怎样编辑农业报》那样幽默诙谐辛辣讽刺让人忍俊不禁的稿子。

在父亲的影响下，我也与《兰州晚报》结下了深厚的友谊。当年写的参加社会新闻大奖赛的稿子：一头小毛驴嬉戏咬伤小孩嘴唇的新闻发表后，省城一家医院看到立马行动，主动免费给小孩治好了病，令人感到欣慰。在晚报副刊兰苑编辑常锦屏老师的支持鼓励下，我的寓言不时见报，更加坚定了我钟爱的寓言创作之路，并取得了可喜成果。

《兰州晚报》纪念创刊四十周年，举办"我和《兰州晚报》的故事"征文，按照父亲以往的习惯，一定会跃跃欲试，一定会充满激情地抒写与老东家《兰州晚报》的美好回忆。可惜，父亲去世了，只好由儿子代笔，但愿能写出父亲与晚报的精彩故事。

农民“春雨”情

父亲一生与《甘肃农民报》及“春雨”副刊结下了不解情缘，并受惠多多。

“皋兰山上大炮响，兰州解放了，新出的《甘肃农民报》，所登文章净是教庄稼人种田栽树的巧点子。另外还有文学副刊，是登说唱和古今的。好！农村里爱好文学的业余作者，包括我在内便一齐撵来投稿。在信皮儿上注明‘稿件’就塞进邮筒里，过上几天，要么稿子在文学副刊里登出来，要么编辑把不用的稿子退给你本人，还附上手写的亲笔信，指明哪些没写好，哪些要注意。要知道，那么多的作者，成山的稿件，编辑用手工书写退稿信，该有多费劲！而我们作者却从‘义务老师’的附信里得到了指拨。记得我写的一篇叫《养猪姑娘》的小说，居然在副刊上占了一个版面，使我这个乡下作者好感动。《甘肃农民报》一直是庄稼人自个的报纸。‘春雨’副刊就像清明前后的毛毛雨，洒落在农村作者的心田里。”父亲如此写道。

1980年金秋，全省第二次文代会上，时为《甘肃农民报》记者的许维专题报道了《文代会上的庄稼人》，其中在《困苦视等　闲茹辛搞创作》一文中对我父亲含苦茹辛，几十年坚持业余创作的事迹予以报道，影响很大。那时父亲在乡文化站工作，订阅的《甘肃农民报》，无论在阅览室，还是街道上的报刊栏，乡亲们都喜欢看。

1995年9月，由《甘肃农民报》总编辑许维倡议，《驼铃》大众文学杂志社和《甘肃农民报》社联合主办了“农民作家金吉泰创作四十年作品研讨会”。甘肃省文艺界、新闻界领导和知名人士程士荣、谢富饶、秦川牛、许维、李禾、何来、冉丹、梁胜明、田企川、杨重琦等参加了作品研讨会。当时，给一位农民作家开作品研讨会在甘肃还是首次，这是一次创举。

起先，父亲和《春雨》副刊交往多是邮件书信。到后来，随着交通便利，便上兰州直接到报社。父亲说：一走进农民报办公室里，连空气都觉得亲切。

一次父亲去送稿子，正好碰见了许维总编辑，说起我省文坛上有好多趣事、逸闻。许维总编辑慷慨地说：就在“春雨”上开辟专栏，半月一期，由你供稿。于是老人每两周就怀揣一篇“文坛趣事录”的稿子，踏着当当的地板送到报社。这专栏保存了6年之久。其后，发表的百多篇小文汇集成《甘肃文坛百人逸闻趣事录》印刷成册。送到省文联时，文联的人争看后说，这上头写了文联楼上的好多人呢；送到省档案馆时，馆里的工作人员说，这种稗官野史类的资料是很有保存价值的。

常来常往，甘农报的编辑们都熟悉了基层作者老金，而父亲竟影响编辑张琳走上了儿童文学之路。

随后人事变动，父亲仍照直往《甘肃农民报》社走，对这里他有种老家故园的感觉，并吃准新来的工作人员会善待他的。

果然，新来的总编辑马同顺与父亲一见如故，副总编辑曹剑南既搞新闻又进行文学创作，拿出新出版的散文集《路上》相赠，并送给父亲一大摞稿纸。

可能是甘农报的优良传统，一代接一代的编辑对乡里人不见外，实打实，亲近。父亲便开口请副总编曹剑南为榆中“苑川文学社”出个专版！他慨然答应。很快，专版面世，郭万杰编辑还写了编者按语。这样，榆中“泥腿子”播撒的粒粒种子就在“春雨”园里露了脸，活像是顶开地皮露出尖儿的田禾。父亲一遍遍欣赏，比自己发表稿件还开心。

金吉泰（左二）创作40年作品研讨会，程士荣（左三）、谢富饶（左一）、许维（右一）、秦川牛（右二）、李登泮（左四）、丁述学（左五）

2006年，曹剑南、郭万杰主编的《春雨——甘肃农民报副刊作品选》出版，父亲的文章《春雨润物细无声》代序。省报副刊作品集出版，选一位农民作者写序，真是一种信任和胆识。泥土芳香的作品集中，有好几位榆中作者的作品入选。

翻看父亲珍存的一厚沓《甘肃农民报》样报，虽已泛黄，却平整完好。粗略数数，从1979年5月11日到2016年6月2日，父亲发表了小说《宝娃落选》《诸葛亮移山》《党员村主任》等10篇，童话《红高粱卖刀》《兰州葫芦和丹麦王子》《陈三奶和灰蓬草》《老婆婆的"测亩仪"》等13篇，文坛趣事录108篇，散文《春雨无声》《文学生命的第二个春天》等。介绍父亲作品集出版、文学评论、创作成果的文章也不时在这儿露面。跨越半个世纪，"春雨"里长出130多篇果实，父亲应该是这块肥沃园地里收获最多的人。

父亲坚持创作60多年，文学成果丰硕，离不开春雨的滋润相伴。

令人称奇的是，编辑与作者不仅仅是稿子、书信来往，我家小院还成了甘农报联系基层作者的一个据点，不时会有编辑老师来家中做客。2012年3月，家人给父亲举办八十大寿，邀请的不多贵客中就有与甘农报有关的许维、曹剑南、郭万杰、张琳和当地农民作家。在那明亮温暖的农家小院，大家像亲人一样，轻松自然，当面交流文学、探讨人生，其乐融融，父亲身穿唐装笑容满面。

受父亲影响，我创作的童话、寓言也受到了“春雨”呵护。1997年7月发表的童话《盼红枣》，主题是庆祝香港回归祖国的，入选《1949—1999甘肃文学作品选萃·儿童文学卷》。发表于此的寓言，都收入了出版的寓言集中。

一幕幕感人的关爱和情谊历历在目，阳光雨露，春雨真情，让人永远铭记。

父亲已去世三年，若老人健在，看到“我与《甘肃农民报》”创刊70周年征文，一定会欣然参加。情谊难忘，由儿代父参加征文，说说心里话，表达我们父子对“春雨”的感激之情。

铜奔马从采访记到童话

甘肃武威出土的铜奔马，是一件举世闻名的稀世珍宝，也被称作马踏飞燕。关于它的出土经过，据一些文章和传闻的描绘，说是当地农民在挖出这件瑰宝后，竟把它当破铜烂铁拿到废旧收购站去卖，还有一个鲁莽的青年举起镐头要砸碎它，多亏了文物工作者及时抢救，铜奔马才得以保存下来云云。

其实，这些说法纯属讹传。把铜奔马从阴冷的古汉墓里捧到阳光底下的几个朴实的农民，一直默默无闻，鲜为人知。

20世纪80年代末，父亲有幸和这几位农民接触面谈，还去古墓做了实地勘察和核对，终于弄清了文物出土的本来面目。

这是父亲的文字记录：

1969年8月1日，武威县新鲜公社新鲜大队第十三生产队的社员动手挖战备地道。他们的饲养院紧贴雷台之下（雷台是一座上面盖着庙宇的高土墩，四周齐削如城墙一般）。他们就在屋后的土崖上动手挖防空地道。负责组织挖地道的是队会计杨发祥。因地道窄小，每天只出动五六个劳力，多是“四类分子”，还有一个基督教徒的儿子李魁文。地道从南往北，拐弯向东。他们用一辆经过改造的架子车拉土，每天挖土不止，地道也越挖越深。四十多天后，即9月10日下午，正在刨土的社员杨发财一镐落下去，镐刃碰在什么硬东西上，一看，竟是由许多薄薄的砖砌的墙壁。那汉砖比现代的砖薄，中间又没有用石灰勾缝，只听轰隆一声，砖墙朝里塌陷下去，出现了一个大黑洞。社员们大惊，纷纷逃出地道，向队长王洪尚报告，说地道里出现险情。

队长和会计赶到现场，黑洞里涌出一股令人窒息的气味，擦火柴伸进去，火焰立即熄灭，用打火机亦一样。他俩找来一根长长的电线，安上灯泡，并把它绑在木棍头上，通上电，伸进黑洞。电灯光下，一座穹隆形的砖窟，悬吊着无数树木的根须，原来是土墩上的庙院里的大树根扎到了这里。窟底不太深，那里摆着一些形状奇特的小物件。他俩壮着胆儿，跳下去一摸，沉甸甸的，一看锈斑是绿色。铁锈呈红，铜锈为绿，这是铜铸的小车、小人、小马……有的立着，有的倒在地震形成的裂缝上。

“这是啥——？”两个农民愣住了。他们怎能估量出这些文物的真实价值呢？在这穹隆形的砖窟北面，墙脚下还有不足一米高的小洞，他俩钻了进去，只见又是一座更高大的砖砌穹窿。就在通往这大穹隆的通道口上，放置着一匹双蹄腾空的较大的铜马，左右还有两个大“盆”，一个里面是清水，另一个里面是骨头。他俩此时呼吸困难，战战兢兢，举着电灯又钻进另一个砖窟，一直到最西头的一个砖窟才发现一个棺材盖，抬起一看，底下只是一座土墩而已。原来这是一座被盗过的古墓。眼下别无他物，只有左耳室里的那些铜货罢了。

王洪尚让杨发祥把铜货一件件登记之后，叫来社员杨金全。三人就用那辆出土用的架子车将这些铜车、铜人、铜马、铜牛从防空地道里拉出来，存放在饲养院的库房里。这是当天晚上的事。第二天队长王洪尚便去向大队和公社汇报此事。上级决定把这些文物全部上交武威文化主管部门。

上级为奖励他们发现文物，给每户赠送了一本毛主席语录，一枚毛主席像章。几个“四类分子”和父亲是基督教徒的李魁文自然是没有资格获奖了。

采访后写的《甘肃铜奔马出土记》一文，发表于1989年《追求》杂志第

2期。此文被研究马踏飞燕的许多论文摘用。

从武威回来后，父亲兴奋中给家人讲述铜奔马惊险的出土经过和从丑小鸭变白天鹅的传奇经历。并对挖出铜奔马的几位农民的遭遇抱打不平，说要写文章还原事情的真相。家人有些担心，报纸上都宣传了将近三十年，还树立了典型，人家告状、打官司咋办。父亲说："不怕，我说的是真实情况。"

文章发表后，风平浪静。

当时父亲讲的一件趣事至今记忆犹新：采访当事人后，由其陪同去已经是旅游景点的现场观看。当挖出者介绍他们当时看到铜奔马躺在什么地方时，立刻遭到了讲解员的反对，说，不是那样，应该是……父亲提醒讲解员，就是这位农民第一个发现了铜奔马，并把马抱出了地洞，讲解员霎时愣住，没了话语。

农民不等于愚昧！

同为农民的父亲如此写道："是的，王洪尚、杨发祥、杨发财、李魁文他们是乡下农民，如果他们是教授，哪怕同样是偶然发现了这些文物，那文人的笔底下会是另一个样子的！"

精打细算过日子是农民的本色，父亲把采访到的食粮一点也不浪费，不仅写新闻专访，还写出了童话《铜奔马成金记》，让大江南北的孩子们看看中国西北农民的纯朴憨厚和马踏飞燕的传奇经历。

“莽权”和《天生童话》

父亲在兰州《质量服务报》打工时，看到了《甘肃省计量志》记载着莽权的发现始末。简洁的记述中，莽权的经历非常富于传奇色彩。此国宝曾被古董商多次转手倒卖，历经军阀觊觎、大盗下手、皇宫展览等情形，后来又分散在大陆、台湾两地……

文物的发现者有名有姓，志书记载：“为定西巉口秦恭发现。”至于如何发现，没有细说。

父亲喜欢新闻采访、寻根问底。1998年秋季的一天，66岁的他从兰州乘班车用了两个小时左右的时间，到达定西县（今定西市安定区）巉口。下车伊始，便向路人打问乡政府所在地，接着改口又问，你知不知道有个叫秦恭的人？对方一口回答，知道。他还活着吗？对方肯定地说，还活着，就是挖出王莽秤的那老汉嘛。

在巉口乡西街村的一户农家院里，父亲见到了时年84岁的秦恭老人。老人须发皆白，但耳聪目明，精神矍铄。一提起当年辉煌往事，他的劲头就来了，坐在炕席上，非常详细地述说起来：

70年前，秦恭年方13岁时，他在村外一处土崖上看见有活泼的松鼠及其半崖面上栖居的洞穴，于是直朝松鼠洞穴掘去……挖着挖着，突然看见崖面上露出一个半圆形黑色光滑的物件。使劲挖出来一看，竟是比大饼略小、很厚、有美丽篆文的铜家伙，很沉。除了这一个最大的，又在同一地方挖出了形状一模一样，但一个比一个要小的四个圆形物件。把它们叠起来，极像今天宝塔形的中秋月饼形状，总共约有两尺高低。另外还挖掘出三件一米长短的方形和长方形的铜杆。

他年纪幼小，根本拿不动，便跑到家里对父亲说在崖面上挖出来了一大堆铜！父亲正忙，不信，骂了他一顿。

莽权发现者：秦恭

秦恭摸摸头，跑出家门，又到土崖边。这时崖边已经聚拢了一些人，大家教秦恭再去叫家中大人。秦恭硬着头皮，二次返回家中，恳切地告知父亲。父亲这才和叔叔来到崖边，果然看见了一大堆乌黑光洁而又沉重的金属物件。便用绳子捆了，吃力地抬到家中。

他们请村上的教书先生辨认。先生看大半天，也说不上这些有篆文的金属是什么东西。

于是价值连城的国宝就被撇在农家小院里了，孩子们把这些乌黑的圆轮子滚着玩儿；后来扔进低矮小棚“填炕棚”，棚里面堆放着麦衣、马粪、羊粪、树叶等烧填土炕用的燃料。从此，莽权就跟枯草、羊粪为伍，人们看见就跟看不见一样了。

后来，秦恭父亲秦安国去世，其兄秦让当家。便用手推车把这些沉重的家什推到兰州古董店。店主马实斋按废铜价格收购，过秤之后付给秦让银洋60元；马实斋转手又以银洋240元卖给古董商张寿亭。张寿亭是文物行家，以银洋140元将其中两件卖给北平古玩店的朱柏华。朱柏华将东西带回北平，经专家鉴定此物为新莽之度量衡标准器，遂以5100元银洋把这两件卖给北平琉璃厂尊古斋古玩店。另外的六件，被甘肃省建设厅长实为军阀刘郁芬旅长的杨慕时出银洋800元收购。后将六件宝物交兰州民众教育馆保管，公开展出。

展出不久的一个风雨之夜，被兰州人传为会飞檐走壁的大盗高灿章，潜入民众教育馆，除了最大的一件太重（30公斤）没抱走，其余五件全部盗走了。

甘肃文化界人士痛心之余，打电报给驻扎在河北廊坊的邓宝珊先生，向他求援。邓宝珊一听，极为愤慨。经多方侦探，终于获悉，大盗高灿章窃走的五件文物在天津英租界源丰永珠宝店里。经严正交涉，该店拒不交出，并蛮横地提出：如要，就拿出30万元银洋来赎。古物保管委员会便以该店盗卖国宝罪，通过河北省警方逮捕了该珠宝店经理翟捷三及原盗宝人高灿章，这样才追回了被大盗窃走的五件国宝。尊古斋购走的那两件，也由故宫博物院以5100元原价赎回。

这样，甘肃省巉口出土的八件稀世珍宝才经历种种风险失而复得——七件存北平，一件最沉重的留在兰州。

国宝莽权真是命途多舛，一波三折！至此事情还没个完，中华人民共和国成立前夕，国民党政府将其中五件带到南京，后又运往台湾。这样，北京就仅剩莽权中的两件了。1959年国庆十周年时，甘肃省博物馆将留甘的莽权一件运送北京。至此——八件莽权中的三件现存中国历史博物馆，另五件现在台湾。

这件事太生动亦太富传奇性了。国宝卖到兰州后的传奇经历，发现者秦恭一点不知。后我省作家秦皓先生便取此为素材，铺陈生发，洋洋洒洒撰成一部中篇小说《国宝蒙难记》，并送给秦恭老人一本。老人让孙媳妇念给他听，听完，往事如烟，感慨不已。

2005年，父亲在学术期刊《丝绸之路》上发表了《莽权出土后的传奇经历》一文。

时光流转，2010年，父亲积极配合央视拍摄纪录片《莽权寻踪》，讲述莽权的前世今生。这部纪录片，先后在央视综合频道、纪录频道、科教频道等反复播出，一时间引起极大关注。

其中，关于莽权流传的部分内容依然采用《甘肃省计量志》中的说法，依然是“杨慕时出洋800元据为已有……”作为这套文物部分器物捐赠者的杨慕时的孙子杨万里先生，在北京看到专题片，认为这些内容与事实不符。于是，一方面与电视台节目组取得联系，希望暂时停播，以免误导观众；另一方面与我父亲取得联系，向他详细讲述了杨慕时捐赠文物的细节并提供了相关文史资料。父亲接受认同了杨万里先生的说法。

随着社会各界对这套文物的关注度越来越高，杨万里萌生了重拍一部讲述新莽度衡器相关纪录片的念头。2016年春节期间，杨先生再次对学生冯勇谈起此事，希望他能再次拜访我父亲，最好能用影像资料的形式留下金老先生采访秦恭老人的回忆内容，以备将来重拍纪录片时剪辑和学界研究时使用。

遵照嘱托，2016年4月8日，冯勇带着从学校借来的摄像机再次拜访金家崖，让我父亲讲述当年采访的细节。他如此记录道：“这次见到金爷爷时，他右眼因患眼疾，已经很难睁开，另一只眼睛看东西也比较模糊，步伐也开始蹒跚。即便金爷爷已是耄耋高龄，但在近一个小时的录制中，依然思路清晰、声情并茂地讲述着往事，一切都历历在目。”小冯认真细致，拍摄制作成资料片，成为宝贵的音像资料。

这套文物出土的细节，学界一直没有准确的说法，且常出现以讹传讹的情况。当事人秦恭老人早已离世，父亲作为曾亲自采访过秦恭老人的人，他的记述便成了唯一的参照。这些宝贵影像资料将成为文物莽权流传环节的重要组成部分。

搜集、积累素材，把它们写作成一篇篇自娱娱人的童话，是我父亲一生的爱好。在几十年的童话写作过程中，父亲发现许多素材本身就是一篇不带人工雕琢痕迹、透出一种自然天成魅力的童话，就像那些图案丰富、形状独特、厚重质朴的黄河奇石一样，叫人赞叹不已。最典型的就数定西出土的“莽权”和那些铜环的故事了。在这份原始素材中，本身就包含了松鼠、手推车、古董商、展览殿堂、大盗、将军、皇宫、警察等等。瞧，素材本身就已经充满了童话特质。

开始，父亲想将它加工得比原来更好一些。于是，将真人真事和地名改换成化名，再将事件渲染得夸张一些，但原材料那奇妙动人的情节，使作者贫乏的想象力显得束手无策。等写出来一看，反而给人一种人为的浮夸之感。几次尝试失败之后父亲突发奇想：唔，何不用童话的形式把这自然天成的故事加以记述，人名、地名、数字全用真实的，人若不信，可以按图索骥去追问。于是父亲试着写成童话投了出去，结果，北京的《中国作家》杂志2010年10月发表了《铜环兄弟》。

作品反响不错。父亲在实践中被那种自然天成的魅力所吸引、所折服，并陶醉其中，身不由己地加以记述，用真实事件加童话元素这种模式开始了天生童话文体的创作。报刊编辑放行，广大读者认可，这可给勤奋的父亲极大鼓舞，一口气写了53篇，2015年结集出版了童话集《天生童话》。

孙子入童话

痴迷写童话，放眼望去满眼都是童话。

几个天真活泼的小孙子，爷爷写作时他们好奇地观望，还喜欢围着听爷爷讲童话。哧溜一下，小孙子钻入童话，竟成了童话世界中的快乐王子和美丽公主。

红枣熟了

家中小院里，两棵大枣树枝繁叶茂，一树绿枣悄悄染上了红色斑点。爷爷劳动回来，看见了缠在树枝上的鞭子。过了一天，又看见了挂在树梢上的布娃娃。爷爷悄悄地问枣树，布娃娃和鞭子为啥喜欢爬树？

爷爷听后笑着说："布娃娃和鞭子想吃枣了，可枣儿还没长红啊。"

孙子眨巴着眼睛不说话。

爷爷跟孙子说："红枣是枣树结的，想吃红枣就要爱护枣树。如果猪呀牛呀把树皮啃破了，就要涂上些泥巴，这样树就不疼了，才能结出又红又大的枣子。"

爷爷刚走开，就跑来一头猪，它先在枣树干上蹭痒痒，接着就把树皮咬下一大块。

孙子知道枣树一定很疼，急忙找来团泥贴在树干上。

爷爷又进来了，看看树干上的泥巴，泥上留着小小的指印，又看看孙子，两只小泥手。便把耳朵贴近枣树，枣树就跟爷爷说悄悄话。爷爷回过

金吉泰拍摄的孙子、孙女合影

头来，乐呵呵地说：“枣树说，猪把它的皮咬破了一大块，是你用泥巴涂好伤口的，枣树要我拣摘一颗顶红顶红的枣儿给你！”

爷爷帮孙子洗了手，然后抱起来，举得高高的。小孩眼前出现了一串串枣子，有青的，有半红的，里头有一颗完全红了，朝阳光的那边红得发紫，小手伸向这颗红枣……

幼儿童话《红枣要熟了》在上海《幼儿文学》面世，小朋友们非常喜欢。

石子花生

有天晚上，老爷爷和孙子一起吃花生。

花生是带壳的，剥吃到最后，剩下一些脱壳的单粒花生，被底层的粉末一涂，得擦去表层细土才食用。孙子拿起一个单粒擦后往嘴里送，忽说不对劲，再擦，是花生粒没错，已送到嘴边，再一辨认，居然是颗极像单粒花生的石子，连颜色都酷似。

老人恨恨地说："你装得这么像，崩坏我孙子的小牙，我非用大铁锤把你砸成粉末不可！"

爷爷放开想象，看见这粒花生石被人误当成花生子种到田里，田主人焦急地等了半年也不见发芽，挖出来一看竟完好如初。这粒石子花生被炒在锅里，不会像别的花生粒被烫得跳了起来，还喜欢与热锅共舞碰撞。作为黄河奇石，这粒在所有参赛作品中个头最小的石子花生，竟获得了金奖。

想象的结果，诞生了一篇名叫《麻屋红帐白胖子》的童话，寄往上海，登在《童话报》的头版头条位置上。

绽放的寸菊

家中院墙根靠东南角落里有一株小菊，开着指甲盖大的花朵。

这儿始终见不着阳光。

有童心的老爷爷从屋子里拿出一面椭圆形、有精美木雕底座的镜子，然后将镜子立在朝阳的北屋台阶上调试，一束阳光反射到在阴暗角落的小菊身上。老爷爷走过去，用手在镜子反射过来的光束上试了试，热热的非常温暖。

当镜子把一束阳光照射在它身上时，就像舞台的追光灯照射在演员身上那样。一朵小菊，亭亭玉立，尽情舒展着小小的身姿，最后再优雅地微微躬身致意。

老爷爷在外地上学的孙女，竟然拄着副拐杖回来，她低着头，不说一句话，连屋门都不愿意出，沉默、灰暗、无助。

小寸菊多希望能为他们做点儿什么！

它能做的只是更努力地舞动着自己小小的叶子，摇摆着自己娇弱的身姿，让自己舞蹈得更热烈一些。

老爷爷领着拄双拐的孙女一步一步来到东南墙角落。

老爷爷蹲下身，看着小寸菊，对孙女说：“孩子，你见过这么小的菊花吗？你看它的生存条件多么恶劣。可是，你看它不但活了下来，还活得这么顽强。你看它那只有指甲盖大的花朵开得多红，多可爱啊！”

寸菊的小小花朵立马显得更鲜艳，舞姿更热烈、更动人。

小姑娘目不转睛地盯着小寸菊看了很久很久，慢慢的，她的眼睛亮了起来，好像有小小的火苗在她眼睛里燃烧，那是小寸菊火红的身影像精灵在姑娘的心里跳动。终于，姑娘的头抬起来了，她好看的嘴角也微微上翘，露出一排洁白的牙齿和深深的酒窝，好看的笑容又回来了。

老爷爷笑眯眯的用相机抓拍下了这珍贵的画面。照片上，一个少女用食指直指身高只有一寸的菊花，笑容灿烂。

寸菊和小孙女很幸运，不仅驻留在照片里，还进入了童话《寸菊》。

菜花舞

老头儿突发奇想，想把农村妇女们铲菜花的动作搬上舞台，就去游说乡下秧歌队的妇女们，可她们不买他的账。当老头手僵脚硬展示铲菜花的动作时，她们捂着嘴全笑了。

人年纪大了，就有点固执。他便跑到城里，通过网络，把这事向远在重庆读大学的孙女说了，孙女热情地答应要帮爷爷。

孙女模样秀美，身材苗条。寒假一回来，就急急赶到小镇爷爷家来。爷爷笨手笨脚复原铲菜动作，孙女既不笑也不捂嘴，而是认真进行艺术处理。

新年到来，水泥打得平整精光的乡村文化广场上，演出歌舞节目。联欢开始了，节目大多是从光碟、网上学来的，观众对音乐和动作都很熟悉。只有一个叫《铲菜花》的单人独舞，是大家没有见过的。

一个秀美少女，头戴矿灯，脚蹬长靴。矿灯田字松紧带，勒着少女的青丝秀发，灯光镜片闪闪发亮。面对无数惊奇的目光，少女蹲立俯仰旋转，舒展优美。铲菜花的农村妇女们、老少爷们，看到他们每天凌晨在菜花地里的劳动动作，竟这样优美飘逸，这样令人心旷神怡，都咂着嘴巴啧啧惊叹。

美轮美奂的舞蹈场景和农村新生活、新气象，被老爷爷演绎成了童话《矿灯奇遇记》，你说新奇不!

苏迪流浪记

有一天，尕姐领着孩子苏迪走进老家。回娘家，是很平常的事。

但一听她说的出发经过，确实让全家人大吃一惊。

原来九岁的苏迪因为乡下外婆家好玩，天地开阔，可以跑跳，又有猪鸡，还有小镇上好吃的酿皮，想着想着便站了起来，也不告诉家中父母一声，就悄悄地私自离开家，一个人徒步走到东岗立交桥那里。站在岔路口，分辨哪条是走榆中县城的？哪条路是通往金家崖的？等着等着，看见一辆载客的招手停的玻璃窗上插着“兰州—金崖—夏官营—榆中”的牌子，招手停从岔路口拐在东北山道上走了，苏迪也就尾随着这辆车继续前进。

家里人发现苏迪走失不见了，尕姐和女儿苏洁两人急忙搭上去金崖的招手停，两人一左一右站在车窗前，仔细在路上的行人中搜寻。

直直追到响水子西坪村，尕姐忽然发现闪退到后面的大路边有一个熟悉的小黑点，急忙叫停汽车，跳下去往回跑，扑到跟前，就是气人的苏迪。看到小鬼累坏了的样子，又惊又喜又哭又笑，又打又骂。

苏迪松了一口气不说话。

尕姐就和苏洁把苏迪领到金崖来。

听了小苏迪的历险经历，爷爷把小家伙唬了一顿，并罚他写一篇作文，出的题目就是《苏迪流浪记》。事后，大人们说：孩子小小年纪，这种勇气和毅力还是好的!

后来爷爷童话创作，加了虚构的话，其中有小苏迪历经艰险被找回来以后，家中大人打了他三巴掌。

神奇的毽子

放寒假，家住县城的小孙子拿着一个红色羽毛毽子，来到乡下爷爷家玩。土屋里没有暖气，生着那只生铁炉子取暖。小孙子在屋里地下踢，踢来踢去，爷爷童心大发，从炕上下来也要踢。一脚，嗖，毽子不偏不斜，端端落在炉火膛中。

小孙子的眼泪像雨一样洒到炉火里，洒到心爱的毽子上。

奶奶动作好快，火钳闪电般把毽子从火焰里夹出来。奇怪的是，毽子一点没伤着，还是那样子，而且像火焰那样闪闪地发光，天黑了，居然像蜡烛一样照亮一小片地方。拿到院子里去踢，简直像一团火在空中飞上飞下，好看极了。

这可是一件稀奇事！大人们便拿着火焰毽子去请教一个有学问的人，那人解释说：这是小孩的童子泪洒在羽毛上的缘故。有人听见了，觉得这是一桩好买卖，赶紧收买了许多毽子，雇请了几个爱哭的小孩，同时忙着劈柴、砸炭起炉子，他们要生产新产品——火焰毽子。

老爷爷摇头惋惜，心想羽毛毽子被抢救出来多美呀，新童话《神奇的火焰毽子》就这样诞生了。

一篇篇带有田园泥土气息的童话，优美、生动、有趣，像敦煌的飞天一样飘落到全国各地报刊，与天南海北的小天使们握手相见，共欢笑同流泪。

童话真神奇，孙子们读了惊叫着说：这是家中的小花狗，那是可爱的小黑猫。而天南海北的小读者们阅读后，也都觉得熟悉，亲切自然，就像自家田园里长出的童话。

“老小孩”的儿童节

5月上旬，当年在《葵花》中扮演山村媳妇的金玲君又和同学来找我父亲。

她现在已是中学生，身材细长，亭亭玉立。她说学校要出节目，又要我父亲帮忙。

三年前，我们村上小学的学生六一演节目，不知演什么，几十个学生上门，找我父亲帮忙排个节目。父亲把自己写的童话《葵花》改编成童话剧，但时间紧，孩子们小又说不好台词，干脆，就拍成了哑剧。排练中，发现孩子们不会制作道具，父亲便亲自动手，用木头削了枪，糊制了“狼”面具，缝制狼皮，并做好一把铁锹。经仓促排练，一眨眼就到了六一前夕。演出时，观众三次报以掌声，一位男老师当场落了泪，让父亲这位“导演”很开心。

这次，因我家拆房子，整修院子，说实话没时间。金玲君说那就《葵花》重演吧。现在，演员全是她的同学，金玲君导演，学生们戏称她“金导”。“金导”把演员召集在我家院墙外的土台上，排练中，父亲纠正了他们的一些动作。之后父亲把还保存的狼皮、狼头、猎枪、铁锹、葵花借给他们。

待他们演完归还道具时得知，他们在金崖中学演出时，扮演小媳妇的小姑娘真的哭了起来。场子上非常安静，有很多同学流泪了。父亲问演尕媳妇的小同学，你还很投入啊？她说，不，是剧情好。后来听说，连八个评委都落了泪。作品感人落泪，对作者来说是最大的欣慰。

金吉泰摄童话《葵花》改编的哑剧照

这是头天的事。

第二天，是孩子们的节日六一国际儿童节。大门外吵闹，小狗狂吠，又来了，又是一帮小学学生。他们排了个《守株待兔》请我父亲指导，还说下午就要上台表演。孩子们现场表演，父亲觉得这个小节目已经成型了，孩子们编排得很不错。父亲教他们只加了三个动作：1.“兔”子撞死了，四脚朝天抖动；2.农夫拾兔后张臂仰天长笑；3.活兔逃跑时，弹后腿气农夫。

这三处都是搞笑的。然后打发他们走了。这是中午的事。下午6时许，《守株待兔》剧组高呼着：“几等奖？”闯进我家大门。

父亲说：“二等奖？”

“不，是特等奖！还派我们去县上演哩！”

孩子们为意外成功高兴，而出主意的老人则与孩子们共同开心，成了老小孩。

总之，这两天的学生演出，其效果是：中学生流泪，小学生欢笑。

周末一家人团聚。

“我也是守在家门口，只动了一下小指头而分享了孩子们的喜悦。”父亲讲得开心动情，一家人听了直笑。年老的父亲，竟成了家乡中小学生眼中的香饽饽。

小孙女凑热闹，也让爷爷给她排一出节目。

爷爷痛快地答应了。

挑战童话大师孙幼军

1992年，《中国少年报》在新疆乌鲁木齐举办西北地区儿童文学笔会，甘肃有五人参加，父亲是成员之一。

父亲仰慕已久的童话大师孙幼军应邀讲座。他是《小布头奇遇记》的作者，是中国首位安徒生奖提名者。

父亲硬着头皮去敲他的房门，生怕他不好接近。然而，孙幼军是一个开朗活泼的人，他欣然接受了我父亲的采访。谈话中他还问："你是朝鲜族？"此前他在报刊上见到我父亲的名字时，猜想是他的家乡东北延吉一带的朝鲜族呢！

孙幼军大师写童话是圣手，但他为人谦逊，就这样与我父亲相识了，两人是同龄，都属鸡。

采访时，父亲还专门请孙幼军老师给兰州晚报题词，向兰州的孩子们问好。孙幼军就答应了下来。

时光荏苒，2010年时，两位老人都已77岁高龄。

一天，《儿童文学》散文编辑马云柯来信，邀请我父亲参加《儿童文学》第七届擂台赛，条件是作品体裁不限，年龄不限，捉对儿打擂台比赛，要敢于向自己最崇拜的人挑战，与他打擂。

"挑战"二字让我父亲心惊。能对你最崇拜的人这样无礼吗？这不是典型的让人班门弄斧吗？

经再三考虑，父亲鼓起勇气，向他最敬仰的孙幼军先生，发出了邀请信。很快，孙先生从北京打来电话，说他耳背了，并笑，和聋子打电话是

1992年，金吉泰（右一）与作家孙幼军（左一）在新疆采风合影

很吃力的。我父亲大声说话，但他仍听不清，只说，好，好，搞，搞！

于是我父亲即以自己和孙先生参赛为由构思童话。我父亲知道，两人根本没有可比性，不是一个档次，只是小鸡与凤凰的关系，而这个小鸡和凤凰是可以有故事的。于是铺陈开来，写出了一篇童话《快乐的小公鸡》，并发给了马云柯。

过了几天，孙先生又打来电话，说马云柯给他去信了。“说你找上了我？”孙先生问。我父亲大声说：“是的！”他说：“我老了，已经许久不动笔了，既是这样，我找了一篇小童话，今天就寄出去了。”我父亲说：“谢谢你！”他问：“什么？”大声重说了一遍，他才听清。

看来，孙先生很慎重，还打电话再次落实其事哩。后来，与孙先生打擂的及孙先生应擂的童话没有刊出。编辑部选用了另一组一位上海作者与孙先生打擂的作品。

不过父亲参赛的这篇童话可是用心用情写的，是读者认可的佳作。在出版陇原当代文学典藏丛书时，书名就是《快乐的小公鸡》。

敢于“试获”，父亲一生都在挑战，在老年尤其如此。

弟子张琳

“我的恩师金吉泰老师，那位高高的、清癯的、总是满脸笑意的老人，就是踩着这些木质楼梯来到了农民报的编辑部。他写好作品后不通过邮局寄，都是自己乘班车来兰州送给编辑。金老师是儿童文学界的老前辈，初相识，他就为我指引了写作童话这条意趣无穷的路，让我发现自己还有写童话的潜力，我也能为孩子们创造出那个美妙、神奇的世界。我写的第一篇童话是《蝴蝶风筝》，我把它拿给金老师看的时候，金老师赞誉有加，他用铅笔修改出了其中使用不当的词语，甚至细致到把其中用得不妥的标点符号也做了修正。后来，这篇童话发表在兰州市文联主办的《金城》杂志上。从此我就开始了童话写作……”

张琳如此深情地娓娓道来。

甘肃文艺界的朋友大都知道，作家张琳是农民作家金吉泰的弟子。

“我想今天在座的每一位老师、朋友，都是和金老师有一份情缘的，我和金老师也有一份很深的情缘。金老师是我的师父，也像是我的父亲。金老师是我的师父，我是他的徒弟。如果不是遇到了金老师，我就不会开始儿童文学创作，因为我自己不知道我能够写出儿童文学作品来。但是当初金老师劝我写儿童文学，也并不是他发现了我能够写儿童文学，而是他对当时遇到的很多年轻人都做过动员，劝他们写儿童文学，在兰州有一部分，在榆中就不用说了，像如今已经成为儿童文学作家的齐梅菊，还有在座的尤效清老师，还有写诗的程胜凤……都是受益于、受恩于金老师。所以，金老师动员年轻人写儿童文学，主要是因为内心里对儿童文学的挚爱，同时也是出于对甘肃儿童文学的责任和焦虑。当时甘肃的儿童文学有点低迷，金老师对这个很焦虑，他希望有更多的人来做这件事情。”

金吉泰与作家张琳合影

2021年5月，“金吉泰童话精品丛书出版座谈会”在甘肃省艺术馆隆重举行，与会的甘肃文艺界、出版界、新闻界代表多达八十人。那一天，正逢老人逝世三周年纪念日。座谈会上，张琳老师作了温馨感人的发言，现场之人无不动容。

其实，张琳老师在阅读讲座、新书推介、公益讲堂等众多公开场合，都会谈到她童话创作的引路人。

对于和张琳的交往，我父亲2006年在庆祝《甘肃农民报》创刊55周年写的题为《春雨无声》文章里，有这样一段文字：

“甘农报办公室里，许维总编辑向我介绍了新来的《春雨》副刊编辑张琳。我一看，倒吸一口凉气，心里话：我跟甘农报的交往就到此为止了？因为她太年轻，岁数上差的码子大，我们中间有代沟，更要紧的是这女娃文弱秀气，完全是一副上海姑娘的形象。你想想，现在农民到城里打工，老是受人歧视，连工钱都要不上。你想，一个老农作者和复旦大学毕业的‘江南女子’能搁到一块吗？

“交谈中，我说起我省文坛上有好多趣事、轶闻，但本地媒体不关注时，许维在一旁慷慨地说，就在《春雨》上开辟专栏，半月一期，由你供稿，行吗？我便承揽了这个活儿，每两周就怀揣一篇‘文坛趣事录’的稿子，踏着当当响的地板送到报社。张琳收稿子时很礼貌很客气，还带着点儿毕恭毕敬。在我省举办的儿童文学讲习班会议上，她在大庭广众里发言，说我老汉对她有启发帮助云云。其实我只是曾对她说起过儿童文学界的一些情况罢了。我愣了大半天，朦胧中，我看她变成了农村姑娘，甚至有点自己子女的感觉。”

而我的记忆是不知不觉，张琳从省城一位陌生的编辑，好像变成了我们家人，父亲经常提起她。当张琳老师出版了第一本童话集《石榴的秘密》，老人写了《釉面砖、饭桌和小鸭子——读张琳童话集<石榴的秘密>》评论。根据张琳女儿给母亲童话精心创作了14幅彩色和黑白插图，为精美童话集增色添彩一事，父亲专门写了《九岁女孩给母亲的童话插图》一文。

张琳老师经常与我父亲电话交流，探讨童话，探讨人生，两人成了忘年交。张琳老师工作生活中有了烦事琐事，父亲定会耐心倾听开导。常记得，晚上九点多了，家中固定电话响了，父亲从热炕上下来，坐在写字台边的椅子上和张琳电话交流聊天。张琳老师还时常坐着颠簸的乡村公交车，来三十公里外的金崖农村看望父亲，而父亲也定会提前徒步在约定时间前早早地去两三里外的公交车站迎接。在金崖农家小院，和当地农民作者畅谈文学、人生成为一件美事。有时我也会参加，就像家人一样，吃饭谝传。

有时她会悄悄地去，然后在微信中晒出温暖的文字和照片：“独自乘大巴去榆中县金崖乡看望我的师父金老师。金老师于我真正是如师如父。如果当年没有在报社那栋旧旧的木梯小楼上遇见金老师，也就不会有我和儿童文学的相遇。这些年来，他是拿我当自己女儿来操心的。今天，从我早晨出门起，金老师就不断地打电话给我，担心我找不到乘车点，担心我坐错车，担心我下错站，担心太阳晒着我，担心下车后的路土太多不好走……”

作为儿子既感动又惭愧，陪伴聊天对于老人们来说显得多珍贵啊！

父亲新创作的童话，特别是有所探索、创新的天生童话、枫叶童话，首先寄送给张琳。人生最后十几年，甘肃日报是父亲发表童话的主阵地之一。美妙的童话，把父亲和张琳老师紧密联系起来。

父亲的身体越来越差了。一个周末，我像往常一样回家陪父母。刚一到家，父亲一脸笑容，急急地给我说：“张琳有大成果了，中少社要给她重点推出一本长篇童话《我在大漠等你》，你注意着，等书出来，你拿来让我看看，给我读读。”此时父亲已经视力模糊，自个儿已看不成书了。

父亲病危，我把病情电话告诉了张琳老师。她一听就急了，口气、话语异常严肃地质问我为什么不给她早说。那两天她一天一个电话询问病情，工作繁忙的她说周末一定来看金老师。

没等到周末，没摸摸《我在大漠等你》的封面，父亲走了。

张琳听此消息哭了。她在微信朋友圈中发送了金老师在新书的扉页签名、穿鲜红唐装唱歌、新出版图书封面的三张照片，沉痛写道：“如师如父。质朴、勤勉、乐观、仁慈，值得敬重、爱戴的童话老人。永生！”次日一大早，她急匆匆赶到金家崖那个熟悉的小院，祭奠金老师，送最后一程。她紧紧握住金妈妈的手，伤心流泪。这儿还是原来的模样，亲切如常。照片里的金老师，还是那样笑容可掬。只是，没有了熟悉的招呼声，没有了爽朗的谈笑声。还有，默默坐在公交车里，却没有了以往的电话声，没有了叮嘱声，没有了车站上等她的那个熟悉亲近的身影。张琳用文字记录了那时的心情，“五月初夏，陇原大地温暖、祥和。但谁知在这温暖、祥和之中隐藏着深深哀痛！”

《我在大漠等你》出版了，厚重精美。我和往常一样，在小院挂满红枣的树荫下大声朗读，和父亲聊天，谈如何被此书迷住，在凌晨一两点还不愿睡觉；如何在火车上痴迷地看此书，被人误当作言情或武打小说，当听说此书是一本童话书时竟把嘴张成了O形。我知道，父亲听了定会哈哈大笑。面对着空荡荡的椅子，我早已泪眼汪汪。

父亲去世一周年那天，我收到了由希望出版社出版的《捉迷藏的风——2018中国儿童文学精选·童话卷》，选入了父亲的童话《青蛙借雷声》、张琳老师的童话《戴胜鸟的傍晚》，我的寓言《榆树的拯救者》。和弟子、儿子作品相聚中国儿童文学作品精选集，真是幸福。父亲在天有灵，看到那精美的书，一定会笑意满脸。

每年六一儿童节，张琳还像从前那样，把师父临终前创作的童话认真编辑，隆重在《甘肃日报》百花版上推出。可喜的是连续四年发表的童话，全都入选年度中国儿童文学精选。

“这三年中，我不太去想金老师他到底去哪儿了，我会避开这个问题，就觉得他犹在人间，在那个小院子里的花丛前面笑。”张琳在怀念师父的文章《犹在人间》中如此写道。

写童话，是父亲的习惯和爱好，培养本地童话作家更有热心和执着。

当说起张琳是他的弟子时，父亲说：“其实，我一个指头的忙都没帮上。”这是真话，比起培养基层作者，要反复修改稿子，抄写好后还要亲自去报刊编辑部推荐，真还是只动了动嘴。不过看得出，父亲内心还是挺受用的。

张琳自认农民为师这件事，很有童话味。张琳是个感恩的人，是个纯粹的人。认师父竟人随心走，没有功利性，没有世俗的观念和想法。

张琳身上充满童话味，大家都说她像童话仙女。这一特质，定会让这位美丽的童话仙女在童话世界大有作为。

这几年，她辛勤笔耕，创作成果丰硕。中国少年儿童出版社继隆重推出《我在大漠等你》之后又连续推出《如果云知道》，云南出版集团推出《丝绸之路交响曲》，甘肃少年儿童出版社出版《外婆的神奇之旅》《月亮上的格桑花》，大连出版社出版《我和我的榜样》，特别是江苏凤凰少年儿童出版社出版的《草原额吉》，一出版就好评如潮，荣登多家好书榜……她的作品，获得了冰心儿童文学新作奖大奖、“大白鲸”原创幻想儿童文学奖、大自然原创儿童文学奖等等，并有作品入选全国“农家书屋”推荐书目、“第四届向全国推荐百种优秀民族图书”、国家新闻出版署向全国青少年推荐百种优秀出版物目录及2018“北京国际图书博览会50本好书”。甘肃日报社还专门成立了张琳工作室。

如此详细罗列，因为我知道，父亲特别想详细聆听。弟子的每一点点进步、收获，他都会开心、关注。当听说他女儿般的弟子有如此大的成果，痴爱文学、关心甘肃儿童文学发展的父亲，定会在天堂开心快乐！

张琳老师也时刻关心着老人童话作品集的出版，纪念文集的编选，座谈会召开的时间、地点、宾客邀请等等。提建议、出主意，真心相助。

2月的一天，张琳老师打来电话叮嘱，说在老人去世日时，她想去金老师的坟头看看。

3月24日，张琳老师在微信朋友圈发出消息：国家新闻出版署公布2022年农家书屋重点出版物推荐目录，金吉泰老师《没牙三弦琴》入选，张琳《草原额吉》入选。这真是个大好事。2016年7月，同样在微信圈她如此写道：金老师如今年逾八旬，因患眼疾已经视物模糊，但他仍在写作，写童话，写长篇小说，用稿纸，一个字一个字地写。2016年全国“农家书屋”少儿社获得两个推荐书目名额，恰好是我师徒二人的两本书入选——师父的《小毛驴出国》、徒弟的《腰刀的歌》。这有多么好！

那时父亲看到张琳发的消息是多么的开心呀！而如今，天人永隔，不能共同庆祝。

父亲去世4周年纪念日，张琳老师和我们家人来到父亲的坟头，敬献了鲜花、贡品，点纸、上香、奠酒、磕头，全是传统的礼俗。之后，张琳老师静静站立坟前，表情凝重，童话仙女在和童话老人默默交流。坟头四周，环绕的松树傲立、槐树盛开着红色的槐花。放眼看去，坟墓背靠一座龟形大山，面前是一片片绿油油的菜地，远看则是村庄、大河和连绵的南山。居高临下、开阔畅亮，真是块风水宝地。张琳老师说，金老师安歇的地方真有童话意境。回到熟悉的农家小院，张老师拉着金妈妈的手坐在石子壁画下聊天，说，金妈妈的每一句话都是地道的文学语言。

今天，是父亲值得高兴的日子！

一位地道的农民、业余作者，一位复旦的高才生、省报编辑，多年交往中竟然像师徒，像父女，亦师亦友，真是不可思议的童话意象。

童话世界，魅力四射。

五彩缤纷的田园童话

童话，是父亲最喜爱的文体。

他喜欢“童话世界，天马行空”的自由，追求“精打铁掌助龙驹，不把醉草喂羔羊”的理想。他将现实田园生活与童话世界有机融合，创作出孩子们喜欢的精神食粮——田园童话。

父亲去世后，整理他的童话，用了整整一年多的时间。努力做到收集齐全，不要遗漏；努力选择修改最完善的作品。分类尽量体现统一的标准，展现不同的风格，不同的主题，不同的题材。这是父亲童话作品的一次集中盘点。父亲童话创作时间跨度46年，共选编发表过的童话近300篇，还有十多篇童谣。经与编辑商定并签了合同，分为讲古、智慧、幽默、怪味、经典、励志、精美、田园八类童话，计划出版一套八本作品集。最后因阅读对象的原因，精选196篇，出版了五本。

写童话始于1972年，在甘肃省举办的文学讲习班上，父亲创作了三篇童话。当交给编辑时，编辑一听是童话，吓得不敢睁眼，双手推着，身往后躲。主编也责怪，写什么不好，偏要写童话。

1977年，第一篇童话《尕羊羔登山》在《甘肃文艺》发表。童话创作成为父亲创作的重点。父亲深入敦煌莫高窟，写出了《月牙泉的天马》《莫高窟的纤夫》，发表于北京的《儿童文学》上；深入甘南草原写出了童话绘本《小牦牛赛马》，由上海的少年儿童出版社出版。1988年，童话《小毛驴出国》参加《儿童文学》龙年童话大赛，头条发表。1988年7月1日，父亲在天津《今晚报》“今晚”副刊上发表小童话《葵花》，说的是一个小孩吃了狼奶后咬伤自己亲生母亲的故事。在此前后，还在同一报纸上发表另一篇童话《乌鸦投敌》，内容是一个投敌的乌鸦被敌人先利用后踢开的遭遇。其后不久，天津出了个方励之，没有吃狼奶而咬噬自己的祖国；另一位新疆的“精英”乌尔开希，投向西方后遭遇竟和投敌乌鸦惊人地相似。两篇小童话竟成了预言。

1990年，结集出版了第一本童话集《小毛驴出国》。

父亲越写越顺，创作激情不断高潮。写出了中篇童话《小毛驴当总统》《女娲西行》，作品在《中国少年报》《故事大王》等全国各地报刊连续发表。1994年，出版童话集《戴金戒指的小猴子》。

之后十几年，父亲童话创作从西部特色转向突出田园特色。《童话报》《兰州晨报》开设田园童话专栏。《儿童文学》《童话报》发表了《女孩和小兀鹫》《小牛》《鸟岛上》《圆胖清扫地雷》《泥烧武士·虎头鞋》等优秀童话，深受读者喜爱。2007年，出版童话集《田园童话》，入选农家书屋，荣获冰心图书奖。接受采访时，父亲明确指出，此书出版就是向口袋书宣战，要用本土原创童话作品给孩子们提供精神食粮。

2009年，《金吉泰儿童文学精品集》出版，童话卷共精选了66篇童话，这是父亲优秀童话的集中展示。2018年，该书荣获甘肃省委宣传部改革开放40年读者最喜爱的甘版图书。

童话创作中，父亲遇到了难题。生活中存在的奇幻故事，编成了童话反而给人编造之感。于是他在童话作品中大胆地加入了真实元素，真实的地名、人名、事件，取名天生童话。自然天成，用自己的一双慧眼寻找现实生活中的童话意象，这仍然是田园式童话的一种探索和延伸。新创作得到了报刊的认可，《中国作家》《读者》（原创版）等都推出了天生童话，这是对老作家的肯定和鼓励。2015年，结集出版《天生童话》。

2016年，甘肃少年儿童出版社为致敬经典出版了一套丛书，有父亲的

《小毛驴出国》《流浪猫立遗嘱》两本。

此时，父亲已八十多岁高龄，又患有眼疾，动了两次手术，还笔耕不辍。他像一片红色的枫叶，在与孩子们交流。《杏核雕的小猴娃》《猪猁出窝记》《小老鼠不会算卦》等六十多篇短小精美的童话，是给孩子们的爱心。2018年元月，童话集《枫叶童话》出版，这是父亲人生最后一个春节收到的最珍贵礼物。

86岁高龄，生命中仍然离不开童话。

他努力睁着视力模糊的眼睛，用粗黑笔头写出了歪歪扭扭的大字，里边竟蕴含着一个个鲜活可爱的童话小人物。父亲写出了《青蛙借雷声》《小鸟扑怀》《红嘴鸦妈妈》《小镇典故》等6篇遗言式的小童话。奇迹！他在生命最后阶段，用毕生心血创作的童话，竟连续4年入选年度中国儿童文学精选。

最后十年，竟是父亲创作的一个高峰，创作了一百多篇童话，数量多、质量高，让人惊奇。

2018年5月24日，童话老人离开人间，真的去了童话世界。

创作融入生命，生命离不开创作，是父亲的真实生活写照。创作已成为一种自然宣泄、流淌，成为一种精神的愉悦和享受。

此时，回想起父亲那时创作的模样、状态，还有一篇篇作品，他本身就是一部五彩缤纷活生生的童话。

父亲一生，耕耘农田安身立命，书写创作追求精神生活。

童话，让父亲童心永在，永远快乐。

2021年5月，父亲去世3周年纪念日，甘肃少年儿童出版社隆重出版五卷本《金吉泰童话精品集》。这是一种魄力，更是一种壮举，这是对童话和一位农民作家的巨大关爱。

期待着田园童话为不同肤色的孩子们所喜爱，并能记住这位中国的安徒生——金吉泰。

童话里的域外世界

两位外国人大概没有想到，西北农家小院，这个干瘦老农，虽然身居土屋，但却透过时空隧道并借助现代化媒介，获取了不少海外素材，竟写入了童话作品，让可爱的孩子们啧啧称奇。

父亲的田园童话，是利用本土人们熟悉的景致物象，写出精彩优美的童话，比如《朝天椒》《白狐》《火炬树当班》等篇。他还擅长将一些外国人的故事也写入了他所创作的童话，这是因为父亲年轻时就喜欢阅读《参考消息》，了解和熟悉了很多外国的社会情形和生活现象，自然也就成为他写作的素材。如发表在北京《儿童文学》1997年第1期上的《小女孩与兀鹫》，就是反映了一个非洲女孩的悲惨命运；甘肃《飞天》杂志刊出的童话《复仇的牙齿》，说的是八国联军炸碎了北京故宫门口的一只石狮子，石狮子的牙齿便追到海外报仇雪恨的故事；《童话报》登出的《泥烧武士·虎头鞋》，演绎了秦始皇脚下泥土烧制的武士，在军舰甲板上和美国大兵进行的一段有趣的对话；《兰州晨报》发表的童话《<百驴图>进皇宫》，反映了黄胄以西北毛驴为素材的画作进入日本的逸事。

童话《日本军刀历险记》来源于日本人往兰州丢炸弹，引起了我们的愤恨。而有关美洲蜜露瓜万里海空来兰州落户的经历，却是应该引起我们的自责的。原来，华莱士好情好意相赠的美洲蜜露瓜子，引进种植到兰州青白石乡以后，由于西北日照好，开头几年，那白皮绿瓤的新瓜香甜得不得了。后来呢，由于中国瓜农的短视和商业欺诈行为，只等瓜长大，不要瓜成熟，在生瓜上涂些科学魔水——化学催熟剂，使白兰瓜变做成熟的模样就上市了，坏了白兰瓜名声。父亲生气、痛心，童话《白瓜华莱士》就谴责了这种卑劣行径。

《小毛驴出国》插图

父亲用国外素材创作了很多童话，如《非洲指蜜鸟》《东洋三姊妹》《误入黄金国》《兵器大厅》《皮影演员和德国诗人》，苏门答腊童话《大蜻蜓，好样的！》《大蛇》以及《兰州葫芦与丹麦王子》《鱼尾巴姐姐》《古炮苏罗通》《功臣狗》《外国人入童话》等等。

尽管父亲没有走出过国门，但父亲的童话《小毛驴出国》《小毛驴去非洲》《莫高窟的纤夫》等却走向世界各国。主人公，那西北憨态可掬的小毛驴，那敦煌莫高窟壁画上孤独的纤夫，随着作者思绪在国外畅游，但他们时刻牢记不给中国人丢脸，还要给中国增光添彩。

金老爷子活开了

80岁写长篇小说

欢乐的虎年三十晚上，父亲说要写一部长篇小说，家里人认为父亲只是说说而已。可谁知父亲言出必行，春节一过即动手写作，以后每天手写近两三千字，写得很顺，激情澎湃，一吐为快，十个月竟完成了45万字长篇小说《农耕图》。

看似非常容易！写得很快，但构思了几十年。这正是辛辛苦苦孕育60年，欢欢乐乐十月成厚书。生活、灵感、激情，在父亲的创作中得到充分展现。

"以往像长篇小说这样的工程，光是修改和誊清就吃消不起，会要我的老命的。"这是父亲写长篇小说之前的担心。欣喜现在科学发达，全家人齐上阵，人多力量大。孙子金培威、苏迪打稿子，打出来后他俩校对，连儿媳也加入了。我看完父亲的手稿，心情激动，在兴奋中连夜有感为该书写了《为父亲喝彩》的序言。小孙女丫丫用毛笔题写了书名，所有孙子都写了祝福鼓舞之言。父亲亲自在白纸上用白描式的笔法，勾画了农村各种农活场景的插图，并亲自设计版式，就在本地小厂自费印刷。

此印本完全按父亲意图制作，甚合其心意。印好后于腊月二十八，由孙子金福开车，父亲亲自去县城运回。区区 50 本，先给出了力的孙辈们一人一本。有趣的是，春节在电话上与亲朋好友问好。原《质量服务报》部主任石晓燕和我父亲互致问候时，她突然说:"祝贺您，您又出了一部长篇《农耕图》。"父亲大惊，因为这部新书两三天前刚刚提来，她怎么知道的?

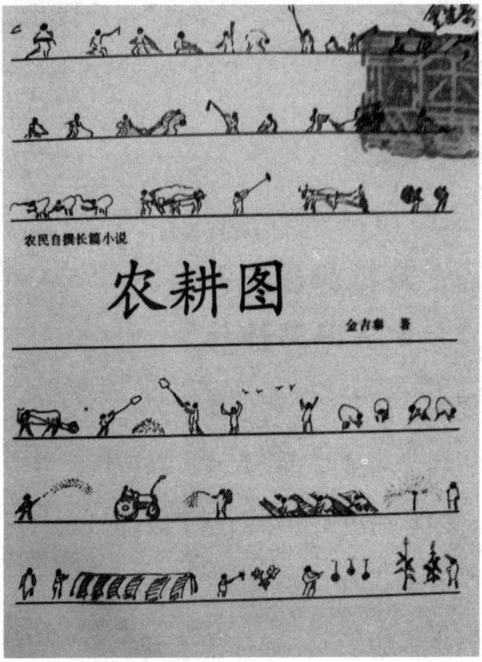

《农耕图》扉页，金吉泰自画的农业生产场景

她笑了，原来她有个文友去印刷厂，看到后，讨要，厂方不给，只好自个私“拿”了一本。后来，印刷厂知道了，用电话催讨回去，说：只有50本，缺一不可。就有了《农耕图》在印刷厂被盗的趣事，

在家庭作坊式的操作下，就如此这般容易地出来了。长篇小说新书首次亮相，父亲郑重地赠送当地图书馆、学校和朋友。

谁承想，2014年《农耕图》被中共甘肃省委宣传部列为重点资助项目，由敦煌文艺出版社正式出版。时任社长王忠民先生对《农耕图》很是赞赏，又听了老人还在创作童话，还自编自导秦腔和小戏小品时，几次感慨：金爷子，活开了！书的封面，由蔡志文老师设计，绿色长条构成井田般的《农耕图》书名。书面世后受到专家读者称赞，有人听说后专门寻找此书，有当地的，也有新疆、宁夏和辽宁的。还有哥俩在病房守护老人时，为抢着看这本书，争着要值班。彭金山先生、汪晓军先生都专门撰文，给予很高的评价。

父亲说这是他捡来的成果。

作品先后荣获黄河文学奖、敦煌文艺奖，甘肃省作协原主席马步升评论说：农民作家实现了创作的华丽转身。

父亲，作为农民作家，一手挥锄，一手握笔，《农耕图》是父亲为熟悉的田园，用自己的双手绘画在大地上的最浓墨重彩的一笔。

五彩石子壁画

2006年，父亲拆了家里的西房，西边邻居家的墙面展露在我家院中。邻居家的地基比我家高出两米多，他们又盖的是东房，高大的墙面既粗糙又不好看，给人一种压迫、压抑之感，极不舒服。

于是，父亲独自启动了家庭美化工程。他凭一己之力砌了个单摆的墙面，墙顶头上铺了仿古黄色的琉璃瓦，墙面用五彩石子做了一幅长8米、宽2米优美田园景色的巨型壁画：

蓝天白云红日映照，飞机卫星大雁齐飞，河流大树麦场碌碡，小孩大的西瓜，悠闲的一对鹿，画面右上方是南宋诗人范成大田园诗中的两句：

童孙未解供耕织，也傍桑阴学种瓜。

用来构建图案的彩色小石子是父亲从银山乡石料场选购来的，图面是由五色石子粘贴而成。还在二阴山区马坡乡的河滩里选了三块造型独特、石质较好的石头，一块放立在壁画北侧平台上，上面镌刻的是当地书法家写的，用绿色涂染的《躬耕园》；一块白色石头放立在小院东侧，上书红色的“不自大”三个字，这是孙女金亚里书写的；东侧墙上，还镶有《苑川迎盘景象》的民俗文化浮雕壁画；大门右侧在水泥底座上竖立着一块较大的平石，上面刻着四个大字“自强不息”，拍自清华校园，红色大字醒目。

这项工程，基本上是父亲一个人完成的。特别是做壁画时，搭了脚手架，抹水泥和粘石子时，父亲先搅拌好水泥沙子，用脸盆端到架上，用完再下来取，上上下下好不辛苦。能帮一点小忙的，只有我那年迈多病的

金吉泰创作石子壁画现场

母亲。

家庭美化工程完成了，看着十分美好，给小院增色许多。可美好生活的背后都有辛勤的付出，父亲累病了。

家里来的客人一进门，首先要欣赏壁画，惊奇称赞，当知道是主人亲手做的后更是拍手叫绝。

父亲似乎很是满足。

这小院，既是美化的家园，也是父亲理想的园地、精神的田园。

开凿石窟

一天，全国劳动模范陈德忠走进我家，手拿一束未开放的牡丹花苞送我父亲，约他一起开发巴石沟。七十多岁的父亲欣然答应，并下定决心，愿追随劳模干点事情。

父亲给我说，他对陈德忠开创和平牡丹园的壮举十分佩服。

他们先去大巴石沟实地勘察，又和金崖镇政府签订“划拨巴石沟供绿化”协议书。作为承办方，他俩一起签了字。

接着命名为“金石峡中华世纪园”就开工了。

2004年夏收后的一天，陈德忠先生约我父亲一起去巴石沟，勘察石窟开发，进行选址。当天，他们进入其沟很深的地方，看了石瀑布、日月石，在一道遍布小洞小龛的崖下说这里可以在小洞龛里塑许多佛，称万佛崖……

说起石室里选塑画的内容，父亲建议，可造一个“启蒙窟”，把发生在当地的一些科学与迷信相冲突的真实事件画上去，借以教育人，同时亦是史料，又是其他石窟里所没有的新内容。

说起科学与迷信的冲突，父亲建议把惨死了许多人的“公路幻景”也画上去。临离开巴石沟时，他俩就一起乘车去“公路幻景”处做了实地观察。

父亲坚持每周星期日上午，花半天工夫到工地上去“尽心”，要出自己的一份力量。

父亲在日记上写道：“9月27日，星期一，因闲，又骑自行车去石窟口，用钢钎开拓很窄小的人行道，使其路宽敞一些，让凿石窟的人上工下工行走便利。七个工人去山脚台地里锄牡丹田中的草，便一个人挥钢钎拓展岩石路，在用大铁锤砸一悬吊的石片时，飞溅的小石粒直击眼睛，幸好戴着老花眼镜，没有感觉。

“中午回来，一擦拭眼镜，见左侧镜片上针尖大的小白点怎么也擦拭不去，仔细一看，原来小石粒击碎了镜面，而位置正巧是瞳孔部位。本人右眼已失明，如伤其左眼，那就会可怜地变瞎，世界会变成一片黑暗，将给子女们带来无穷的麻烦。”

回家后，老人手拿眼镜，后怕地感谢眼镜。

老人提醒自己：人到暮年，好胜心不可太强，得注意安全才行。

从2003年起，陈德忠先生开发大巴石沟至今，投入资金、人力不少，只因条件太差，效果不显著。到2004年，就开始凿巴石沟——即金石峡石窟，开了一个洞口，使用了切割机，此机可切进岩石一寸多深，但还得使用炸药爆破，在办理“爆破证”的时候，工程暂停。

如此努力，但遗憾的是这石窟最后没有建成。

苑川河北边靠山在梁家湾到赵家口子的一段石头山，因石壁呈红色——人称红崖山。那儿，还有回音壁。父亲嘱咐我，让我以后有能力、有机会了做些壁画。并说：“敦煌能开洞子，我们苑川的石山石崖也同样能开洞子，能塑壁画。”

父亲心中的石窟壁画没有建成，但他的这种创新精神和胆魄，还是让人佩服。

绿化荒山头

我家屋后是309国道，紧挨的就是典型的黄土高山。

大集体时，那山上还有几棵人工种植的绿树，包产到户后，山上的树无人放水浇灌，便干枯死了。土山光秃秃，无一丝遮掩，风一刮，都能吹起尘土。

父亲从省城打工回家后，决定要绿化山头，每年栽三四十棵侧柏。光秃秃的山上，铁锨挖出的黄土，没有一丝湿气，还能扬起飞尘。父亲便用塑料桶子往山上提水，浇灌刚栽的小树苗。小树苗在干山上顽强生长，迎风摇曳。

山高，父亲修的路是蜿蜒曲折的“之”字路。为解决缺水，父亲选了一块平坦的地方，挖了大土坑，抹上水泥，成了蓄水池，并在水池上侧的土坡上，做了水泥集雨面。一下雨，水流进池子里，父亲就用塑料桶舀蓄水浇树，于是，父亲就经常盼老天爷下大雨。树不易成活，一年下来能活个三分之一，就不错了。以后，还有自然枯死的。

有人善意地劝父亲，别出风头，那山栽不活树，荒山绿化是白日做梦。父亲就说：这山太高，不稳固，危害我家的住房，绿化可稳固山体。

这是父亲自己找的理由。

春天，万木复苏，父亲发动家里人植树。

植树时，年老的父亲冲锋在前，非常开心。一棵棵树活了，有了绿色！

父亲平整了一块土地，在上面修了石凳、石桌，说是观望苑川河，放

浇水图

松眼睛。

我嫌松树长得慢，便找了十棵国槐，成活了三棵，又被人砍了两棵，只剩了仅有的一棵，成活率10%。父亲劝我，还是栽柏树。

山上干旱，为了解救干渴的松树苗，父亲提着塑料桶，攀爬险陡上高山。一位老人，缓慢地沿着蜿蜒小路，提水浇树，让人看得心惊肉跳。父亲八十岁那年，孙子们在大年三十晚上决定，不让爷爷上山提水浇树了。

浇树的活便留给了子孙，大家想办法用水泵，塑料管子抽水上山头，哗哗响的清水浸润着干干的树窝。喝着清凉的水，树苗随风摇曳，一定在哈哈大笑。

十几年坚持下来，竟活了三百多棵树，远远看，小山头上终于有了绿树、绿色。

子孙们浇树时，父亲会很快乐地站在山下的院子里，驻足抬头观望山上，翠绿的枝叶都在向父亲摆手点头致意。

打麦场上演戏剧

“尝见纷纭社会里，茫茫人海中，时不时会爆出一些突然的料想不到的事儿来。这些事虽是意料之外，但也在情理之中，同时这些令人惊奇动人心魄的事中，往往包含有可喜可悲可恨可气的内涵。”此时，父亲总会萌生出一种把这事编成戏叫人看的冲动。

素材催人。于是父亲前前后后创编出十几个小戏小品。这还不够，还得搬上舞台。在他想尽办法、历经千难万险之后，作品陆续推向社会，先后计有《天赐良母》，由甘肃电视台的“365天天有戏看”栏目中播出；《秘书谈情》《洪水与金钱》《县长和盲老头》由榆中县广电局的职工作为内部文娱活动排演，并在县电视台播出；《杠子婶》在榆中县文体局举办的2012年“兴隆之夏”广场演出活动中上演；《豆腐心》《男婚女嫁》在金崖镇窦家营村的文化广场上演出；《有门难进》《女镇长》《世上还是好人多》在金崖镇街道、永丰村、金崖村七社的打麦场上演出，围观者多是本村村民；童话哑剧《葵花》在金崖镇中学演出时，师生们为之掉了眼泪。

“吾乡上伍营村明代出过一位肃王王妃，她嫁女之事，被蒲松龄加工成《八大王》收入他的《聊斋志异》中，千里之遥的大师尚且如此，我等本土人不作为，情何以堪！”于是几经寒暑，心血浇洒，父亲编撰出一本秦腔剧本《邸娘娘嫁女》，将历史、地方物品、风景名胜融为一体。将近80岁的一位老人携此剧本跑遍榆中山河，受了不少人的冷眼、敷衍，并吃

大年初一孙娃们演爷爷写的小品《世上还是好人多》

了多次闭门羹后，终于在三角城乡接驾嘴村遇到知音。该村业余剧团的负责人牛馥联，乃榆中县人大常委会原副主任，退休后与夫人梁萍出资在老家办了个业余剧团，他夫妇二人有见识，慨然将《邸娘娘嫁女》排练，并于2012年农历正月十一日在接驾嘴村舞台上推出。

这是近百年来，榆中县自李干城编写了《柜中缘》后，又一个榆中人自编的剧目。继接驾嘴村首演之后的第二天，即正月十二日，又在王妃娘家上伍营村口的舞台上，邸娘娘和郡主就亮相了。在开演之前，化妆好的王妃和郡主前往上伍营的邸氏家祠上了香。邸姓村民放鞭炮欢迎。此亦一盛事也。父亲像完成了一件大事。

此后，《兰州晚报》和中央电视台播报了李自成最后寿终在金崖北山背后一事，“此乃重大事件也，不加利用，不是太傻就是太无能！”文化人的责任促使父亲又写出了一部秦腔剧本《石洞记》。《石洞记》题材重大，李自成的悲剧是一面镜子，值得每个人借鉴。此剧得到金崖镇领导人和骆驼巷村“心缘剧社”的鼎力相助，特别是该剧社骨干人物金安展既演主角又当导演，对戏剧的成功演出起了积极作用。

历尽千难万险，农民自编自导自演的秦腔《石洞记》在金崖三圣庙古戏楼上首演。父亲非常重视，这儿就是他当年曾工作过的文化站，他亲自参与维修了这座古庙，自己编的戏在这儿演出很有意义。

戏楼两边悬挂着父亲编撰的红对联：

当年《柜中缘》曾是榆中开山祖

眼下《石洞记》如今苑川又有人

腊月的天，下着鹅毛大雪，落白了衣服。老人冒雪坐在偌大的院落里，聚精会神，纹丝不动，两眼直视舞台上演员的唱腔身姿。想当年，榆中青城人创作了秦腔名剧《柜中缘》，看今天，观众顶着大雪喜看新编秦腔剧《石洞记》。尽管天寒地冻，可父亲内心火热，怡然自得，沉浸在戏剧之中。老人长时间坐在那木制的长条凳上，任由雪花飘舞，气定神闲，静心观赏。

之后，该剧又在来紫堡乡黄家庄村及夏官营镇、青城镇演出。台下有一老者对父亲说：“你早就应该这样弘扬本地文化！”群众呼声给了父亲无限的动力。

为了寻找乡村业余剧团排新编秦腔，父亲先后找了金崖镇政府、寺隆沟村、黄家庄、响水子、东古城、秦启营、马坡、窑沟、天池峡、岘坪子等处，他们都不敢排。隆冬又听说马坡三伏村有社火，而当地风俗，玩社火一定要在最后演一折戏剧。于是父亲在农历腊月初登雪后的马衔山，在半山三伏村魏姓社火头家和社火头洽谈，半天无果。不过他们指了一条路，说是川区三角城乡接驾嘴村剧团有戏装、有乐队，不妨去那里问问。父亲感慨地说，最让他伤心的不是不演的人，而是嘴上说的好，哄骗他的人。

这些大大小小的剧本，属群众自编自演自娱自乐自生自灭的业余活动，但作为剧本编创人，父亲回忆起这些剧演出时引起观众喜怒哀乐之情景，觉得有必要将这些大小剧本付梓印刷。便编辑成书，其目的是供底层群众在满足精神生活和业余文娱时加以利用。

实践中出成果，厚厚一本《金吉泰戏剧·曲艺集》由敦煌文艺出版社出版。

农民创作、排练、演出，作品在群众点评中完善修改。这真是来自于群众，服务于群众。

演戏受骗

一个时期，我回老家发现，父亲和我们县上的一个退休干部来往密切。一问才知，这人也好写戏。他们一家人齐上阵，排演了一个小品，让父亲羡慕不已，也非常佩服。

他知道父亲有这爱好，于是经常来农村请教父亲修改剧本，说最后两人署名，算共同创作。父亲说帮忙可以，但不署名；然后就认认真真地修改。写稿子是父亲的长项，帮业余作者是父亲乐意为之的一件事，想改就改吧。

之后，听说又在排戏。我问父亲，谁组织的。父亲说，是那人自己联系的。父亲经常去排戏现场。我以为这是父亲喜欢，去看热闹。

父亲去世后，平常性情温和的母亲竟恶狠狠地咒骂为改剧本演戏常来我家的那个人："那是个驴，你一个国家干部月月拿退休工资，骗一个老农民亏人不，老汉攒的那几个钱容易不？！"

一问，才知道了实情。

剧本修改完成后，那人劝说、忽悠要在当地排演，并鼓动我父亲出面动员我们村上的好家们来排演。并说让父亲先掏钱，他去上面争取经费。并约定：若争取来经费，就全部返还父亲支出的钱；若争取不来，两人各掏一半。

于是，好戏的父亲愿意出力，四处求情下话请演员，还请兰州专家来指导。吃饭，找车接送，都花了钱。

怀抱猫儿打电话

戏演完了，父亲去找退休干部要钱。那人说等等，后面打电话也说等等，再到后面连电话也不接了。一次，正好我在县城家里，两个老人说早上去找那个退休干部没找见，我问，什么事？父亲明显在敷衍我，说没事。

一直到最后，父亲去世，也没见到那人和钱的影子。

父亲被骗，心里有说不出的苦，因为平时子女都反对父亲演戏，现在被骗，只能装进心里。

母亲咽不下这口气，想不通，在母亲的骂声中，子女才知道了事情的缘由。

此时，无奈的我们只好劝母亲别往心里去。

一年春节，《兰州晨报》报道王保营小品赛本山，父亲于是采访他们。这才知道该村保健站的魏医生会写剧本，也会演，他联合村上的几位农民演员，大胆演出了小戏《迟来的爱》《巧婆丑媳》。当时父亲和魏医生口头协议，父亲写的一个剧本由他们排演，他们的小品到金崖演出。“三八”之前，魏医生来电话。父亲拿剧本找他，他一边为病人取药，一边看剧本。临完，他找借口说：“金师傅，我直说吧，你年纪大了，思想保守，这本子演员多不好排。”父亲无奈地说：“看来他是容纳不下这外来的剧本。”但父亲要实践诺言。于3月7日准时接他们七人来金崖文化站与金崖村准备的几个节目联欢演出。

我不知父亲再受过骗没有，但父亲在演戏上肯定是投入了许多钱，只不过他不愿我们知道罢了。父亲当过记者，很精明，一般卖地下挖出的古董或夜明珠之类的把戏是骗不过父亲的。

但演戏，是父亲的爱好，他会从省吃俭用存下的几个钱中开支。

为演《石洞记》，父亲给了剧团五千元自己省吃俭用的钱。

为演《大柳营》，父亲掏钱在网上买了当年解放军穿的衣服，还说这网上买的衣服真便宜，在当地那个价是做不出来的。

家庭音乐会，父亲给村上音乐剧团支持1000元，并希望剧团好好发展。

为演戏，父亲还掏钱买了移动式音响，还有看碟片的放映机，并请演员吃饭。

花钱演戏，父亲是保密不说的，但有时会在偶然的言谈，特别是别人的言谈中我是会知道情况的，但我假装不知道。

“老顽童”演戏

2010年六一儿童节，因新编秦腔戏《邸娘娘嫁女》中，需用三峰骆驼做道具，父亲请人用钢筋焊接、糊制，费很大的劲才制作出来了。

为使这些道具充分发挥作用，儿童节这一天，父亲联合金崖舒蕾幼儿园，在文化站联合演出节目。

届时，父亲扮演玄奘，身背木架经箧，高过头顶，上面插一把伞，前面有护尘遮阳的纱网。这是中国古代僧人的传统打扮，并不是《西游记》中唐僧的打扮。父亲要让本地的当代人，见见当年家门口丝绸之路上来往僧人的真实模样。

玄奘在前，后有三峰骆驼，其中一峰上骑着文成公主，由小姑娘周乐扮演。后边有遮阳伞和一架自制直升机。这样一支古老和现代混合穿越的队伍，从金崖街上东头向西径来文化站，在众多小朋友及家长的面前，父亲敲击木鱼，巡场三周。

大家都来围观，看稀奇。

当日，幼儿园的小朋友在戏台上演出歌舞节目，父亲的小品《李老师》也在其中演出。

又一段时间，父亲又迷上了古老的扁担戏。古时的艺人，挑副担子，里边装上道具，在村庄人多位置挂起布帘，开一窗口，在后面一人拿着道具独演。父亲小时候看过，并追随跟场，看了一场又一场，留下了美好的童年回忆。如今，老人找来了孙子玩的布娃娃，又找来布老虎，选好音

金吉泰扮演玄奘

乐，磁带装进录音机。在音乐中，父亲一人扮几种角色，演出时，儿女们稍一看稀奇就忙去了。一次过年演出，只有两个半观众，我母亲，还有年龄最小的孙子，还有小狗。

二孙子去新疆当兵，几年没回来，家人十分想念。那年回来时，大家非常亲热，爷爷招待孙子的就是扁担戏专场，当兵的孙子坚持看完了，并夸爷爷演得好。父亲着实开心了几天，好多次都给我们说起，二孙子说他的扁担戏演得好！

一年春节，父亲老早就谋划好让孙子们演一个小品，提前复印好了台词。过年孙子们都按约定来了，父亲把孙子们叫到院子里分配角色，熟练台词，然后排演。在爷爷的指导下，孙子们排演了小戏《世上还是好人多》。男扮女装，夸张表演，让家人开怀大笑，真是一道精神大餐，家人共同度过了一个开心的春节。

演小品，既娱乐，也教育人。

父亲感慨地说，大学生们就是灵，记得快，理解能力强，同样排戏，村上五六十岁的农村妇女排演那就费劲多了，练了无数次，一上场就忘。

瞧，我父亲是不是个“老顽童”？在大家眼中，他是位“怪人”！

家人“告状”

父亲老了，家人竟敢告起了老父亲的“状”，而他们希望主持公道的竟是做儿子的我。

在家人眼中，父亲有些事做出格了或不合情理，便给我诉说。因为我和父亲有共同文学爱好，能说得来。家人希望我劝劝父亲。有时也是让我知道，他们如何关心父亲，如何的不易。

大嫂说，父亲每天在家里约来一帮人，又拉又唱，震翻了天。我知道父亲嗓门不好，便劝别练唱了，唱歌要有天赋，我们家都是“左嗓子”。父亲说，那是胆怯，关键是要唱出口。在父亲的练唱下，《敢问路在何方》《滚滚长江东逝水》唱得还能凑合听了，而根据《绣荷包》曲调由父亲自己编词的民歌，唱得很有趣味。

二嫂说，父亲排演的戏确定在乡上的文艺会演中演出，父亲像准备大事一样忙碌。演戏那天，正好报幕员兼主要演员的婆婆去世了，儿媳妇却画着戏妆，在台上报幕演出。而家里，由于女主人不在，很多东西找不见，乱成一锅粥。按习俗，儿媳妇那两天要尽孝跪守灵棚，不能离开。我问父亲时，父亲一笑，说那演员刚一报完幕，就马上让回去了。二嫂有天说，父亲交往的人不行，村上的那帮孩子，天天来家里玩。父亲热情招待，指导演戏，还给签名送书。可他们相约来我家时直呼父亲的名字，走，到“某某某”家走。二嫂很生气，这些娃娃，起码应该叫个老师呀。我说对，这些孩子欠教育。

尕嫂子一见面说，爹我管不住了，他上墙了。我问哪个墙，干什么。她说是大门外瓶盖厂的围墙，站在墙上砍剪我家的几棵大柳树。我吓了一跳，那砖墙两米多高，挺高挺危险，砍茂密的柳树枝，又吃力又不安全。我问父亲，你上墙干啥去了。父亲笑了，谁给你打小报告的，我看柳树上枝多乱掉心急就砍了，并说自己小心着呢。我担心地提醒，八十多岁了，可不敢再干危险活了。

父亲八十二岁那年，两个眼睛都做了手术。大夫提醒说，少看书，多让眼睛休息。全家人也叮嘱父亲别看书写字，急了听听收音机。父亲坚持了几周，母亲告状说父亲又开始看书写文章。我问父亲，医生不是叮嘱了吗？父亲说，一天定定躺在炕上，觉得活着都没什么意义。父亲笑着对我说：一天就写50个字，怎么样？父亲伸出了一把手的五个指头。我说行，别让眼睛累着，并建议思考好了再写。后来周末回家，母亲说：你爹一天尽写！我笑问父亲。父亲就说：每天写50个字。母亲说，一天钻进小书房就是两个多小时。外甥在一旁作证，说对对的，爷爷就是这样。父亲的谎言被揭穿后笑呵呵地乐了，说那天写兴奋了没刹住车。

我知道，文学已融入父亲生命，父亲的生活离不开文学的滋养，在创作中老人会感受到文字的有趣、文学的魅力和生命的真正意义。

父亲和小儿媳——我媳妇也有了冲突。大冬天，父亲刚动完手术，他要去乡村老家的小院里住。儿媳妇劝道：冬天在楼房上住有暖气，热，农村平房寒冷，感冒了了不得。父亲说有重要事去处理，他已电话约好与排戏的人见面。儿媳妇还婉言相劝，再坚持几天，春暖花开时再去。老人竟说有生命一样重要的事必须去做。两人的谈话不欢而散！

家里人相聚时，天天在父亲身旁的几个哥哥嫂子会给老人提意见，我尕姐坚定支持父亲，会把他们的意见怼回去。并坚定认为：子女们怎么能说老人的不是呢！我呢，只会和稀泥抹光墙，两边劝。

父亲和孙子们关系都相处得很好。每次父亲送孙子到大门外，都要夸

家人照

张地握手告别，并让小孙子叫他金爷子或爷爷同志。

那温馨快乐的一幕幕时时闪现在我的眼前！就是所告父亲的“状”，现在觉得也是一种美好的回忆。

生活，本身就是一场戏。

笨手笨脚学填炕

西北用火炕过冬。填火炕，又脏又累。

我家填火炕，总是我母亲操持的事。父亲如此记录：多年来，听惯了院子里的走动声、榔头声、笤帚声，而我这个大男人就在暖炕上坐着。

父亲80岁那年底，母亲的病日渐严重，遂在和平镇的第三人民医院做了封闭治疗，需静躺三个月。于是填炕的任务就落到了父亲的身上。

这种脏累活，父亲没有干过，填炕时笨手笨脚的，母亲撩起门帘，看父亲干活的样子，笑了。父亲故意逗她：你大概在笑话我是“大死娃娃”吧（愚笨，什么都不会做）！她说：正是的！

寒假期间，小孙女亚里来乡下，父亲故意做诉苦状说：“亚里呀，你奶奶有病在床，我伺候她填炕、做饭、拖地、扫院子，她还笑话我是‘大死娃娃’！”

只因我家很少说过乡下流行的这句粗话，父亲这是故意逗孩子，于是小孙女亚里笑得弯了腰。

看，这样辛苦的家务活，这样平凡的日常生活，让老爷爷说得多有趣啊！

父母亲一生自立自强，一直独立生活，直到父亲去世前一年，才由几个儿子、儿媳轮流照顾生活。

文学带来快乐

父亲为文学付出了许多劳累与心酸，也得到了许多常人没享受过的快乐与尊敬。

解放之初，社会急需人才，高小毕业的父亲在当时是有知识的人了。他去兰州找工作，没有填表参加工作，反而乐呵呵地回家了。因为他在新华书店中看见了赵树理的小说，惊呆了：农村生活还能这样写。他买了本书，带着一辈子能像赵树理那样写出几篇反映农村生活的作品就值了的梦想，踌躇满志而归。1955年处女作《特别使命》发表，社员们笑着说：书中的李婶婶就是我们村上的某某某。说得父亲怪难为情地笑了。

在病床上，父亲每听大门道里脚步响，就看见我母亲的身影和手里的报纸杂志，偶尔还有从邮局取来的稿费，母亲脸上就显出喜形于色的表情。每次领到稿费，为爷爷买一斤瓶装的“甘丰酒”，爷爷喝得挺开心，父亲也高兴。这是手术后身心恢复的最好药剂。

改革开放那年，父亲的短篇小说集《醉瓜王》出版，稿费280元。家里的几个孩子从几十元逐步往上猜，猜到一百多元就不敢再往上猜了。老人说自己发了横财，将这些钱投入家园建设，给儿女成家、上学。

在金崖镇文化站当专干时，父亲团结了一帮子泥腿子农民，寒冬农闲时，围坐古庙火炉旁边，讲文学创作、修改作品。他常常坐着班车去省城兰州，带着社员们的稿子，去一家家报纸杂志兜售在田间地头生产出的“农产品”。哪个社员的稿件在省市报刊上发表了，他会兴奋地骑车到几

金吉泰表示“我老汉很幸福”

十里外去送样刊样报。

更让父亲开心的是时代变了，他可以随心所欲写心爱的童话了。那些具有甘肃地方特色的月牙泉、莫高窟、黄河水车、白兰瓜，伴着泥土香味的童话，在《儿童文学》《中国作家》等发表刊出。甘肃本土题材的作品能让大都市的孩子阅读、喜爱、流泪，是老人最大的享受与满足。

写作真好，能给父亲带来无数次的快乐。构思成熟，完美地用汉字书写在纸上；把稿子反复修改、整整齐齐誊写，最后工整地写上信封寄向天南海北；若收到了稿件采用单，那等于果实成熟有了收成；期盼丰收的果实，样刊寄来，一遍遍地翻看，就像细细咀嚼品尝鲜美的果实。每一道工序，都有乐趣。时间一长，喜悦的心情有点淡化，稿费又来了，钱不多，却又翻腾起新的成就感和满足心情。

20世纪90年代，社会上兴起了“名片”，父亲亲自设计了自己的名片，一改常人的职务、会员等等要写一大串，而是在名片上印：中国农民金吉泰，再就是地址、邮编、电话。父亲去打印铺制作时，店主人善意地劝父亲改一下身份。新名片被父亲当时报社的老总看见了，苦口婆心地劝说父亲别这样写。父亲觉得“农民”没啥不好，自己本来就是农民呀。后来去西安开文学创作会议，一位银川的作家夸父亲的名片有特色，很时尚，父亲开心地笑了。

每到周末，父亲又投入农田，干起了农活，说在庄稼地里畅快舒坦。

常想起父亲，歪躺在烧热的土炕上，靠近四周糊着白纸、中间有小块玻璃透光的窗户边看书；听见狗叫，头一抬就看见文学友人或爱好者从大门中走了进来，忙起身迎接，寒暄生活，攀谈文学，真是舒坦、惬意的农家田园生活。

六一儿童节，既是孩子们的节日，也是童话作家的节日。父亲早早地准备好几篇童话，分别寄给不同省份的儿童报刊。童话作品变成了铅字，就是童话老人收到的节日礼物，他与孩子们共同欢乐。老人呼吁，老人节应该和儿童节同一天。父亲多了一个节日。

村庄小院后山上有几百棵葱郁茂盛的松柏，小院中玩扁担戏时只有两个半观众的温馨，“家庭音乐会”吸引来四邻八舍的热闹，用文学奖金从网上购买演戏服装道具的新奇，为家乡名胜古迹悬挂名家题字牌匾的喜悦，指导孩子们演儿童哑剧并获得学校第一名的惊奇，等等，这些都是老人的杰作。做自己想干的事、爱干的事，那是多么的惬意、痛快。

一位普通农民，爱好文学，生活竟延伸出无数的快乐和幸福，你说好不？

期待“红玫瑰”漫画家

客厅里悬挂着一镜框，装有我们一家三口的画像。简笔漫画，简洁、夸张、传神，全家人自然非常喜爱。客人更是惊奇称赞，让我有点小自豪。

那是20世纪末的一天，父亲邀请了甘肃几位大名鼎鼎的漫画家，在同一画室同时为我一家画像。几位大师很认真，水墨、素描各显神通。最出彩的是文岩老师的简笔漫画，寥寥几笔，画出了女儿的翘翘嘴、爱人文雅的眼睛和我的大鼻子，传神出彩。事后，我给父亲说，请几位大师同时作画，那是考试，不易呀。

每当看见漫画，就会想起父亲钟情漫画以及和漫画家交往的故事。

父亲自己说：生平喜欢欣赏漫画，加之20世纪80年代初在金崖文化站木楼阅览室发现，凡是看漫画刊物的一堆人，定会发出阵阵笑声。《讽刺与幽默》是一份拥有众多读者的报纸，这样就更喜欢漫画了。

其后父亲发现，就榆中本县本乡的现实生活中，可以画漫画的材料非常多，而高考落第的农村青年又无事可干地闲着，于是产生了组织回乡青年创作漫画的想头，就像河北陈跛子的“青蛙漫画组”那样。

后来父亲去了兰州报社打工，采访和会议中有意认识了我省有名的漫画家。

为此，父亲专程来到县城，先找文化馆，县文化馆不感兴趣，后又找榆中师范的教导主任梁文发，梁主任一口答应。于是，父亲就上兰州诚请著名漫画家苏朗、文岩、曹昌光、朱光荣等诸位先生来榆中讲课。那是20

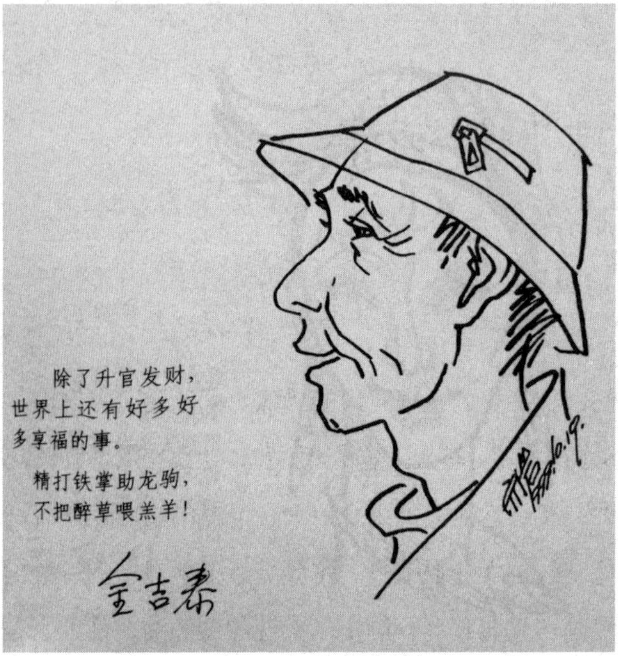

金吉泰漫画像

世纪90年代初，条件艰苦，几位老师没有大家派头，坐榆中师范派去的大卡车，来到荒凉的白虎山下讲课。他们把自己的作品挂在教室里示范，学生们的热情也来了。于是，在这些名师的辅导下，学生们画出了一些画稿。父亲挑了几幅刊发于自己打工编的《质量服务报》上，并把两幅推荐给《兰州晚报》，还写了一条榆中师范学校成立“红玫瑰”漫画组的消息。当父亲把两幅漫画连同文字稿送交《兰州晚报》编辑手上时，编辑怪怪地望着，父亲向他解释：“我只是爱好漫画罢了！”父亲给家里人讲他报社的奇遇时，戏谑地说，别人以为这老头疯了。不久，漫画和消息在《兰州晚报》上见报。

不久，《甘肃农民报》为父亲开设文坛趣事录专栏。这些屡屡在国际上获奖的漫画大师，理所当然是父亲寻找深挖的目标。先后有《苏朗画“魂”记》《曹昌光的家庭生肖图》《朱光荣漫画晨练者》《文岩背泥》《李鼎元和儿子构思<沙漠>》等文章发表，后收入《甘肃文坛百人逸闻趣事录》。

时光如梭，十多年后，父亲期待的本地漫画家没有出现，心有不甘。此时，他结束打工生涯，回到了老家，又联系组织了跨世纪的第二次漫画讲座。

父亲记录得清清楚楚：

2006年10月10日，一早去县城的榆中师范学校，见高楼上有白布红字大条幅标语：欢迎著名画家来我校讲课。

一时，面包车来了，苏朗、曹昌光、朱光荣、文岩、朱志勇露面，白文天校长欢迎他们走进教学大楼。

稍事休息就进入课堂，课堂里摆放着漫画展品，几位老师和同学见面。下午文岩等老师为师生画像，曹昌光老师整整一下午把讲课用的画幅、图片输进电教屏幕上。

那几天，大师们忙着画漫画，辅导，讲座，年逾古稀的父亲一直陪伴。

讲座结束送别时，几位漫画家笑着说："老金，说，我们怎么感谢你这位漫画的热心人。"

父亲说："不感谢，在你们指导下，我县出一个漫画家就值了。"

那我们每人给你送一幅漫画。几位漫画家已经合计好了。

啊呀，那求之不得！父亲拱手感谢。漫画作品是父亲最喜爱之物，只是大师们名气太大，不好意思开口求画。父亲说："那就给我的几个孙子求幅画。"漫画家询问了情况，留了姓名。

几位大师坐车，摆手与父亲告别。不多久，答应的漫画送来了。几位大师真心诚意、精心创作。苏朗老师给小孙女画了一幅抱苦瓜的胖娃娃，上写"没有苦，哪有甜"。文岩老师给老实厚道的孙子画了一幅"头悬梁，锥刺股"的漫画，给新疆喀什当兵的孙子是朱志勇老师画的"闻鸡起舞"，朱光荣老师给我父亲画的是"大树底下好乘凉"。精心创作的带彩国画，糅入了漫画味道。父亲太高兴了，连说，真正的精品，这些大师真厚道。

父亲有点小开心，对家人说："我请漫画家讲座，你们还嘲笑我吃上了没事干，白效劳，现在，你们看这一幅画多珍贵呀，拿钱能买得来吗？”母亲笑着对父亲说：“那是几个画家看你这个老头可怜，才画幅画儿哄你呢。”家人全开心地笑了。

在家的孙子拿上大师给自己的画爱不释手，外地孙子的漫画由其父母乐呵呵地拿上了。

父亲与漫画长年结缘。你瞧，文岩老师画的一幅戴圆形布帽的简笔漫画头像，非常传神，成了父亲的招牌画像。报刊在介绍父亲文章或创作成果时，喜欢选用此画像。朱光荣老师为父亲画的半身速写像，当成了《田园童话》集的封底插图。

令人喜爱的漫画!

不过，有点遗憾，直到今天，父亲的热心鼓动还没有见成效，本地本乡还没有产生一位漫画家。不过未来可期，榆中大地上一定会出现红玫瑰漫画家。

大山里的足球孩子

《足球少年》入围澳门国际儿童电影节，这是以榆中县中连川小学校园足球为原型拍摄的电影。消息传来，让我这个本地人感到由衷高兴。若父亲还健在，知道这个消息该有多高兴啊。

20年前，父亲听说偏僻的榆中垲坪乡中心学校，居然有一支小学生足球队，男女生都有，颇新鲜，便坐班车进入北山实地去采访。

两天后回来，父亲兴奋感慨地给家人讲了山里娃足球队的情况：

看了孩子们的比赛，有模有样。踢出去的足球在土筑的矮围墙上砸出许多坑。队里还有三名女学生，12岁的泼辣女孩金巧霞就是其中一个。她运球时，不但双脚灵巧有劲，而且喜欢用头顶球。问她："你一个女孩子，用头去顶球，不怕沾满尘土的足球弄脏你的头发吗？"她笑着说："赛场争夺激烈，心里只想赢球，哪里顾得上别的！"

晚上父亲住在教足球的马安武老师的宿舍，两个人闲谝了很多。

第二天，又采访了几位家长。问金巧霞父母："像她这样甩着两条小辫子在尘土飞扬的足球场上疯跑，你们同意吗？"她父亲说："我虽是山区村民，但也特别喜好体育。"他母亲说："我们看电视，现在足球也吃香着呢！"小队员白玉才的叔叔白贺杰和奶奶张文花说："足球踢好了也能挣很多钱哩！"郭盼印的母亲何占秀说："当今世界，足球是热点哩！"

给我印象最深的是，在高山大梁上的操场里踢球，球飞出校园滚下山沟，去捡球可真不易呀。

“孩子们的技艺虽然有了较快的长进，一直希望能和其他学校的球队比试比试，可惜周边很大范围内的小学都没有足球队。”这是马老师的期望，父亲答应帮忙试试。

当时我在县上工作，父亲希望我帮忙联系个学校。我建议由学校直接去联系县上的相关部门，我去找这些部门好像怪兮兮的。

没过几天，热心的父亲和塄坪学区校长一起到县上，找县教育局，找县文体局。相关领导怪异地看着两人，各种原因，无法比赛。没人接盘，父亲很失落。看到七十岁的父亲灰心丧气的模样，于心不忍，我便请榆中师范白校长帮忙。他当场联系了一悟小学的宋校长，最后商定，山区孩子和一悟小学足球队举行一场友谊赛。

2003年深秋，塄坪小学足球队的孩子们，走出深山，行程90公里，到县城一悟小学刚落成的体育场，与一悟小学足球队进行了一场友谊赛。

当时云色浓重，秋风细雨，天气寒冷，但看台上还来了不少孩子的父母和塄坪老乡。还有文体、教育、学校等相关的领导。

孩子们龙腾虎跃，最后以四比四踢成平局。

山里娃足球队初试锋芒，得到锻炼，又见了世面，兴高采烈地返回山区。

当时我在榆中广电局工作，安排记者作了专题采访。当晚，榆中电视台就播出了足球比赛的新闻。

回家后，父亲讲述了比赛细节。说刚入场，县城孩子有点趾高气扬，他也有点担心。比赛开始时，个头矮小的山里孩子一点也不显弱。惊奇的是，金巧霞近邻有个老奶奶也迈着三寸金莲颤巍巍来看热闹，看到这三个天真女孩的矫健步伐，不禁长叹：“看现在的女娃多畅快！多硬梆！她们才活成人了，我就孽障（地方方言，‘可怜’的意思）了一辈子。”

足球比赛后，父亲写了一篇《足球女孩和三寸金莲》的通讯稿，亲自送往《甘肃日报》，并附有小脚老妪和塄坪小学足球队的金巧霞等三个足球队员的照片。

父亲回来说，到甘报专刊部交了此稿后出来，浏览报社门外的众多挂报时，发现挂报上有邓亚萍出书的消息，邓亚萍的书名据报道为《从小脚到奥运会》。估计也是反映中国妇女新旧社会的对比。

送甘报的稿件，被删掉老太婆缠脚的内容，以《山里的足球女孩》为题，刊登于该报的“生活”版上。

山里娃踢着足球，上县城，去兰州，再到杭州萧山、辽宁锦州、广西梧州、四川达州、首都北京，还奔赴英国选拔赛……

时光如梭。不变的是马安武老师的足球梦还在，孩子们踢球的精气神还在。变了的是垲坪乡中心小学合并到了中连川乡，马安武老师调到了中连川小学，整个榆中、陇原大地学校足球蓬勃发展。

山区足球的发展及不俗战绩得到了社会各界越来越多的关注和支持，《人民日报》、中央电视台等媒体都有专题报道播出。《我的半个足球场》《甘肃深山里的娃娃足球队》等微电影和专题片也在各大视频网站上映。“中连川模式”声名鹊起。

编写《兰州教育志》时，张国英老师详细采访了父亲当年支持山区足球一事。令人感动的是，张老师用文字记录下很多细节。

“……12年前，金吉泰老先生第一次带我们走出了大山，并宣传报道了我们。”中连川小学校长马安武说：“没有他的热忱相助，我或许也不会那么坚定地逐梦。”

西北大山里的孩子，脚踢头顶，追逐足球，走出了大山，走向全国，走向世界。这是三寸金莲的老太太最心热的美事，更是热心的童话爷爷最迫切希望的好事。

一位西北老农，热心于种田之外的大事，当然会引来异样的目光。

花甲之年，耄耋之时的父亲，有如此的心胸和热情，令人钦佩。也让人懂得和理解了这位来自田园的童话老人，在人生末年仍然激情澎湃，为可爱的小天使们创作了大量生动有趣的田园童话。

忆想美景谱新歌

古丝绸之路从我家门前经过，父亲从小就亲眼看见大路上来来往往的繁荣景象。随着年龄的增长，童年记忆会发酵，会膨胀，会变得更加美好，会让人更加眷念。

他不仅给我们讲，还在小说、戏剧、童话里详细描述。但还是觉得不客观、不形象，于是他有个心愿，想请一位画家，把丝绸之路榆中段的景色景观按他的讲述如实记录下来，把这美好记忆永远贮存。

父亲找了几位画家都没成功。他虽然详尽地描述了很多，认为很生动、有画面感，很有意义，却没有得到画家们的共鸣。

2007年，兰州农民艺术节在榆中县举办，父亲结识了定远镇的剪纸女艺人农民董水花。董水花去县文化馆询问她的剪纸作品展出的情况。一位副馆长说："那幅七里河的剪纸《清明上河图》一来，就把你推得远远的了！"董水花气不平，父亲同情她，就向董水花建议，你也搞一幅剪纸长卷，内容全新，反映1953年以前我县的丝绸之路。董水花答应了。

是年冬，父亲画了一幅长长的草图，此长卷的内容包括自兰州东梢门起始，有段家牌坊、碑亭子、左公柳、人力黄包车、骆驼队、十里山、七岘沟、肃王墓、红崖湾、飞机场、骑兵宿营、日机空战，至车道岭止。

父亲去定远找见董水花和她的丈夫老李。老李见草图赞同，并自告奋勇他画飞机。董水花说她剪动物可以，人物她画不上。父亲教她去请定远镇一位美术老师起草草图。这位教师听后婉拒了。

金吉泰策划指导的剪纸《榆中境内丝路图》（局部）

无奈，父亲硬着头皮对董水花说：“你就大胆地自己画吧！”可是，她又没见过当年丝绸之路的状况，父亲便在纸上比画着描，骆驼的铃子在哪里挂，骆驼没笼头，缰绳是拴在鼻棍上的，刚生的骆羔就卧在母骆驼的背上叫妈妈驮着走；挑夫的扁担是弧形，没有弯头等等。

后来，董水花把铅笔勾描的剪纸草图拿到金崖，画面上的线条十足地表现出是外行的手迹，但有什么办法呢？

开剪了，她先剪动物，毛驴、马车、活猪，然后剪她自己描画的人物，其中有个推小车的剪出之后，竟和她的描画完全不一样，其神态、身姿、面部表情非常传神，非常生动。这是原先没有想到的。

揣摩、尝试了很久，2009年“三八”妇女节前夕，榆中举办全县“家庭才艺表演”，董水花便以此长卷的前半部分参赛。她问我父亲：“要是人们问此长卷是谁策划的，能不能说是你？”父亲说暂时不要披露。

只见常见的白纸底色贴上鲜红的城楼、牌坊、人物、骡马，非常生动鲜亮。

行楷体的标题“榆中境内丝绸之路运输图”大气耀眼，按父亲说的合适部位粘贴在长卷上。

当董水花去街上打这几个字时，有几个老者说要表现丝绸之路，那还要大马车、骆驼队哩！她说她就剪的这些。几个老者惊觉：这是谁给你出的点子？她敷衍说这是自己想出来的。

初战告捷，这位农村妇女信心倍增，热心老人也深受鼓舞。

董水花继续努力，剪纸长卷完工，父亲修改标题为《榆中境内丝路图》，选用隶书；副标题是一行楷体小字：“此图系反映1953年以前的丝绸之路旧貌。”并亲自专程去县城打印铺盯着打印。

为这剪纸，两位耄耋老人，我的父母多次去二十里外的董水花家交流、探讨。像亲戚那样来往，她家中过喜事，我父母也受邀高兴地去祝贺。

《榆中境内丝路图》一面世，立即引起媒体注意，有多名记者去采访董水花。《兰州晚报》“兰州人家”栏目里发表了消息和长卷照片：“记者看到，由民间剪纸能手，精心剪纸，一幅长15米、宽0.45米的剪纸长卷上，有古建筑9处，飞机49架，猪群若干及人物230人，生动再现了丝路旧貌的景象。”

不久，甘肃省电视台“直面”摄制组的樊菲等人到金崖找我父亲，原来他们是采访董水花剪纸长卷时，希望谈谈初衷和剪纸场景的内容和现状。董水花只得供出此长卷内容的顾问，于是他们约我父亲一起去定远镇，在金崖桥头让我父亲描述当年丝绸之路的场景。之后才到定远董水花家中，录像、提问，整整忙活半天，雨中的黄昏才回来。

让父亲欣慰的是樊菲人很朴实、实在，有关剪纸长卷的新闻《纸缘》在省台播出以后，她还为董水花刻制了两个光盘，其一转赠给我父亲。

《榆中境内丝路图》全景式生动再现丝路旧时风貌，很有珍藏价值，父亲觉得应永久保存起来，就动员董水花捐给博物馆，这位农村妇女同意了。

国庆六十周年前夕，董水花携长卷剪纸，由我父亲领路，去兰州市博物馆赠画。在大会议桌上展开剪纸画作，媒体记者多人，还有馆内的人员围住观看，我父亲讲解，介绍画上的远古景物。收藏方郑重地给董水花授予荣誉收藏证书，记者们纷纷拍照。

第二天，《兰州晚报》上即发了消息及照片，赞扬了农妇和老农的义举。

父亲又动员董水花又剪了一幅，赠送给金崖镇政府。让董水花白白辛苦了将近一年，父亲过意不去，协调镇上给了2000元的劳务费。剪纸再现了丝绸之路的景象，又有公家珍藏，父亲心愿得以实现。

那时，父亲正参与编写《金崖史话》，深感老家金崖这里虽是丝绸之路的重镇，但古代文人在我们这里留下的文化典故及诗歌不多，几乎没有。虽说苑川地区当年的丝绸景象，七岘沟的边塞风味，苑川河流域的富庶都是极好的诗歌素材。

为弥补这个不足，父亲曾给诗人高平写信，请他为我们家乡的丝路旧貌写些古体诗，高平婉拒了。无奈，想请相熟的尤效清写写，但一想尤效清是写新诗的，于是父亲便想到文友施玉仑写古诗，请他帮忙吧！父亲和老伴一起去看他，并说明来意，没想到，施玉仑竟对苑川丝绸之路有异议，说丝绸之路是从定远至兰州的。

请人无望，父亲便萌生了“自己来”的念头。2010年元月4日，77岁的父亲初学写诗。他提笔边笑边模仿古诗人，努力要挤出自己所企盼的句子，边自嘲地笑着边硬写。丝路古道、商人驼队、左公老柳，段家牌坊，东岗大坡，空军烈士墓、七岘沟口、苑川河，烟叶、稻田、白鹭、母驼、羔儿，肃王陵墓、进士祠堂、红崖石窟、回音壁，还有大轱辘马车、赶活猪、贩夫、走卒、肩挑、背背、推小车等等，一一闪现，红色醒目的剪纸《榆中境内丝路图》更是跃然眼前。

父亲的灵感来了！诗名《观董水花剪纸长卷榆中境内丝路图》的诗作一气呵成，从董水花农家女，单爱剪纸，半年剪就《丝路图》写起，从东梢门一直写到东古城、古战场百余里的汉唐丝路，把1953年前的热闹和从此的冷寂，用50句长诗原汁原味描绘出来。

写完一看，真是生手生诗，不过还能看得下去，把父亲欲写丝绸之路旧貌的意图表达出来了。真是求人不如求已。

父亲平生没敢写诗，因为写诗需要激情，同时文采要好，若是古诗，还讲究音韵平仄，太难太难，弄不好惹人笑话。故此一生没写过一句诗。被逼无奈，竟还成就了一首长诗。

长诗是丝路景象的文字再现，和剪纸中的《榆中境内丝路图》红艳画面相得益彰。

丝路全景完整、形象、生动地保留了下来，满足了父亲的心愿。

令人遗憾的是，父亲画了一幅长长的草图，尽管是草图、简笔画，画得挺像，我很心热，希望把原图保留下来，后来也向董水花要过，没有找见。想让父亲再画一幅，父亲也没有了那种热情，终于没有留下。

榆中的汉唐丝路味，父亲永远铭记心里。

红红的剪纸，长长的诗歌，执着的父亲把他的记忆传承、珍藏于后人心中。

这图、这诗、这人、这景，永远值得铭记。

80岁学唱歌

八十岁学唢呐——上气不接下气，而父亲快八十岁时了竟要学唱歌。

青少年时，父亲学拉小提琴，后因生活艰辛、忙碌，再加上琴被人借去弄丢了琴弓，只好搁置。

黑色泛白显旧的琴盒，长时间安静地斜躺在屋内墙面上。冬天或闲暇时，父亲取下琴盒，取出琴仔细擦拭，左手握琴颈竖立眼前端详，右手指拨动琴弦发出悦耳的声音。

我们家姊妹，包括孙子们，没有一个喜欢唱歌的。都说是左嗓子，唱出来难听，不是唱歌的料，家中没有情不自禁地歌声。

父亲老了，让外地上学的孙子给他买了个埙，坐在炕上，对照声音图表，吹出了古老的声音。

一天，父亲说他想学唱歌。我劝他：我们家都是左嗓子，唱不好歌的。父亲不以为然。

回家时，有时听见父亲在哼唱歌曲，也听见父亲让孙子给他把《草原英雄小姐妹》的音乐下载到U盘上，或者把简谱歌词打印在纸上。

耄耋之年，父亲开始学写歌词，嘴里哼唱，反复修改，直到歌词满意为止；正好本村一位拉二胡的中年农民懂点乐理，两人一拍即合，就商量着谱曲，再约请村上的文艺爱好者演唱出来。老人需要聆听、感受，看自己的感情思想是否准确表达在歌曲中，是否能让观众受到感染，是否能达到自己的期望。

有时哥嫂说，父亲在庄子上人家婚礼的现场唱歌助兴。担心父亲唱不好别人看笑话，就劝父亲，父亲说是主人家盛情邀请唱的。

父亲八十大寿，家中小院搞了个小聚会。吃喝尽兴时，父亲拉出了他的箱式音响，拿出话筒。来的好家展喉高歌，父亲也唱了几首，父亲鼓励子孙们唱，都胆怯得不敢唱，唯有小孙女唱了首英文歌曲，让爷爷大为开心。说实在话，父亲唱得平缓一般，个别字句还让人听了不舒服。不过，以绣荷包调填词改编的《苑川人家》唱得不错，有味道。

一次，甘肃省文艺界的杨文林、何来、李云鹏等大师来我家小聚，吃地方特色，聚古今文学，然后挥毫泼墨，高歌一曲。杨文林老师唱秦腔，父亲唱拿手的《苑川人家》，众人喝彩，好不热闹开心。

我们家里还要办场家庭音乐会，音乐会上乡亲们唱的竟是父亲写词的歌曲，父亲唱自己写词的歌曲《农民之歌》。

家中小院枣树荫下，五颜六色的喇叭花盛开。随意聊天，父亲说起了唱歌的缘由：某一年，他们业余文艺爱好者庆祝五一，扮玄奘、扮飞天，还有架飞机，秧歌队游街，约定在街中十字人多繁华处由一人唱歌表演。可那人不知什么原因，拿捏摆架子，怎么劝说也不唱。父亲有点生气，从没唱过歌的他，竟在大庭广众之下唱了那首歌。父亲知道自己唱得不好，便下定决心学唱歌，父亲语重心长地对我这个反对者说："每一个人都会唱歌，只要你敢大声唱出来。"

在实例面前，我的唱歌要有天赋的论调显得苍白。

人，特别是成年人，有时会为懒惰守旧、循规蹈矩找出充足理由，这样也能心安理得，不去追求。

想唱就唱，关键要打破自己的思想禁锢！父亲做了榜样！

怕别人笑话，怕老人给家人丢丑，还有亲人以关心的名义反对，现在想想，真是汗颜。在精神境界和追求上，我们和父亲没在一个层次上。

常常想起，大年初一家庭聚会，官滩沟翠绿的草坪上，白金婚纪念现

父亲80岁学唱歌

场，父亲的歌声如在耳旁，音容笑貌就在眼前！那美好温馨的画面，令人思念不已。

你听，《苑川河》《农民进行曲》《卖奶歌》的歌声时时在田间村头传唱，还有《敢问路在何方》《滚滚长江东逝水》的豪迈歌声又在耳畔响起。那热闹场景中，父亲开心唱歌的相貌伟岸高大，声音嘹亮温暖。

乡下老农与德国博士生谈教育

接到农民书法家邴翠林的电话，说兰大有位德国留学生想见见我父亲，并说这个研究生年龄较大。

父亲当即答应，同时想象这位留学的德国研究生，一定是大胡子、豪爽，于是备了烟和酒。

等到在大门外公路上一见面，竟是个高挑身材的女学生，她个子高、沉稳，讲一口流利汉语。

迎她到家里一交谈，原来她是研究中国百姓对待教育问题的，同时也听说了这老人的孙子上清华的事，大概认为农民家孩子上清华有点新鲜，这才来了解情况。

父亲将有关情况向她做了介绍，并和陪同来的几个兰大学生聊了一阵。

她原名欧本娣克·海丽娜，汉名叫李娜，兰大德国博士生，看样子有30岁左右，所备招待贵客的烟酒没有用上。

李娜于当年12月二次来访。

是日，密集的雪粒纷纷扬扬，李娜已是熟人了，一行3人于上午10时许到来，下午3时许告别，时间较上次充裕。父亲较详细地向李娜介绍了我们百姓对教育的态度及现状，并说了中德两个国家、民族的文化交往。兰州空战中安在白塔山头的苏罗通高炮就是购自德国的。还有兰州一家工厂使用的一台设备，原是德国的，二战失败，苏军把它拆下来运到苏联。20世纪50年代，苏联又赠给中国，该机器设备已使用80多年，至今还能使用，

德国研究生李娜（汉名，右二）来金吉泰（右一）家中拜访

可见质量之上乘。

李娜说，我们德国就是重视产品质量。

她又介绍了德国教育不像中国高考这么竞争激烈，没有高考这一说。中国的高考有弊也有利，中国高考有公平的一面，为学子们提供了一个公平竞争的机会，比较公平。

接着父亲又向她介绍了我家于20世纪40年代就藏有马克思主义的政治经济学书籍。父亲说，剩余价值学说，对自己认识世界帮助很大。

谈到世界文化交流，父亲说我们的皮影戏传到贵国以后，你们的大诗人歌德还用皮影戏演了他的剧本《密涅娃生平》。

她听到我父亲玩过扁担戏，便要求把那布娃娃们拿出来并照了相。

密密的雪到中午12时才停。

下午3时许，来自异国他乡的客人告辞。我们踏着厚厚的积雪，送她们到公路，她们乘坐租用的小面包车缓缓离去。公路厚雪上，留下了深深的车轮印记。

等我们回到家中，居然发现了她留在桌子上的一盘香港产的糕点。

一位德国女博士，一位中国老农民，在西部农家小院，竟然大谈中外文化融合，真是童话意境。

为父亲喝彩

牛年的除夕之夜，一年一度的家庭会议在鞭炮声中召开。全家四代近二十口人，年龄差距六十多岁。会上总结家中一年来工作、学习收获，并展望筹划来年打算。年夜节日气氛浓烈，家人团圆其乐融融。年已七十有八的父亲在谈到来年的打算中突然说，虎年他要写一部长篇小说。作为主持人的我将其总结为家庭年度要做的十大亮点工程之一，并鼓励家中孙子辈向祖父学习。但心中还是十分担忧。父亲虽一直创作儿童文学、小说，可都是短篇和中篇，创作长篇能行吗？况且年龄又这么大。

年后两个月内，我未敢问父亲动笔没有，怕父亲难堪。可忍不住，变相问父亲最近忙什么。他说，创作长篇，一天手写二千多字，已达四五万字，并且写得顺利，有激情、有劲头，有种欲罢不能的感觉。我为父亲叫好。此后每隔一段时间，我只问一下进展，并没有探询内容、情节、主题等等，我不想打扰父亲创作的连贯性。整整十个月，三十多万字的长篇小说《农耕图》初稿终于完成，各式各样的稿纸厚厚一摞，达十五本，垒起来有一尺多高。仅此手稿数量，我就打心眼里佩服不已。

帮父亲打印，断断续续花了六个月时间，看完了一稿。说心里话，看时冲动，看完激动。我对农业集体化从欣欣向荣开始到“烂大家”的衰落，对农村中既可怜又有各种缺点的人物，有了深深的了解。我为田中玉、韩正中等人物的变“好”而震撼而赞叹，更为父亲劝人为善、追求真善美的崇高理想打动，一个中国老农对马克思学说在农村里应用的不懈探究令我这个中国共产党党员汗颜。

深夜，我在办公室里读完这部长篇小说时激动不已，真是心情澎湃，发自内心的情感是“为父亲喝彩”。我当即动笔，把此刻激动的感情用文字写了下来。后来，父亲担心这部作品能否正式出版，决定先印制成“书”，当作资料保存。我写的《为父亲喝彩》一文，当作序言出现在自家编印的书籍上。

《农耕图》初稿，汪晓军先生、王忠民先生、张琳老师先后友情阅读提出修改意见，经过几次修改，更加完善。

我曾问父亲，你写的《农耕图》特点是什么？

他回答了四个字：“真情实话！”

可喜的是2013年，长篇小说《农耕图》被甘肃省委宣传部列入重点资助文艺作品，该书面世才有了希望。

2014年，“80后”的父亲有三大梦想：一是长篇小说《农耕图》出版；二是将以李自成归隐榆中为题材的新编秦腔剧《石洞记》搬上舞台；三是《天生童话》出版。正月里，在榆中“金家坪心缘剧社”的帮助下，由农民自编、自导、自演的新秦腔《石洞记》搬上了舞台，在周边农村演出，受到了老百姓的喜爱和省市媒体的高度关注。《天生童话》正在进行修改润色，在做出版前的准备工作。《农耕图》在敦煌文艺出版社领导、编辑的关心下，不久就能正式出版。

这期间，父亲眼睛做了手术，效果不错，老人又重新看见了五彩缤纷的世界。

可喜的是在大家的帮助、支持、关心下，《农耕图》《天生童话》正式出版，《石洞记》也搬上了舞台。

《农耕图》出版后，汪晓军、彭金山、梁胜明、许维等老师专门进行了评论。特别是汪晓军老师，读了书稿，在电话中兴奋地给我讲了许多，说这书在人物形象塑造、方言运用等方面，可和上海金宇澄先生写的《繁

父子照

花》相媲美，不过《繁花》获得茅盾文学奖以后这话就不好说了。汪晓军老师在北京遇见甘肃省委宣传部文艺处负责人时，专门介绍推荐了此书，说值得一看。《农耕图》先后荣获黄河文学奖、敦煌文艺奖，让父亲直说拾了个跌果。

让人意想不到的是，我竟然为父亲的大作写了序言。《农耕图》正式出版时，责任编辑靳莉老师大度放行，把在自印《农耕图》当序言的《为父亲喝彩》一文依然作为序言出版。当年11月19日，这篇文章改名《风雨农耕图》在《甘肃日报》阅读版头条刊出。说实在话，这纯粹是歪打乱撞。若没有之前的插曲，我是不敢为父亲正式出版的长篇小说写序的。

这篇序言意义特别，让父亲和我开心不已。

不久前，汪晓军老师和我通电话时建议，要我认真再读《农耕图》，认认真真研读金爷子的思想精神追求。

趣味文字游戏

人生中碰见大事，没有见分晓，不知道结果，等待时令人非常焦急、难受。父亲喜欢测一个字，给我们来点心理疏导、精神抚慰。这不是迷信，父亲也不迷信，这纯粹是一种文字游戏。

预测名次

我初中毕业报考师范，考试以后就回家等结果。一天早上，我对父亲说 :“昨晚梦见我考了第一名。”父亲便说 :“知道了，你是第十一名。”我以为父亲随便说说，也不在意。当我去师范报到，看我按考试成绩排的名次，正如父亲所言，第十一名，我愕然。回家时问父亲 : 为什么？父亲说 :“《四书》上有一个章节的名称叫‘先进第十一’,所以你是第十一名。”我大为惊奇，父亲却说，这是偶然巧合。

拆“晨”字

要去参加干部“人才库”考试。临行时父亲要我写一个字，就写了个“晨”字。父亲认为，此字是旭日在九十点的时刻升空。考试结果也会在某一天上午的九十点传来，因“辰”就是这个时候。从字义上看，非常乐观，含义是初升的太阳。后来的结果是，消息正是在上午九时许获得的，应验了。但名次不理想，没有字义上展示的那样美好，仅属中下。这如何解释呢？父亲说，或许旭日离开地平线，仅仅是开始，还不是正午的鼎盛时期，所以仅得中下。

“铁”为金失

大孙子从兰州一中高中毕业后，参加高考时考场设在兰铁三中。他进入了考场，我们一家三代人蹲在考场门外静候消息。在等待的无聊中，父亲偶一抬头，看见校门上方“兰铁三中”时心中一动，因为“铁”字是“金”加“失”，按测字学，金姓的考生有失误。是这样吗？但愿这只是唯心的迷信，但愿结果是美好的！等孩子从考场出来，果然考得不咋的，和他同班成绩差不多的被清华、北大录取了，他只考取了兰州大学。

测“敦”字

一眨眼，大孙子从兰州大学毕业了，正积极联系到清华去考研。为预测前途，爷爷开玩笑叫他随便写一个字，为他测测前途。他写了一个“敦”字。爷爷端详后对他说：“这一次只能进京一半，为什么？‘敦’字一拆两半为‘享’‘文’，你是凭文化进京，‘享’去子就是半个‘京’字，子就是你，顶开‘小’字为‘享’，这充分说明，你进京只能有一半成功。”说也巧，经清华面试，只给他发了一个《初步录取通知书》，里面清楚写明如果上学后成绩明显下滑，以及犯有过失等等者，可以取消录取。真个是进京只进了一半。当然这是巧合。

外孙女赶考

2005年6月，父亲要去小康营翟家湾。乘车到县城，正闷头在街上走着，忽然有人从背后面赶上来拨他右肩，回头一看，是正在赶考场的外孙女苏洁。接着左肩头亦有人碰了一下，原来是一同前往考场的王婷。她俩的母亲——银环和润环也陪着走。大家大笑。事后父亲替两个孙女算了一卦，苏洁是“出其右”大吉利；王婷是“左”，代表革命、进取，也好。

6月23日获知，苏洁得分是626分，全校16名；王婷540分，亦录取。

一箭中靶

在县医院工作的儿媳妇，从县城至兰州往返走读兰州医学院，2005 年 6 月间考试。父亲对孙子亚里说："你写个字，测测你母亲考试的事。"亚里写了一个"医"字。便说"医"字，有三边，右侧没边，恰好考了四门课，便预测三门能过，一门可能过不了。儿媳本来就担心其中的一门不过，预测结果令儿媳、孙子和家人都有点失望、难过，父亲也有点尴尬。第二天一早，父亲给孙子打来电话，说测错了，应该是一箭中的。并说矢者箭也，你妈妈一箭中靶，但是靶牌上的圆圈都是圆的，而你妈妈的圆圈一面是空的"C"，所以预示着一箭中靶，但不圆满。大家马上开心。是年 8 月 20 日，考试结果出来了，尽管有一门课考得不理想，但最终还是通过了。

多余一点，不是多余一分

外孙苏迪要初升高了，从电话上说要爷爷给他拆字卜前途。爷爷说："你说个字。""就金字吧！"他在电话上回答。答复说："金乃余一，你能考得上，并且还能多余一分。"考试结果，他不但考上了县一中，并且多余了三十几分。家人笑父亲卜字不准。后来父亲说，应该回答，多余一点或多余一些就好了。

"数"为"文上楼"

2016年夏天，小孙女在厦门大学准备考研。刚开始，准备考高数和环境科学综合两门。后来知道可以不选高数，而可以选环境工程这门课。心里有点纠结，就打电话给在兰州的爷爷。爷爷让说一个字，亚里说"数"。爷爷解释说：以文上楼。孙女觉得还挺合理的，就没有考高数。后历经一道道难关，终于如愿上了北京大学环科学院。孙女开心，爷爷更高兴，说

“不自大”庭院石刻

这是孙女送给他的最好礼物。

今年，孙女准备考博士，报考学校纠结时，感慨地说：“要是爷在，给我测个字多好！”

父亲去世了，但他的测字法，让我们看到中国汉字多奇妙，多神奇!

有趣的测字，是认识世界和解释世界的一种方式，给我们的生活增添了激励和鼓舞。

父亲的名利观

父亲从小就有厌富症，他不过度追求金钱和财富。刚一解放，就主动捐自家耕地给农会，支持土改。不参加城市的正式工作，拒绝乡上书记邀请去当本地学校的老师。

他不爱钱，一生也没有富裕的钱。60年代最穷时，连三分钱的邮票都买不起，一封投稿的信，等了二十七天，有三分钱买邮票了，才发了出去。

父亲说："我要终生搞农村文学，'献身'这一行当。"

1965年，父亲借了舅子准备结婚的外衣，作为全国青年文学创作积极分子赴北京开会，见到了周恩来、朱德等党和国家领导人，是一件非常荣耀和光彩的事。回来后，却面带愁容，母亲一问，父亲说：和参会的人一攀谈，知道他们的成绩都很大，自己有了压力。父亲年老时说：这全是年轻气盛好攀比。

我家房屋盖得早，北面六间主房，西边三间房外有个旱台，和北方对齐，方方正正。墙外边是个村民走路的小巷道，后来邻居占去了整个通道，连旱台也占去，后来盖房子，在我家西边砌进来了一堵墙的位置，和我家北房的西墙直直盯着，外面人一看就觉得不好。农村所有人的院子都方方正正，而我家缺少了一堵墙，农村为一堵墙打死仗的事不少见。大家都很气愤，父亲说：多一堵墙，富不了；少一堵墙，穷不了。

父亲也爱名利。收到稿费单，父亲乐呵呵的，会买些花生米、新疆葡萄干犒劳自己。作品发表后，父亲像见了珍稀宝贝一样，会无数次地翻阅，欣赏。母亲会问：你一遍一遍地尽看，不嫌烦吗？

为了农村的业余剧团，为了拍戏，父亲自己掏钱买音响，出钱演戏。父亲一辈子辛辛苦苦挣钱，为了生活，自己省吃俭用，却把钱用到了文化活动上，很多人不理解。

老人荣获了中共甘肃省委、甘肃省人民政府颁发的“甘肃省文艺终身成就奖”，并发了奖金两万元。父亲说自己发了大财，像个大富翁给每个孙子都发了红包。

一辈子是个农民，写文章六十多年，到老连一份退休工资都没有混上，周边邻居为此感叹。有的是惋惜、同情；有的是从心里的轻蔑、嘲笑，以为混得不成。

2017年，父亲被兰州市评为金城文化名家，每月有近一千元现金，每年发一次。父亲说：自己终于有工资了，非常感谢党和国家的关心。可惜的是，父亲仅仅领了一年的钱。但这也足够了，父亲的心是温暖的，也不枉自己创作了一生。

父亲的尴尬

文人，在众人眼中应该是清高、孤僻的。

父亲是农民作家，平时却喜欢和子孙们逗乐玩耍。这可能是他喜爱童话，身上有童真，崇尚亲情。随和亲热中，也会出现尴尬之事。不过仔细琢磨，老人有时那是故意出点丑，给子孙们创造些笑意。

春暖花开，阳光明媚，一家人分散站在小院中聊天、赏花。心情愉悦，手脚发痒，二儿子耍了一趟八虎单拳，小儿子拿出明灿灿吊有红绸子的单刀，走了一趟五虎单刀。家人看得津津有味，孙子们更是兴高采烈。父亲来了兴趣，接过单刀，一招一式很到位，刀舞得呼呼作响，孙子们鼓掌喝彩。老人更有兴头了，一边说刀要看肘，剑要看手；一边甩了两个花子，一个缠头裹脑，列式“魁星点笔”。只听嚓啦一声，父亲的裤缝开了，惹得家人哈哈大笑。

大年三十晚上，一大家人团聚在一起，其乐融融。小孙子拿着一个红色羽毛毽子，用脚踢，用膝盖颠，用头顶，灵巧好看。坐在炕上的老人眼热了，想搞点怪，惹孙子们笑笑。他夸张地用脚一踢，毽子飞起，不偏不倚落入吐着黄色火苗的火炉口中，哗啦一下，好看的毽子被挽救出来时，只剩了一个底座。孙子哭了，老爷爷和大家都忙了，劝着小孩。真凑巧，别说父亲，就是踢毽子熟练的孙子，大老远想把毽子踢进火炉口中，那也是不容易的。

二孙子远在新疆莎车戍边保国，回家探亲，爷爷好开心。期间，与孙子长话，招待吃家乡油胡旋，还送给两副甘肃风光照片扑克。为了隆重表示一下，爷爷决定为孙子一个人演一场扁担戏专场。是日，摆开场子，锣鼓齐鸣，爷爷玩了些古老的把戏，观众只有当兵的孙子和最小的孙子两人，奶奶也在场，但她忙于干手里的活，不时抬眼看看，也算半个观众吧。两个半观众，看了40分钟专场演出，尽欢而散。

老人将近八十岁，根据他一辈子的生活经验和思考，写了部长篇小说《农耕图》，这是他毕生的心血，看得很重。得到消息，《农耕图》在印刷厂已印完，不日会将书送至家中。老人又高兴又期盼，焦急地等待。这天，接到陌生人电话，说书已运至离家不远的公路边。老人急奔出屋门，想出去找个熟人帮忙把书抬进家里。谁知一推大门，大门因老伴怕小狗跑出去而在外面扣住，一拉不动，门扣还被绳子缠绕加固。老人急得如热锅上蚂蚁，好不容易捣开门扣，到公路上迎着了运书的车，更巧遇见当警察的孙子走来，于是将书提到家中。打开新书一看，感慨不已：《农耕图》啊，你真让人想念啊。

父亲患眼疾刚动过手术，就翻看刚发表了自己童话的报纸。医生看见了，要求今后少看或不看电视、报刊，并让家人监督。父亲坚持了几天，满脸含笑与家人商量，一天写五十个字。并说太急了，定定躺在床上，活着有什么意义。看着父亲的可怜样，家人便同意了，但强调是五十个字。父亲笑着答应了。隔了一周回家，母亲告状说父亲一天尽写字。父亲争辩说，每天只写六七十个字，不多。孙子出来证明，说奶奶说着对呢，爷爷一进去书房就是两三个小时。父亲的谎言被揭穿，他眨眨眼睛尴尬地笑了。稍后，他宽慰儿女们说，自己小心着呢，写一会休息一会，不累。家里人既心疼，也只能无奈笑笑。

父亲还当过尴尬的调解员。一天，本村车家媳妇来找我父亲，言说对门金姓村民把墙角砌在她的大门正中央，阻碍行走。我父亲到现场看，真的。还没找金姓人家哩，金姓人对我父亲说，听说车家人找过你了？我父亲说是。原来他两家背后都有一些人鼓励他们放手对着干，并出主意，通风报信，看来车家媳妇找我父亲的事，告密者已经密报金姓人家了。当我父亲提出公允的调解方案，叫双方作合理的退让时，双方都寸步不让，怒目而视公正的调解人，而在背后鼓励他们斗下去的人，却被他们认为是好人。

晚年，父亲还经常出去参加排戏、演出等公务活动。一次回来说，一位知心人悄悄给他说，你的眼角有分泌物，擦擦。父亲很感慨，很多人都看见了，都以为是眼屎，又都不好说。其实那是父亲点眼药水留下的白色痕迹。这引起了父亲的重视，怕别人嫌弃，不时擦拭，竟养成了擦眼睛的习惯。

人老了，爱做噩梦。一天晚上，父亲梦见三只羊在抵他，就狠狠地抓住羊角捶打。被老伴的喊叫声惊醒，原来他抓住的竟是老伴的胳膊。老伴的脸和手臂被拳头砸得紫青。孙子们见了都不饶，讨伐爷爷。爷爷说是做了个噩梦。奶奶夸张地说："是你爷爷故意的，是明不打了暗敲呢。"孙子们夸张地起哄说，爷爷是故意的，要赔情、要罚款，不然要去上告。心生歉意的爷爷被逗笑了，说，该罚该罚。

孙子婚礼现场，爷爷要讲话。典礼开始，主持人刚一说，老爷爷就站了起来，主持人劝不急。高兴的爷爷在祝辞中出现了错误，竟把婚礼说成了会议。不过这次，有几个孙子为爷爷打圆场，说爷爷平时参加会议多了，才说错了口。老人事后自我解嘲，把自己说成了急吼吼。

父亲义务捡拾垃圾，被人误认为是专门清扫垃圾的。为排戏，被人骗了钱，不好意思声张，到去世都郁闷在心里。

此情此景，历历在目。活生生的父亲就在我们身边，惹得我们发笑。不知不觉间，思念的眼泪已浸满眼眶，令人想念、难受。

父亲，我抖落出您的尴尬事，您不会生气，对吧。我知道您还会笑的，会和我们一起重温当年那快乐的时光。

漫漫三年，一千多个日日夜夜，思念悠长，愿天堂中的童话老人依然笑容灿烂，田园童话永远相伴！

老爷爷节日新花样

过年过节家人团聚，爷爷、奶奶和孙子们最开心。

爷爷虽然年龄大了，总会想出新花样，和孙子们共同玩耍，逗得全家人开心。

大年初一中午，爷爷要和上大学、上初中的五个青春年少的孙子在院中表演小品。爷爷给每人复印了一份剧本，然后分配角色，讲戏，找道具、配服装，孙子们拿着剧本理解、记忆。剧本《世上还是好人多》讲的是：一个农村老头出门犯晕摔倒在大街上，两个年轻人热心搀扶起他，打听着往他家里送，一位过路人怕好心人吃亏，主动跟去当证人，而老头那位特别厉害爱骂人的老伴，知道原委后竟感动得要给两个好人送一把葱表示感谢。

准备充分，开始演出。还没演出，家人就笑了：扮演40岁农村妇女任家婶的培威，女扮男装，穿上了花衣服，裹上了围巾，要做好人护送摔倒在地的老人回家。扮演70岁村民刘老汉的苏迪马上走路蹒跚，说话结结巴巴，还有点含糊不清，已经入戏。刚上初中的小女生亚里扮成了年龄比她大十多岁的厂里工人，是个行路人，一身正气陪同去做证人。金明扮演的是刘老汉的邻居，善意地提醒施救的好人，这老人的老伴特厉害。女大学生苏洁秀气腼腆，突然成了刘老汉老伴刘奶奶，泼辣厉害刀子嘴。他们几个的表演都学说兰州方言，惹得家人观众笑弯了腰。家中小狗也加戏搅和进来，躺在现场水泥地上不起来，几个演员又要表演，又要赶狗，真是滑稽搞笑。导演爷爷坐在凳子上观看，不时起来指导。表演结束，给几个孙子发奖。孙子们闹，说爷爷发奖偏心了小孙子。

老人很惬意，说谢谢孙子们支持他的事业。感慨地说，到底是大学生，理解力强，记忆快，立马就进入角色了。他组织当地农村妇女演出，那些婆娘媳妇记不住词，好不容易背会了，一上台又忘了。几个孙子能为演出爷爷的小品而高兴，还夸爷爷的小品和当年春节晚会上的小品内容相似，更有正能量，让一家人好开心。

国庆聚会，儿女孙子重孙全来了，吃饭喝酒、摆龙门阵。然后，各自埋头玩起了手机。父亲看冷场了，起身拿来竖立在墙根处的一根木棍，长一米五六，大拇指粗细，木棍的小头处，也就是生长时枝叶一头，裹着一块黄色布料，顶端用皮筋扎着，下面吊着将近二十厘米，像给树棍戴了个黄色帽子。

父亲来到院子中间，伸出右手，手心向上，独独平展伸出中指，其余四指蜷缩，木棍底端竖立中指上，放稳后，松开左手。无所依靠的木棍偏移，用手指移动控制重心，不让偏倒，木棍晃动幅度大时，可脚步移动寻找重心平衡，保证木棍独立不倒。父亲尽管岁数大了，抖抖索索，脚步有点晃动，但木棍在那沧桑的手上，还挺稳。大家都惊奇称赞，老爷子厉害。

大家抢着试验一番。老爷爷宣布，今天比赛，看木棍在谁中指上撑的时间长，谁就是冠军，前三名有奖。刚开始都掌握不好平衡，可锻炼几次就熟悉了。因此越到后面，撑得时间越来越长。在支撑摇晃中，黄绸子撑开了，像一朵黄色的莲花，或者像一把黄罗伞。高兴的喝彩声中，三辈人各不服输。比赛结束，意犹未尽，大家还没过瘾，要求再比赛一次。爷爷笑说，来年再比。问这游戏叫啥名字，说叫“神仙棍”！这是父亲独创的游戏。

天气火热的大中午，爷爷和小孙子在屋里和院子里忙来忙去，找毛笔，找剪子，找墨汁，找凳子，找小狗虎虎。大家不知爷孙俩要干啥。爷爷坐在小板凳上手拿剪刀，孙子蹲在地上两手抓着小狗，一老一少开始给狗剪毛，说夏天太热了，狗受不了，还说狗的尾巴，毛一长，像个扇子，把屋里的灰尘扫动起来，迎着阳光看得清清楚楚。长长的毛剪得短短的，紧贴身上，毛茸茸的，只在背上留着原来长长的毛，好像穿了个马甲。家人都劝，爷孙俩别再欺负小狗了。这还不算，一老一少又拿毛笔给狗描画了黑眼圈，戏称“熊猫狗”。小狗以为主人在逗它玩，安静地配合，等放开了便开心地在地上打滚，缠着主人的腿脚转来转去，以为很美，大家笑翻了天。

春节前，为激励小孙子丫丫上进，爷爷便草拟了几副对联，让孙子书写。其中有一副传统的最简单易写的：一二三三阳开泰，四五六六合同春。而爷爷自撰起草的一副是上房门上的：九里长坡拉碌碡切勿后退，十三兄妹操笔墨永远向前。孙子担心写不好，结果还不错，超过了大人们的想象。挂在门楣门框的鲜红色对联，字体稚嫩，很吸人眼球，来客都会驻足、观赏、点评。

小孙子买了个剑玉，熟练玩耍。这是一项非常好玩的技巧游戏，玩法是运用手腕的巧劲将球准确无误的置于大小底拖。全家人一看心热了，都要尝试一下。一一试玩，只有坐在炕上的爷爷奶奶没试。爷爷心动了，从炕上往下走，说要试一下。全家人都惊了，这时爷爷已左眼失眠，右眼只能模模糊糊看轮廓，所以刚才谁也没有动员爷爷来试。爷爷竟自己耐不住下了炕，试了两下，爷爷把那球稳稳地撑在底拖里，完全凭感觉，大家目瞪口呆。小孙子为爷爷跷起了大拇指，夸爷爷真厉害。耄耋老人一脸开心自得，你们别说我老!

爷爷过生日。子女们匆匆赶过来，把生日蛋糕、桃子、鲜花摆满桌面。小孙女送的礼物很特别，是一副装裱好的对联。这对联并不是请书法家书写，而是她利用假期上书法班，自己亲手写了，然后请匠人装裱而成。大家取开来一看，只见这副对联写的是：

好书悟后三更月　良友来时满座春

笔墨稚嫩，但这副对联内容极好。爷爷太喜欢了，珍贵得了不得，配了名家中堂挂在屋内显眼的墙壁上。爷爷早也看晚也看，看着看着就走神了，居然写出了童话《对联梦》。

爷爷厉害，八十岁写出了长篇小说《农耕图》，准备印制。提议让小孙子写书名，孙子很乐意，写得很认真。楷书、隶书效果都不好，孙子有点泄气，决定不写了，就在纸上用草书乱写，纯粹是玩。爷爷有办法，把草书的单个字剪下来，拼成了书名。书印制出来，书名三个大字，有模有样，童体味道浓厚，让小孙子着实乐了一番。

老爷爷去世了，整个小院好像空了。过年过节，子孙们特别想念开心爱玩的爷爷。

依稀中，爷爷从小院里笑呵呵走来，他又有了奇思妙想，那里全是笑声和爱意。

吃穿随意

一生穿着朴素、朴实，好像没有刻意打扮过，这是父亲留给我的印象。

父亲经常一身蓝色中山装，或普通的夹克衫。有件黑色呢子大衣，这是父亲喜欢母亲专门买的。老年时，穿儿子穿过的旧衣服。他对穿衣没有特别的要求，父亲中年时就有一副石头眼镜，他非常喜欢，这是父亲唯一与周围的农民有区别的地方。父亲自嘲道，石头眼镜戴上，陌生人看着就有点像农民作家了。

20世纪70年代，父亲经常外出开会，去坐火车，有时因掌握不住时间而耽误事，就攒钱买了一只手表，表面带点红色，父亲悄悄戴在胳膊上方，用袖子挡住，怕别人看见。一次父亲与人们说话高兴没注意，伸出胳膊用手一指，手表亮出来，引起别人的惊呼："你们看，作家还戴着个手表呢！"父亲赶紧把手缩了回去，尴尬地笑笑。母亲还给父亲做了一床绿绸被子，平常都把里子叠出来，而把被面藏在里边。父亲盖时，我会钻进去，盖个绸被子真是暖和开心。

父亲去兰州晚报社当聘用编辑，来往老家和单位，经常提个编织袋，像个农民工。一直提到去了另一家报社还在提，当时所在报社的总编辑秦皓，也是作家，也是朋友，提醒我父亲："别再提编织袋了，像个农民工。"父亲说："我就是农民工，对秦总编的话不以为意。"

家中人多，父亲从没吃过单锅，而是和家人一样，做什么吃什么，从不挑三拣四。这也养成了一家人不挑食的好习惯。父亲老年时，喜欢吃铜制火锅涮羊肉。过年摆出来，黄色铜锅，红色带白的牛羊肉。在热气腾腾中饕餮，父亲满脸的惬意舒心。

父亲平时喜欢吃小吃，新疆的葡萄干、炒熟的落花生都是晚上的最爱。中老年时，父亲喜欢喝酒，一次就喝两三杯。父亲喝时喜欢劝家人也喝点。我平时喝酒，而面对父亲让喝一两杯时，竟有点儿喝不下去，就推辞着不喝。这让父亲很疑惑。父亲老年时也不喝酒了，有医生说喝酒刺激眼睛。

老人生活自律，早睡早起，每天清晨起床就去锻炼，去山坪上走一大圈，看看庄稼，看看露水，看看田地，别提多舒服。回家，练一趟太极拳。饭后，用盐抹牙齿。没有其他娱乐活动，爱好就是写作、采访。

父亲老年时，饭量还是挺大，早餐是一斤牛奶，一个鸡蛋，一块馍馍，一个点心，比我的饭量还大。父亲早饭吃的扎实，因为每天创作，辛苦，所以饭量大。

父亲从兰州结束打工回来，坚持和母亲在老家院里独立生活，自己做饭，办理家务。先前还是母亲做，后来母亲做不动时，父亲就学着做饭，还学着填炕、生火。刚开始笨手笨脚，没做好时，老两口斗嘴玩笑。爷爷故意给孙子们说："你奶奶骂我笨蛋，逗得大家笑弯了腰。"

冬天，每天晚上父亲都要压屋子里生的炉子。父亲眼睛不好，还要把火压好，早上不能灭，火钩一捣火苗就会冒出来。我常担心父亲把炉盖盖不好，常担心煤烟中毒。父亲说他能盖好，我留意了，确实每次都盖得严实，就放心了。

父亲85岁那年，也是去世前一年，才由儿媳们轮流做饭！

父母亲是怕给儿女们添麻烦，只要能动，他们就坚持生活自理。

待客之道

父亲是位作家，人缘好，又好客，所以家中常来客人。客人，有甘肃文艺界的领导，有著名作家编辑，也有文友，还有慕名而来的中小学生和大学生。来客既有事先预约的，也有不约就找上门来的，人数有多有少，多的像召开文学创作研讨会、纪念延安文艺座谈会讲话发表60周年活动，还有家庭音乐会。人少的，就坐在沙发、炕沿上随意聊天。

家中只要来人，父亲就会马上放下手中的活计，陪客人说话，客气礼貌。人多、规模大的接待父亲都是认真准备，热情招待。

提前几天，父亲就开始搞家里的卫生，包括门前水渠中的塑料袋、破瓶子，院内门外都要整理得整齐干净。当天还会清扫、洒水、悬挂横幅。

父亲编好横幅上的内容，请人用毛笔写成大块汉字，粘在红色绸子做成的横幅上，挂在屋檐下，还会在院子上空挂上篷布，遮阳挡雨。

吃的，父亲也会精心准备，全是地方特色小吃，金崖的酿皮、酥饼，桥头的驴肉，自家做的玉米面馍，还有当地的水果，再就是现煮的土豆、玉米、毛豆等。最后，一定是手工做的凉面或臊子面。这是农家招待客人最诚心的表现。

农村天高地阔，农家小院安静闲适，宾客都会心情放松，可以轻声交谈，可以高声大嗓、开怀大笑，可以边吃边聊，还可加点小酒助兴，高兴时还可以打开音箱高歌一曲，还可以挥毫泼墨。父亲兴致勃勃、周到从容，会照顾到每一位客人。

外国客人要来农家，父亲觉得这是文化交流的大事，非常重视。接待外国嘉宾，不论是阿玛娅来，还是欧本娣克来，都是提前谋划，精心准备。贴对联、挂横幅，文化活动小节目和特色小吃，一样都不能少，一定要让客人了解中国农民的日常生活和精神追求。

交往中父亲有许多老朋友，如北京的杨万里，马坡的范家爷，民勤的焦熙生，还有许多忘年交，比如高生军。

家里不时有几个学生结伴来访，有小学生，也有中学生，还有大学生。父亲一视同仁，认真陪着说话，送书，吃喝招待。让母亲有点生气的是，有些是大学生，吃完饭后，竟连碗都不帮着收拾一下。父亲说："你就当成自己的孙子。"母亲会说："我的孙子一定会帮我收拾的。"

热情，客气，就是个小学生，父亲也是谦虚客气，从不以老人、作家派头对待来客。客人们都觉得自在、舒服。

离别时，客人主人还有说不完的话，父亲送到大门口，又送出了巷子，又爬上小土坡送到公路，直到贵客坐上小车，挥手告别，直到小车没了踪影，才会回家。父亲送客人，是一种习惯，他也这样送家人，包括儿女、孙子。老年时，就只能送到大门口，与儿孙握手告别，看着大家走出小巷，再挥手告别。

来客走了，家人走了，累了一天，躺在炕上，父亲会舒心地眯上一会儿。

关注李自成的身影

父亲在读到陕西人民出版社出版的《李自成农民起义》一书时，获知这位农民领袖举起义旗的地点竟是在我们榆中县城的衙门内，有些惊奇。作为当地人，不知本县历史是说不过去的，于是他在《兰州晚报》发表短文《李自成榆中起义》。文章见报后，本县一些人士愤然了："胡谝传，李自成是陕西米脂人，怎么跑到我们县上来了？！"

其实早有不少史料记载过此事，而且——他还做过临洮女婿。

史料证明"榆中起义"：

中国历史博物馆对李自成的简介是："李自成（公元1606—1645年）陕西米脂县人，明末农民革命战争的杰出领袖。出身贫苦农民家庭。1626年为银川驿卒。1629年在甘肃金县（今榆中）率众起义。1636年被推为'闯王'。"

《小腆纪年》卷一第四页："崇祯二年己巳月，征兵勤王。自成提为队长，兵隶参将王国麾下。国奉调过金县，兵哗。自成缚县令，索饷，并杀国，遂反。"

《明季北略》卷五第20页："过兰州犒师，秋毫不犯。次日百里抵金县。邑小令怯，闭署不出。王参将入城欲见令，有兵哗于庭，笞六人，半为自成卒。自成怒，与良佐等缚令出，欲见肇基（杨肇基，甘肃甘州总兵，李自成的上司），适遇参将，刺杀之。"

《清史简编》第一章第三节："崇祯二年（1629年）年底，贫苦农民出

画家窦国权根据《石洞记》演出现场创作的金吉泰画像

身的李自成在甘肃当边兵，明适调其所在队伍去北京防守。部队开到金县（今甘肃榆中），为索取欠饷同县令发生冲突。李自成挺身而出，领导士兵杀参将和县令，率众参加了农民起义队伍。”

严绍鎏著《李自成起义》：“1629年底，当李自成所在的部队开到金县（今甘肃榆中）的时候，他便带领一部分士兵，杀了领兵的将官与金县县令，奔赴当时起义的中心陕甘边界，参加了由王左挂领导的农民革命军。”

……

21世纪初，《兰州晚报》和中央电视台播报了李自成最后有可能寿终在金崖北山背后的消息。父亲说此为重大事件，便积极参与实地采访、调查了解。父亲认为，证明李自成最后归宿榆中的有三处：

一是流言传说：当地人的口头传说，一部分青城李家是清廷头号通缉犯李自成的亲属，并说他们于顺治四年从外地跑到青城，第二年就有三个和尚找到外籍户李斌家住了几天。不久，李斌打发儿子李自盛把这三个外来僧人引入红岘沟大山深处。在一处名叫西年口子的半山石洞。这里距离青城镇偏远，山大沟深，人烟稀少。多年后大和尚死了，侍候他的两个和尚也喝药而死。居住在青城镇的李自盛后代，偷偷把三个和尚的遗体从红岘沟的大山深处搬出来，秘密埋葬在镇外黄河边的龙头堡子那里，据说随着三个僧人陪葬的殡葬品有一个大印、一把剑和一个化缘钵。每逢年头节下，李姓人偷偷为三个僧人烧纸。据说李姓人上坟拜墓时，从不问这是谁，只说上头的一个是“皇上先人”，下面两个是“跟班”。

二是家谱流传：李文生打开小木柜的铁锁，取出布皮旧纸的家谱，说家谱是我们最早来甘肃的祖宗——李自成的尕爹（叔叔）李斌写的，传到后代，有“油饼子三爷”不重视“家谱根基”，竟拿“家谱根基”去支垫织褐机子而损坏了。幸亏李斌先人的十世孙李延恩辛苦搜寻，找来李斌所撰的家谱原本，“才晓木本水源之趣”，并抱来许多木神主，一边擦去木神主上烟熏的黑污，一边考证填写，于民国三年才抄录、续写了这本家谱，分抄几本，藏于族人家中。李文生说我家这本即是其中之一，向来是不给外人看的。

家谱明确、具体、详细地记载着李自成叔叔李斌从陕西逃到甘肃青城的前因后果及全过程，里边还记载了重大事件：

李斌提笔集祯祥，祖德厚重在朝刚（纲）；家兄李正为御史，谁想半世失荣昌；不知祖父无厚德，还是大明气数亡；大明江山十七世，至因崇祯丧天榜；非我侄子闯国乱，魅（魔）星降在他身上；布衣起兵是天降，魅（魔）星下凡接（结）成党；先损黎明国主亡，大明大业二百七；零有七年立罕王，大清一统国又兴；吴三贵（桂）人苦用心；可怜侄子李自成，非是恶心害家庭，也非官贵害黎民，此是天命到如今。

还有一段更为惊人的文字，这可是石破天惊的情节和对话，除了当事者本人，谁会知道，谁能说得出，谁又能亲耳听得到：

且说吴三贵（桂）将李自成追赶到云南口子罗共山下，自成单人独马急时无力，三贵（桂）也如此。自成曰仁兄速回京地，九龙正位无臣无主，大业在你，杀死愚弟何以足乎？将话言讫，三贵（桂）俱礼勒马急回，不知下事如何。

家谱中李自成与吴三桂的对话，更是李斌在青城秘密会见过活着的李自成的铁证。

三是坟墓位置：镇外黄河边龙头堡子，呈品字形的三处废墟是李自成和两个跟班的坟头。平常老百姓家的坟墓谁敢选龙头的地方，为何还要偷偷地上坟呢。

父亲关注李自成起义是从20世纪80年代开始的，关注李自成归宿在青城是21世纪初开始的，并写了多篇文章论证、陈述、宣传此事。《打甘州》是写闯王义军的故事（原载甘肃《阳关》1982年第3期）、《李自成榆中起义》（小说）（原载甘肃《驼铃》1988年第6期）、《李自成揭竿地：榆中》新闻报道、历史纪录片（榆中电视台录制播放）、《李自成的最后归宿在甘肃青城》（《原载甘肃〈丝绸之路〉》2006年第8期）、《李自成做过临洮女婿》（原载《兰州晚报》2005年8月31日）、《石洞记》（秦腔剧）（原载《金吉泰戏剧·曲艺集》敦煌文艺出版社2016年12月第一版）。

必须一提的是，父亲历经千辛万苦，还把大型秦腔剧《石洞记》搬上了舞台，李自成在石洞中的反省，对金钱的认识，是度化人心、教育干部的好教材。

而我要说的是敬佩父亲对待历史的认真态度和不断探索追求的那种精神。

父亲非常认真，四处托人购买《小腆纪年》《明季北略》，翻阅县志等资料，从不同层面研究、论证。

当中央电视台播报李自成归宿甘肃青城后，父亲刚开始是持怀疑态度的，不过亲自去了红岘沟大山深处，在一处名叫西年口子的半山石洞，那儿就是李自成当年的藏身地。至今这里距离青城镇7.5公里，山大沟深，人烟稀少，机动车到不了，需要步行，还得爬山。那时父亲已七十多岁，同去的榆中电视台几个年轻记者都累坏了，他们非常佩服老人坚持走到了半山石洞里。父亲回来说，他钻进了山洞，站在洞口四处张望。位置真好，看山下一目了然，而山下看不见山上的洞口。若有风吹草动，可从洞口出来，从容地向后面群山里隐去。父亲信了。

还有罗士文这位痴迷追寻的七旬老人，就是这位好事者的死缠不放，从李姓族人的柜底里，翻出了惊天史料。罗老师干瘦、精神，说话急速，那一阶段，他和我父亲电话、面谈十分频繁。两位热心的古稀之人，认真研究论证着李自成最后的归宿这一重大课题。

父亲郑重建议，如果青城镇有关李自成的大量传言，仅仅是好事者牵强附会，捕风捉影，那就应该实事求是，不要因为当前的旅游景点很能赚钱而胡拉硬扯，弄虚作假，故意炒作，那毫无意义。但反过来说，倘使有过硬的史料记载、现场遗址、后裔家史，能确凿证明李自成真的远遁西北偏僻之地藏匿避难、最后在这里寿终荒沟的话，这一重大历史发现同样是不应使其湮没的。李自成最后归宿的史料，应上报国家文史部门，呼吁由专家学者研究、考证，还历史以本来面目才对。

这种重大历史事件考证，父亲始终关注着。

兴隆山两尊塑像说机缘

两尊塑像的机缘，是因我父亲的评点而引起关注的。

父亲每逢外出，在欣赏他乡的名山名水时，总不免眷恋故乡兰州，思念水车和碑林，思念牛肉面及羊皮筏子，而更忘不了的是兴隆山上的两尊塑像。

一尊是东山腰成吉思汗纪念馆里的成吉思汗，另一尊是西山麓丘祖阁里的丘处机。这两尊塑像遥相对望着，默默无语。

本来在旅游景点中，塑像比比皆是，对立对望，实属平常，但兰州兴隆山上的这两尊塑像不同，在他们活着的时候两人打过交道，身后又以雕塑形态相望，这传奇色彩就相当浓烈了，可以说是生死相遇兴隆山。

远在1219年，年近花甲的成吉思汗带兵攻打花剌子模国，有人向他吹嘘说道士丘处机是神仙般的人物，已活了300多岁云云。

精力日衰的成吉思汗动心了，便派人带着诏书，悬虎头金牌，金牌上写着“如朕亲行，便宜行事”。在20名蒙古骑兵的护送下，奔波六个多月，来到中国山东莱州的昊天观。

丘处机欣然接受了成吉思汗的诏请，便带了18名弟子，不顾自己年事已高，不畏漠北荒寒遥远，一路风尘跋涉，前往可汗的王庭讲道。老人家此行的目的和想法是“我之帝所临河上，欲罢干戈致太平”。

他们用脚步量丈了漠北万里道路，于1221年，丘处机终于在今阿富汗境内兴都库什山西北坡的八鲁湾行宫里，谒见了成吉思汗。

可汗军帐里，成吉思汗见了道士丘处机，急切地问，真人大老远来，给我带来了长生之药吗？丘处机照实回答，有卫生之道，而无长生之药。成吉思汗有点失望，但很欣赏他的坦诚。

此后，随着战事的进展，可汗军帐不断转移，丘处机也随着跟进，其间，丘处机对成吉思汗正式讲道三次，主要讲了寡欲、敬天、爱民和必在乎不嗜杀人。其他召见、求见、辞行等单独会面十次，是熟人了。

待了长达一年以后，丘处机告别成吉思汗东归。1227年，丘处机在燕京太极宫（今北京白云观）去世。

成吉思汗则带兵征战，攻打西夏，曾在兴隆山屯兵歇夏。结果，也在同一年，即1227年病逝。

这样，似乎这两位历史人物就分别画上了各自的人生句号，又各自安葬在不同的地方，说什么也拉扯不到一块的。岂料想他俩死后又鬼使神差地在兴隆山相逢相遇，真是历史的巧合。

兴隆山是道教名山，唐宋时期，庙宇多多，香火旺盛。清乾隆年间，全真教龙门派创始人丘处机的第十一代传人刘一明，来甘肃榆中兴隆山结庐修道，修建道观庙宇多座。其中，西山丘祖阁就是供奉丘处机的。

此阁建于西山一突兀的岩石嘴上，无论从下往上看，还是从上往下看，这座不大的建筑都有一种凌空的感觉。阁内丘处机的塑像一副仙风道骨模样，安闲慈祥，用睿智的目光看望山脚下的行人和东面山头的白云。

当浮云送走200个春秋之后，在1939年7月1日，你猜丘处机的塑像看到了什么？真没料到，远在内蒙古陵寝中的成吉思汗灵榇，为躲避日寇战火，竟由大队人马护送着从兴隆峡里走了进来，簇拥着登上东山，暂厝在半山腰的一座大殿里。

大殿正好和西山的丘祖阁隔沟相对，距离也就是个四五百米的样子。

两人生前告别700余年之后，居然又在异地他乡碰头了，真是他乡遇故知，要是在天之灵有知，他俩该有多少话要互相倾诉呀！

成吉思汗和丘处机对山相望，默默叙旧。

风雨沧桑，高距石嘴上的小阁——丘祖阁，一直保存完好。

曾经暂厝过成吉思汗灵榇的大殿，重建为“成吉思汗纪念馆”，大殿为明七暗九的九间殿堂，气势雄伟，画梁雕栋，内塑身披甲胄的成吉思汗坐像。这里地势比西山丘祖阁要高，大殿又气派堂皇，而西山较低处的丘祖阁是古老且矮小的阁楼，阁内丘处机塑像朝上仰望着，恰似当年他俩在阿富汗相会的情状。

两尊默默相对的塑像，两位不同凡响的人物，一个是统领铁骑的，一个是研究哲理的，他俩会交流些什么，会给参观者留下多大的遐想空间呢？

1941年9月，国民党元老于右任来兴隆山进谒成吉思汗灵榇，瞻仰间，有感赋词一阕《天净沙·谒成陵》：

兴隆山畔高歌，曾瞻无敌金戈。遗诏焚香读过，大王问我：几时收复山河？

如今，此诗刻于成吉思汗纪念馆大殿外一石头上，成为名山勒石。

兴隆山西山麓，建有蒋氏（蒋介石）行宫，紧靠后山挖有防空石洞。1943年，蒋介石在此召开西北军政会议。行宫就在丘祖阁脚下，对面东山暂厝成吉思汗灵榇的大殿俯视会看得一清二楚。群英会聚，热闹非凡。

这是我们兰州独有的人文典故和文化积淀，是令人十分眷恋的兰州兴隆山上的两尊塑像。当有外地朋友远道而来，笑问我们兰州有什么好看好玩的，父亲会底气十足地向他们介绍，兰州兴隆山上两尊塑像的生死相遇，是我们兰州特有的看点，观赏价值极高！700年时空隧道，无数的风云际遇，两尊塑像会不会提及他们身后朱元璋的反腐吏治，会不会品评李自成的来去匆匆；成吉思汗从军事的角度纵论日寇的南京屠城，东京的原子弹爆炸；丘处机则用哲人的眼光透视伊拉克无数儿童的夭亡，究竟是大规模杀伤性武器还是地下石油惹的祸；“大王问我，几时收复山河”一定是大家最关注的热门话题……善于想象的父亲一一点评，兴致勃勃。

外地朋友听了，没有不惊奇、不认同的。

父亲为此专门写出大文化散文《两尊塑像的机缘》，刊登在《甘肃日报》，向读者介绍兴隆山独特的人文景观。

畅想丰收节

秋收后，丝绸古道上的木兰镇天堂村举办盛大的“丝绸之路丰收节”。

枯燥的公式化的开幕仪式之后，人们踮着脚盼望的活动开始了。

只听镇口鞭炮声大作，人声鼎沸，游行队伍隆重地缓缓地从群众夹道中走来，又缓缓从主席台前走过，依次是：彩旗队，穿甲胄执矛戈的古代武士；一顶花轿里抬的是文成公主和维护轿子的两队古装侍女；唐僧没骑白龙马不带一个弟子，他一个人蹬麻鞋，着短裤，身背一个避风雨的布罩子，罩子上还挂一只小灯笼，他一手端木鱼，一手使劲梆梆地敲，边敲边走；一串驮东西的骆驼大步而来，百分之九十九的观众都是第一次见骆驼队。现在人们就近真真切切看清，骆驼的大铁铃竟有一尺多长，是个铁质的扁圆筒，不是挂在骆驼的脖子里，而是吊在驼背夹棍上，在骆驼后胯那里随着骆驼的走动而发出声音，不好听，像是敲铁筒似的，但据说在夜间传声很远哩。骆驼队的最后一峰是白骆驼，它驮的货物中间放着一个笸箩，笸箩里卧着一峰小小的褐色小驼羔，小驼羔的小头左右转动着看世界，看人。小孩儿欢呼，大人们激动，看这尕骆驼！这伟大的骆驼妈妈后面是马拉大车，这种车只因实在找不到原先那种木轮钉铁瓦的轮子，只好用胶轮代替，但也能叫现代的人看清楚，古人运这么一点货，竟用四匹骡马来拉。紧跟着的是一大群挑货背货的贩夫走卒。正如已故的韩夫子说的，富家子弟向往穷人生活，这些下苦人角色都是本地大款和富家子弟争抢扮演的，他们觉得扮穷人好玩，有趣。于是他们穿起新缝制的打补丁的仿制衣裤，头上用布一包，挑起重担背起货物，嬉笑着行走表演。和他们在一块的还有推独轮车的，赶毛驴的。接着就是前不久使用过的胶轮轴承架子车，人们拉着几辆，轻松地行走表演。这之后就是当今农村里普遍使用的农用三轮摩托车——三马子。只见三马子披红挂彩，车厢里的几个乡下村姑，怀里斜抱金黄的麦束或稻穗，另几辆车上的姑娘则高举罗圈湾结核桃的树枝，还有日光温室大棚里未开放的含苞桃花。殿后的是现代化的推土机、挖掘机和装载机。几个小伙子坐在装载机前面的大铁斗里出洋相，机子故意把铁斗举得高高的，小伙子们摇着鲜花直乐。

然后是，专业剧团演出，穿插了一些本乡本土的节目，做到了雅俗共赏，下里巴人和阳春白雪都来。最后是丰盛的千人宴会，热闹欢庆，人人喜笑颜开。

这是父亲2008年在长篇小说《农耕图》里最后一章《丝绸之路丰收节》中描绘的场景，也是一个老农的期盼和呼声。2014年，中国梦主题创作甘肃文学作品选《天马畅想曲》编选了这一节，题目就叫《丰收节》。

向往丰收节，这是耕耘在田野里的所有农民的心声。

2018年6月，国新办举行发布会宣布，经党中央批准、国务院批复，将每年秋分日设立为“中国农民丰收节”。

此时，父亲刚刚去世一个月，但这也满足了一个老农的心愿。

家庭音乐会

2018年，是父亲八十五岁生日，父亲对子女有个要求，他要办个家庭音乐会。

父亲早早的就构思好了对联，并请人书写。

院中住房门上是：

欢度时光

演古乐怀念先祖

唱儿歌教育孩子

演出台上的是：

家庭音乐会

音乐陶冶性情管弦悠扬动四方

歌曲传递精神国歌隆重传海外

3月25日，金崖村的乐队和业余演出队员们盛装来到我家小院，街坊邻居、父亲的儿女孙子和朋友也汇聚而来，家里人头攒动，歌声乐器齐鸣。王小平主持，主要演员是金崖音乐剧团的人，有演奏乐器的，有唱歌跳舞的，穿着红红绿绿的戏妆，脸上也化了妆，很有阵势。

父亲穿着红色的盛装演唱了改编了歌词的民歌《绣荷包》，村上的业余歌唱队员们用合唱、歌伴舞等形式演唱了由父亲编词、乐队队长蒋宜林谱曲的歌曲《丰收乐》《苑川河》《农民进行曲》《乡村送奶歌》《歌唱金崖镇》等。几位农民演员，还表演了秦腔及他们拿手的节目。

金吉泰举办家庭音乐会

外面赶来友情支持的有张建强吹黑管、市上应急办主任高生军夫妇清唱。

尽管坐了两个多小时，自娱自乐，老人还是显得非常开心快乐。

可惜，儿女们没有一个唱歌的好家，若有人能吼上一嗓子，老人才会更开心。我坐在后排，不时出来拍照，给家里来的乡亲们发水果糖。

从文化站到老年，父亲都喜欢搞群众文化活动，说是要给闲了的百姓找个有益的干事。他说，健康的活动一搞，赌博、吸毒的人就少了，连家里吵架的都少了。

我们村上有个业余的器乐班子，非常喜欢演奏，想争取镇上支持买点乐器，父亲托人找关系，亲自跑去镇上协调，镇上答应给一万元钱。器乐班子认真准备了节目，在镇上文艺会演时反响很好，镇上以奖代补兑现了承诺。父亲与团长商定，要把器乐保护好，还要多排练些节目，表演给乡亲们欣赏。

这事我也出了点力，竟然受到父亲的表扬。

我的两个姐姐，也从兰州赶来，既看节目，又搞后勤。

音乐会结束后，家里准备了地方特色的酿皮、马家酥饼、锅盔、醪糟汤，招待演员。

父亲、母亲热情地招呼，让辛苦了一天的演员们多吃点，吃饱。

为这一天，父亲排练了多天，为今天的演出又高度紧张忙碌了多日，但疲劳的父亲却一脸满足。

其实，在办音乐会之前，家里人都是反对的，在父亲的坚持下才举办了这场盛会。

父亲的辉煌创作

人年老，一般都精力不济，智力退化，但父亲身上好像没有这种表现，反而思想活跃，记忆力特好，还迎来了创作的又一高峰期。

凭着丰富的农村生活经验，凭着对文学的痴爱，父亲克服眼疾困扰，克服年老体弱的掣肘，在人生最后十年，创作一百多万字作品，出版专著七本，真可谓是辉煌十年。

2007年，《田园童话》出版后，考虑到父亲年龄大了，可能再创作不出过多的新作品，遂搜集整理已出版的三本童话集子、一本小说集，还有许多发表于报刊的作品。积极联系出版社，作品集原计划出版五本，童话两本，小说两本，散文一本。后来计划压缩，出版了《金吉泰儿童文学精品集》（童话卷、小说卷）两本，责任编辑杨旭青老师专业尽心，书编辑得非常精美。我原想，这可能是父亲作品的总结吧。

2009年，父亲出人意料完成了45万字的长篇小说《农耕图》初稿，2010年自费印刷。2014年，长篇小说《农耕图》正式出版。该书面世后，先后获得甘肃省敦煌文艺奖、黄河文学奖。甘肃省作协原主席马步升在《甘肃长篇小说的前世今生》文章中如此写道："金吉泰已有长达一个甲子的文学创作历程，以前的作品主要以童话故事为主，而在晚年，却实现了华丽转身。对于一个老作家，这是极其难能可贵的。《农耕图》这部作品以兰州郊区农村七十年的历史变迁为线索，写出了生活的广度厚度，也写出了多姿多彩的民间文化。作品勾画了一个时代农村的生活图景和精神图景。”

2012年之后的三年，父亲又专于童话创作，2015年，《天生童话》集与小读者见面。

2014年，父亲精选创作的西北地域特色童话，由台海出版社编辑出版了《月牙泉的天马》。

经过几年艰辛地编剧、排练、演出，父亲积攒了一部分戏剧文本，2017年敦煌文艺出版社出版《金吉泰戏剧·曲艺集》一书。

此时，父亲已八十有三，身老年迈，视力微弱，想从此搁笔。可生活影像不断在眼前展现，不写作的生活乏味无趣。当坐在书桌前，面对白纸黑字，老人觉得自己又活了。这时，写作没有了功利性，没有了发表出版的念头，放开写，反而写得自由自在。书写童话就是在和小读者进行笔谈，这就像片片红叶落入孩童的小手中。坚持两年多笔耕，《杏核雕的小猴娃》《小老鼠不会算卦》《猞猁出窝记》等65篇精短童话新鲜面世。

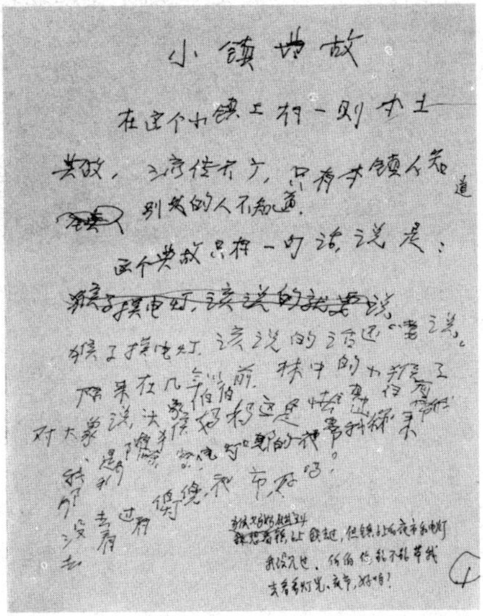

金吉泰患眼疾时创作的原稿

2018年《枫叶童话》结集出版，厚厚一本，这是父亲过的最后一个春节的珍贵礼物，献给家人的，也是他献给小读者的。

2018年5月21日，精装本童话集《快乐的小公鸡》是父亲临去世前三天收到的人世间最幸福的礼物。这是出版社送给他的，又是他献给小读者的。

这个阶段，父亲的文笔更是老辣，创作速度加快。父亲说：“原来还是没放开写，数量太少，要是按现在这样的速度写，数量就可观了。”

这时候父亲创作的许多作品，得到了大家的认可：《铜环兄弟》等一

金吉泰（左二）和《中国少年报》编辑在新疆

组天生童话被《中国作家》发表，《小白鸽》由《读者》（原创版）发表，并入选《读者》选集。此时创作篇幅最长、作者最看重的童话《小老鼠不会算卦》在父亲去世的那个月由《飞天》发表。父亲临终前写的童话，由《甘肃日报》“百花”副刊每年六一发表，《青蛙借雷声》《雀儿扑怀》《汉白玉石狮和磨刀石》《成熟的向日葵》分别入选2018年、2019年、2020年、2021年《中国儿童文学精选》，你说神奇不？！

坚持不懈，父亲在生命的最后十年取得了丰硕成果。这十年，成为父亲创作60多年跨度的完美收官。

爱，就要爱到生命尽头，父亲做到了！

书记点名

2007年1月15日，一早陪父亲去兰州开全市文代会。父子共同参加文艺盛会，是件开心的事。

会议在友谊宾馆召开，代表二百多人。上午是工作报告，下午是市上领导参加，有市委书记陈宝生，市长张津梁等人。陈宝生在讲话中出人意外地推开报告文稿，即席发挥，提出了作家的感情问题、文化垃圾问题，并批评有些人热衷打官司……讲得极内行，对文艺界情况很熟悉。

会场里是受批评时才有的肃静。

陈宝生书记似乎对20世纪50年代的文学活动感兴趣，出人意料地竟点了父亲的名，原话是："新中国成立后，李季、闻捷来深入甘肃抓创作，作者里出现了武玉笑、赵燕翼、金吉泰、张国宏。金吉泰的小说、童话，张国宏的诗你们看过吗？还有曾万谦的儿童文学……"

第二天会议结束，父亲在餐厅外等车时，碰见新当选的市文联主席张昭平。交谈中，父亲赞扬了他当年任榆中县副县长时对苑川文学社的关心，还担任了名誉社长，是对本土作者的极大支持。他谦虚道："我阴差阳错，遇上了，是沾了苑川文学社的光呢！"

愉快握别，在夜色中返家。

作家汪晓军和金老爷子

纪念父亲去世三周年，一直有个心愿，想请专业人士为父亲一生文学创作写个述评。时间跨度近七十年，整体、宏观评价，作品涵盖中短篇小说、童话、戏剧和长篇小说等所有作品。思来想去，汪晓军老师是最佳人选，熟悉我父亲及其作品，评价作品和人有专业水平和独特眼光。这可是个费力的活，何况他是个大忙人。犹豫好久，我在电话中给汪晓军老师说了想法和请求，老师沉吟后说，考虑一下。

第二天，汪老师在微信上说："需要金吉泰先生以下资料：第一篇成人文学作品，发表时间、报刊；第一篇儿童文学作品，发表时间、报刊；第一本出版的单行本书。前两项有作品原文，更好。"

好感动、好开心啊！兴奋中我赶紧准备所需材料。

第三天汪晓军老师发来信息："金吉泰先生创作述评，我计划下月中旬交给您。"期间，又要了许多资料，询问了诸多细节。

记得清清楚楚，5月8日晚上八点，我收到信息："我写出来了，《金吉泰文学创作述评》。""受金爷子影响，我写得从容啊！还不错，尽可放心！"我赶紧认真拜读述评，心中充满了感动、感激，还有无限感慨。汪晓军老师谦虚地说："我也没想到能写到这个高度。全是老爷子的功德啊！"第二天，汪老师修改后发来《文学的"试获"与度化——金吉泰文学创作述评》定稿！洋洋洒洒三千多字，文字生动，评价准确到位，从1955年写到2021年，跨度66年。对父亲的小说、童话、戏剧，特别对长篇小说

1992年，新疆交河古城合影（左起：汪晓军、赵燕翼、邵振国、金吉泰、李栋林）

《农耕图》都有独特、精彩认知、理解，写得真好，真是大师手笔。作为儿子、读者，这是内心期待中的文章。评论精彩地写道：“金吉泰先生走笔各方，样样‘试获’。小说童话、随笔散文、戏剧曲艺，‘试获’着探寻读者的呼应。这样的‘试获’必有收成，收成就是他的作品必然老少咸宜。老少咸宜得人心处，就是他将城乡生活场景和民众生存状态呈现给读者，将生存哲理和生活情感传递给读者。这样的‘试获’，引导读者领略真善美的境界，不就是文学的度化吗！文学的‘试获’，文学的度化，正是农民作家金吉泰先生的文学抱负。此时，循着金吉泰先生的生命历程，阅读了他林林总总的文学作品，领略他幽默诙谐的语言文字，回想他蔼蔼可亲的音容笑貌，特别想说的一句话是：农民作家金吉泰先生，‘试获’度化的抱负，实现了。”

文学创作中不断“试获”，创作目的就是度化人心。凝练总结得真好，这是父亲一生的理想追求和生活状态。

编写纪念父亲文集《为文学而生》，集子中有汪晓军老师从20世纪90年代到2021年间刊登在《中国新闻出版广电报》《读者书讯》《甘肃日报》等报刊的相关评论：《返璞归真迷童话——金吉泰速写》《<金象和象护>述评》《金吉泰文学创作五十周年暨<田园童话》出版座谈会总结发言》《满眼望去都是童话——读金吉泰<田园童话>随感》《<农耕图>里聊大天》《文学的“试获”与度化——金吉泰文学创作述评》，还有给童话集出版写的名家推荐，以及对无数单篇作品写的微信短评。作品评论跨度四十年，为书增光添彩，让人好生感动。

还记得，1992年汪晓军老师给我父亲写信：“台湾《儿童文学家》季刊林焕彰先生约我写一篇关于您老人家的文字，我想应承下来，这对于扩大您及我省儿童文学在华文儿童文学界的影响大有好处。”

1995年，《甘肃农民报》和《驼铃》杂志社为父亲召开创作四十周年作品研讨会，汪晓军老师出差，专门发来贺信，安排甘肃少年儿童出版社副总编辑杨旭青参会。

汪晓军老师策划、出版敦煌童话时，约请我父亲写了《金象和象护》，并撰写了述评推介。

2007年8月，汪晓军老师倡导，由甘肃少年儿童出版社、甘肃省作家协会、甘肃省文学院、榆中县委宣传部主办，在兴隆山召开“金吉泰创作五十周年暨《田园童话》出版座谈会。”赵燕翼、许维、邵振国、汪晓军、魏珂、高凯、李利芳、马青山、张存学、阎强国、杨旭青、范文等在会上专题发言。汪晓军老师主持，并做总结发言。会议规格高而又隆重热烈，策划组织、邀请嘉宾都由汪晓军老师具体安排落实。

这样关注、关心一位农民作家创作达四十多年之久，真是罕见！

我的文学创作，汪晓军老师更是恩师，是引路人。

1989年底，我的处女作寓言《猫的故事》发表于省级刊物《故事作文·月刊》，内心充满掩盖不住的持久喜悦。感谢编辑汪晓军老师，在我艰难探索努力中给了我鼓励肯定。之后，《故事作文·月刊》又发表了我的几篇儿童故事和寓言《驴》，这则寓言入选多种选本。

我和汪老师的来往，多是书信，偶尔也会拜访当面聆听教诲。

2004 年，我的第一本寓言集《西部寓言画卷》由甘肃人民美术出版社出版。当我向汪晓军老师汇报出书之事时，他说，早已知道，并且写了书评，很快就能见报。说实话，初次出书，我还没有请名人写书评的想法。很快，《甘肃日报》上发表了书评《为寓言拓展一片天地》，评论充满鼓励，写我坚持创作，成果颇多，还说我是甘肃专门从事寓言创作的第一人，并对书中寓言归类总结，对今后创作给予指导性期待。作品集出版，对我的创作既是一次检视，也是一次总结，激发起我创作的更大激情。

2018年，新作《行者寓言》出版，汪晓军老师一如既往关心支持。身在北京重要岗位上的他，百忙之中抽时间看作品，写了评论《从世相百态里撷取哲思——金雷泉和他的行者寓言》，刊登于《中国艺术报》。

说实在话，我的文学创作能走到今天，与汪晓军老师的支持、关心、鼓励分不开。

他不仅仅是鼓劲加油，还会真诚地指出不足，给出建议，甚至批评。

1997年，甘肃少年儿童出版社计划出版一套儿童成长书系，汪晓军老师向我约稿。那几年我在《故事作文·月刊》连续刊出多篇儿童故事，其中绝境自救故事、校园故事写得挺顺手。我非常重视这次机会，认真准备，第一次提纲不成熟，按要求又认真改写充实。终因水平有限，作品没有列入出版计划。但汪晓军老师认真地写了满满两页的回信，“集中用了两个半天的时间，拜读《寄宿九百九十九》，总的感觉，虽然比第一个提纲丰满些了，但整体看来，依然显得单薄，缺少长篇应有的气势和感染力。长篇小说，大抵着眼于人物内心世界和外部世界的表现……重要的原因，恐怕还在于缺少精彩的有特点的故事情节……语言仍然不够生动，平淡，表现力不强……不妨逐个分解开，一篇一篇写短篇，争取写出一组系列短篇，对您的提高会有很大帮助。写短篇，对您将会是一次严格的训练，写一篇，投一篇，如此下去，表达的能力或许会得到锻炼。”

2005年，我在县级广电局任职，工作干得顺风顺水。工作上的成绩、感悟令我兴奋，满怀激情写了《电视情缘》系列，觉得很有新意，希望得到老师认可。汪老师认真审阅后，认为是一次不成功的尝试，提出了批评意见，并以《关于寓言的一封回信》为篇名发表在《甘肃文艺》上。“我做那篇书评的时候，为了充分肯定您十几年坚持寓言创作的可贵精神，也是褒奖说满，批评说少，这方面的问题谈得不够。这一次，我想应当能说得透彻一些。”“整体印象，这一组的尝试是不成功的。仔细想来，还是对寓言这一文学体裁认识不够。这很有意思，写了这么多年的寓言，竟然还会有这样的问题？可见我们每做一件事情，探索和实践，思考和研究，永远是没有穷尽的。”二千字的回信，让我在飘飘然中冷静思考了许多。

汪晓军老师对我真诚相待，指导我坚持写寓言的同时，多写点儿童小说、故事，后来专门建议写广一点，写杂一点，不要囿于寓言创作。我有点固执，立志寓言创作。《行者寓言》出版时，老师表扬了我的坚持。但我的创作却陷入了困境，被固定模式所束缚。开始尝试写散文，拉长作品，这又返回到老师多年前指点的路上。哎，可惜我生性愚钝，自以为是，难懂其精义。今天，再细细品读那篇篇评论、书信，回味老师的指点，又有许多新的理解和收获。

如今，远在北京的他，继续关注我和父亲有关的文章，认真阅读并给出独特的评价：“《紫曲河畔》是金爷子的练笔作业，用这本书作为金吉泰先生创作来讲不严肃。”“《金吉泰童话创作谈》一般般，大路套话空话多了些，具体指向词语稀少。”

大恩不言谢！面对如此多的厚爱，可惜我语言贫乏，竟无精准恰当的言辞表达心中的感激。

多年交往，相识相知，父亲知道汪晓军老师与我国著名儿童文学大家陈伯吹老人有着密切交往，很感兴趣，写出了《陈伯吹和汪晓军的忘年交》一文；还与其令尊联系熟识，为汪老在笔墨里的磨炼与攀登而敬佩，特别对他把白话入书法有极大兴趣，写成了《汪淮一与笔墨结缘》的文章，都刊登于《甘肃农民报》文坛趣事栏目。我与汪老师儿子汪汉相识，惊讶其摄影、摄像的认真专业，在交往中成为好朋友。我的女儿说汪伯伯是她最崇拜的人，小时候经常问汪伯伯出新书没有，长大时喜欢听汪伯伯聊天，女儿考上大学，汪老师送了珍贵的礼物。

父亲去世三周年座谈会后，汪晓军老师发来微信："祝贺您的金吉泰先生辞世三周年办得圆满成功。"汪老师看见我在朋友圈发的老家小院照片，建议"很好的小院，一定费心整旧如旧，厨房卫生间外面如旧，内里一定现代化"。

我的内心瞬间被关爱融化，真是良师益友的楷模！

文章似乎应该结束了，但我心头有个困惑：为啥汪晓军老师能这样连续热情地支持一位农民作家及一个小职员的创作？我父子两人何德何能，能承受如此多的厚爱？

深入思考中，我从汪晓军老师的作品集和相关文章中找到了答案。

1986年8月，年仅26岁的汪晓军老师与时任甘肃文化厅群文处副处长的张光明，共同策划举办一次全省儿童文学创作讲习班，邀请了曹文轩、洪汛涛、张锦江来讲习班讲课。请作家赵燕翼主持会议。父亲参加了会议，结束时带我去拜见了名家，开阔眼界。1995年11月，汪老师与赵燕翼老师一道主持了甘肃儿童文学创作研讨会。1997年4月，又组织了第二次甘肃省儿童文学创作讲习班。我和父亲共同参加，父子作家受人关注。为了写出满意作品，我闭门在中山宾馆认真写作，一步之遥的黄河铁桥、黄河之滨都没去欣赏。经过努力发表了《盼红枣》，收入《1949—1999甘肃文学作品选萃·儿童文学卷》。会上还有个花絮，为了能让榆中儿童文学爱好者齐梅菊参加儿童文学讲习班，赵燕翼老师、汪晓军老师商议后，由我父亲会中返回老家，骑自行车专门去她家通知，让年轻作者如愿参加了讲习班。

2007年，他倡导召开的金吉泰创作五十周年暨《田园童话》出版座谈会，既是对父亲创作的一次盘点和研讨，又是对甘肃儿童文学界的一次再动员。会上，汪晓军老师这样说："作为一个出版工作者，我觉得我们对甘肃的儿童文学创作、研究、出版和传播，应该尽我们的力量多做一些事情，所以我觉得高凯提出的要搞成一个儿童文学促进会这件事情是很有意义的。作为一个儿童文学工作者，我们还是要认真地、塌下心来创作，不要寄希望于外界给我们多大的帮助和支持，我们自己能够塌下心来切切实实做事。"父亲致欢迎辞："今天与会的榆中苑川文学社的几位年轻文友，希望你们专心听讲，《田园童话》今天作为文例，由专家、老师们具体剖析品评，我们大家要注意听，你们年轻人更应认真听讲，将来的儿童文学事业就指着你们了。"

令人赞叹，一位老作家创作五十周年和新书出版座谈会，都站在如何促进甘肃儿童文学发展角度来谈。

汪晓军老师是一位出版人，是一位学者型领导。曾任甘肃少儿出版社总编辑，读者出版集团副总编辑，甘肃省新闻出版局副局长，中共中央党史研究室宣教局副局长，中共中央党史出版社社长、总编辑等。他把出版与创作、本职工作与爱好结合起来，把甘肃儿童文学发展和作者培养当作了理想和事业。为甘肃儿童文学发展给予实打实的帮助，不时鼓与呼，默默奉献，做出了独特的贡献。如，改革开放后召开的几次甘肃儿童文学盛会，策划、组织者是汪晓军老师，但他却在幕后，人前请出文学前辈。他所负责的出版社，对本土作家倾情支持。他创作的《书边札记》一书中对甘肃本土作者的评论、推介文章达二十多篇。

当年创作讲习班参会名单中，有高凯、张琳、李利芳等人，如今都成为名家。李利芳教授说："是汪晓军老师第一个为我打开了儿童文学的一扇窗……感谢汪晓军老师的是，是他引导我，从我一接触儿童文学，就与新时期以来我国重要的儿童文学学人建立起了联系。随后，这些学人便成为我学术研究的引路人，我一点一点汲取他们的学术思想，慢慢结成自己一篇一篇小小的研究成果。”

细细回忆，汪晓军老师组织的活动我竟全参加了，名副其实的受益者。汪晓军老师为人谦和低调，有些细节令人难忘。他当年的同事，又是部下的杨旭青、靳莉老师，如今提起他都亲切地称他为晓军。刚一退休，他马上在简短的个人简介最后加了一句：已经退休，现居北京。

汪晓军老师还是儿童文学创作践行者，在儿童文学领域颇有建树，著有短篇小说集《霸大王的故事》，科幻小说《莫高窟的佛光》，散文集《大漠细语》，微型小说集《面子——晏苏小品集》，童话集《熊公公的故事》，系列故事集《双木老师的荒诞故事》等十余部有影响的作品。

“搞儿童文学的人纯洁天真，没有卖面的见不得卖石灰的，没有等级观念。”说起汪老师，父亲感慨地说。

深深记得，汪晓军老师曾在会议上讲过，“儿童文学事业是一个寂寞的事业。作为一个儿童文学工作者，我们要耐得住寂寞，朝着一个自己的目标踏踏实实地去做。”

真佩服汪晓军老师的格局和执着，真心感谢他的温暖和相助。只有努力创作出优秀作品，才是对甘肃儿童文学旅途上良师益友的最好报答。

看，笑容满面的汪晓军老师向我们走来，形象越来越高大，令人无比敬仰！

老爷子是块宝

《兰州晨报》新辟专版“百姓人家”，内容是百姓琐事。

于是，父亲想起雁滩百姓曾接待过一些国家元首和要人的往事。便前往雁滩，寻见当年雁滩公社的外事组长马进禄。由他们介绍，采访了尼泊尔国王比兰德拉和王后访问过的一户农家。又去了英萨利、宾努、郭沫若访问过的女支书吴兰英家，同时在这两家取得了一些资料照片。

之后，写出《外国元首访问过的雁滩人家》和《英萨利和吴兰英大娘》两篇稿件，交该版编辑王莉。

向往大海

不久，两文在“百姓人家”版以头条位置配资料图片刊出。后王莉电话告诉我父亲，她们的主任叶舟很赞赏这两篇稿子，发奖金100元。

叶舟是著名诗人、小说家，年轻、才华横溢，现为甘肃省作协主席，对农民作家的我父亲很是尊重。

父亲创作60年作品研讨会，他如此说道：

“金吉泰先生用他60多年的绚烂文字和汗漫篇章，构筑了自己文学的生涯以及艺术的天空，也用他一生的恳切与谦逊，为后来的写作者树立了一个做人的榜样。他对这片土地的热忱，他对这一角天空的膜拜，他对文学艺术的赤子情怀，他对后辈人的不吝赞美，仿佛一杯杯醇酒，时常让我们长饮不辍，享用无尽。”

一天，叶老师带几个朋友驱车到金家崖，来看望我父亲。文学与佳酿携手助兴，大家在小院中聊得欢畅，喝得痛快。兴高采烈之际，他对我说，老爷子现在是块宝，要把老爷子说的每一句话录音，把写的每一个字包括单单片片都收拾好。

高人一点如梦方醒。以后，我有了主动自觉意识，从而收集保存了父亲的许多录音和手稿。

诗人笔下的金崖镇

作为文化人，父亲常有点遗憾和感慨：不要说外地有名的乡镇都留有名人诗词，就是榆中的青城、清水驿、定远都有描写当地的诗句，而文化名镇金崖可惜没有诗词留存。

多次相约，终于在2012年深秋，我家院落里的红枣树的枝头枣红似玛瑙的一天，甘肃省文联原副主席杨文林和诗人何来、李云鹏一起来到乡下，来到丝绸古道上的金崖镇。

我县本土诗作者尤效清、孙清祖、黄治文、古风（杨秀珍）等早早赶来。

金崖镇政府副镇长也闻讯赶来，热烈欢迎诗人们踏上本镇地面，并向三位诗人赠送了本镇志书《金崖史话》，并展示了反映本镇风物的剪纸长卷《榆中境内丝路图》。此长卷是一位农妇的创作。

杨文林先生当即说：我要为这画作写一首诗。

副镇长按事先商量好的，诚请诗人们为金崖留些纪念诗篇，为文化名镇增光添色！

诗人李云鹏即兴吟道：

《金崖农家》

苑水农家秋色浓，绿芹红枣飨宾朋。

壁头嵌画饶诗意，志卷修文鉴古今。

驿镇沧海惊巨变，田园童话自青葱。

尘湮古道驼铃远，雄起隔墙钢铁城。

诗人何来听到金崖镇动用推土机群在一处山坪上人工造田一万亩，他对此很有兴趣，冒雨登上高沿坪，亲眼瞻望了这片万亩人造田及新修的房屋，还有那尚无人入住的空屋村落，抒写一首：

《雨中登高沿坪感赋》

细雨驱车高沿坪，轻烟缭绕如画屏。

林间新瓦承天露，陌上初霜染丹青。

堪忆群机推秦壑，当夸长岭演雄兵。

登临何艰重阳日，一瞥苑川总是情。

本土诗人尤效清以金崖历史踪迹为题，应和酬唱；诗人孙清祖，看到金崖菜农黎明摸黑下菜田剁菜收菜时，男女菜农头上一律戴矿灯照亮，他便拿来赋新诗《蔬菜地里的矿灯》；青年女诗人古风（杨秀珍），是种田、放羊回来再用电脑写作的乡下女诗人。她一到金崖镇，便深情地吟唱；黄治文也即兴赋诗一首。

最后轮到杨文林先生了，他闭口不言神情凝重，只示意叫人们在树荫下的桌面上铺上画毡，并叫拿过纸墨笔砚。之后，先生专注地用毛笔蘸墨挥毫在宣纸上写起了书法。

杨文林先生躬着腰，用颤抖的毛笔缓慢写完时，全幅内容是：

陇上金吉泰，文坛田舍翁；

幼学知稼穑，耕读立门庭；

锄下岁月稠，笔底苦乐深；

文章写大块，天地一草根；

劳作报春晖，拳拳雕龙心；

固穷守初志，荡荡君子风。

并落款：吉泰老弟作家杂家也，著述颇丰，以小说《醉瓜王》登上文坛，童话作品荣登全国宝典，年将八秩犹犁耕不歇，笔耕不辍。余诗书以赞，作五十五年友情之留念。杨文林壬辰秋月。

当先生把这幅诗作书法赠我父亲时，围观的文友一齐鼓起掌来，老人激动地接受了这幅书法，珍藏起来，从不示人。

整整一天，诗人们把苑川河的历史，菜农头戴矿灯的场景，并把推土机群开辟万亩耕地的壮举写入诗作，这在本镇还是第一次。副镇长很高兴地把这些诗作全交镇政府资料室保存，为当地文化积淀增加了分量。

父亲将活动盛况写成文章《诗人笔下的金崖镇》发表于《飞天》杂志。

父亲在老家小院去世第二天，著名作家高平赋诗致悼：

《送别农民作家金吉泰》

兰州市有个大姓
是榆中县的金家
有一家耕读世家
出了个农民作家

他比我晚出生一年
他和我是老朋友
昨天竟然先走了
带着他新出版的童话

金吉泰的名字
闪亮在马衔山上
金吉泰的文章
印在了兴隆山下

他种了一辈子田
写了一辈子书
光阴没有虚度

他是种瓜得瓜

他让金崖镇的金崖村
添加了真金的重量
他的儿子金雷泉
开成了一朵文学新花

金家崖、马衔山、兴隆山、童话、金吉泰的名字全写进了诗中，这是热爱家乡的父亲最乐于见到的，高平老师满足了父亲的夙愿。以纪念为契机，众多诗友也为我父亲、为金崖写了许多诗歌。

一首首诗篇留存，这是父亲最开心的。

“百花”园中的父子作家

我的父亲农民作家金吉泰，在六十多年的文学创作中，得到了很多报刊和编辑老师的关爱和支持。而《甘肃日报》，竟给予了一名基层作者长达六十年的持久厚爱。在“百花”园中，编辑老师和我父亲共同培育出了多姿多彩的鲜花、果实。

1958年3月12日，《甘肃日报》第一次发表了我父亲的小说《高歌猛进》，那年他25岁，正是风华正茂的青年小伙，署名前标明身份：榆中县金崖村二社社员。

1961年大馑，我父亲又患大病，脚手麻木。一般书写握笔，都是用拇指、食指、中指共同操作笔杆，而他则不能够了，只好用手提成筒形握笔书写。他在西屋房檐下坐着晒太阳，一边打腹稿。这时，村后山坪上砂田种瓜的一幕幕场景涌现出来，这些场景是极富地方特色的。于是他忍着病痛在纸上描绘其人物场景。此时，饥馑，村屋烟囱无烟，村巷不见鸡猪，也少人声，气氛惨淡寒冷。他则握笔在纸上刻画欢快的场景，幽默的人物，意在鼓起读者对生活的信心。但这篇小说的核心却是严峻的，在大声疾呼：科学种田要先试验再推广呀！因为当时的饥荒就是违反科学规律造成的。完稿之后，取名《醉瓜王》，寄往《甘肃日报》，结果于1962年10月，该报以整版篇幅刊登了此文。紧接着，北京电影厂派人来甘肃打算将《醉瓜王》改编成电影。可能由于作者的成分是富农而再无下文。

那时，父亲主要创作小说，先后在《甘肃日报》发表了《七把钥匙》

《旗开得胜》《岗位》《好大嫂》《旱船艄公》等小说作品。20世纪70年代，他又好上了童话，在《甘肃日报》先后发表了《小蛤蟆》《千里驹钉掌》《跛黑汪汪碑》《森林里的奇事》等少年儿童喜欢的童话作品。每年六一，他早早准备好送给孩子们的礼物——童话，寄送给“百花”等副刊编辑部。

53岁时，父亲去省城《兰州晚报》社打工，这时他的创作种类不断拓展，在《甘肃日报》发表的作品有名人轶事《周桦·家·艺术》《采访孙幼军》《雪狮·金字塔》，新闻特写《袖珍能人“家”的生活》《麦场上的戏剧舞台》《将军家事》，历史寻踪《国宝莽杈传奇》《丝绸路上金崖镇》《两尊塑像的机缘》，散文《走出窑洞上楼梯》《瞻仰白洋淀》《绿染天池峡》，等等。

2010年开始，父亲童话创作碰到了一件棘手的事，也可以说是一个新的难题。如，国宝级的文物“莽杈”铜环千真万确被放到马粪烂叶堆里；小小螺钉确实掉进导弹的发动机里，千辛万苦寻找出来后，聂荣臻元帅捻弄着它慨叹不已；武威出土的马踏飞燕被郭沫若用他点石成金的指头一指，马踏飞燕出国展览的押金才高达数百万美元……对这些很好的童话素材进行艺术加工后，反给人一种人为造假、唬人的印象，反没有原汁原味的原始材料感人。屡试如此，无奈之下，把这些极富童话特点的真人真名真事，不加雕琢地写入童话，不足之处再用人工加添些童话元素，亦真亦幻，亦虚亦实。他尝试着这样做了，其效果还不错，竟给人一种自然天成神功造化的美妙感觉。“百花”园地发表了《洮河龙穿山》《马三立铜像》等作品，对老作者的童话创新给予支持。编辑放行，读者首肯，给了他巨大的鼓舞。于是他眼前的童话原材料就越发充足了。取材范围一扩展，哈，原来一些似乎与童话不沾边的事物也纷纷涌入这片天地，《老爹的太阳灶》《砂糖橘逃离火塘》《微耕机下田》等天生童话为小读者展现了新的世面。他八十有三时，童话集《天生童话》和小读者见面。

这时，父亲已身老年迈，视力更差，眼前模糊，想从此搁笔。可生活不断地在他眼前展现，不写作使老人感到了生活乏味无趣，他的生命已离不开写作。当坐在书桌前，面对白纸黑字，他觉得自己又活了。书写童话就是在和小读者进行笔谈，这多像片片红叶落入孩童的小手中。《杏核雕的小猴娃》《猞猁出窝记》《斑鸠造巢》等作品通过“百花”与读者见面，给老人带来巨大的动力与快乐。坚持两年多，2018年元月，新创作的65篇童话结集《枫叶童话》出版，厚厚一本，他像吃了蜜一样幸福。

2018年5月31日，“百花”童话《青蛙借雷声》作为儿童节礼物与读者见面。此时，我亲爱的父亲刚刚去世一周，这篇作品刊发是对老人的最好纪念。

长年累月的作品交流，父亲与编辑刘玉、田企川、梁胜明、许维、彭中杰、张琳等老师都成了良师益友。瓜果飘香的季节，他们会相约聚集金崖老家的农家小院中，吃刚出锅的土豆苞米，品亲手从树上摘下的鲜红嫩脆的枣儿，坐在枣树下畅谈文学，这是何等的惬意人生。

《甘肃日报》还刊登了介绍我父亲文学创作和作品的文章：有汪晓军老师的《返璞归真迷童话》，许维老师的《甘肃文坛常青树》，李利芳老师的《金吉泰的童话理想》，彭金山老师的《金吉泰和他的〈农耕图〉》，牛庆国老师的《金吉泰：创作与生活同在》等。

在父亲的影响和鼓动下，我也走上了文学创作之路。“百花”园地同样给予了培育提携，让我创作的成人类当代寓言能与读者见面。特别是刊出的寓言《藏羚羊》《农夫捉野鸡》入选了《2006年中国寓言精选》，寓言《放低姿态者》荣获中国寓言文学研究会第十二届金江寓言文学奖金奖。

“百花”园地鼎力相助，文学创作与父子同行。父亲和我都加入了中国作家协会，分别出版了多部文学专著，部分作品入选了国家经典丛书。所有这些成果，都离不开“百花”园这片沃土的培育，在此鞠躬深深致意。更祝愿“百花”园生机勃勃，鲜花盛开，硕果累累。

铭记读者出版集团和编者

农民，丰收的是一个个麦垛。

作家，收获的是一篇篇文章和一本本作品集。

读者出版集团麾下的各个出版社，在支持本土作家、推出原创作品上真可谓魄力有加。近半个世纪，绵绵播撒给本土作者的阳光雨露，在我父亲身上得到了生动体现。

1979年，短篇小说集《醉瓜王》由甘肃人民出版社正式出版，那是出版社十多年来为个人出版的第一本书，而这项殊荣竟落在一个农民作家身上。父亲快乐，同行羡慕，周围人惊奇。更让人开心的是有280元的稿费，这在当时是笔巨款，我们家人放开了猜，也只能猜到了一半之多。2015年在父亲文学创作60年作品研讨会上，《醉瓜王》的责任编辑、80多岁的老人汪玉良老师赶来祝贺，他激动地说：尽管身体很弱，但老朋友的活动他一定要来。说当年出版时，来自农村作者金吉泰写的那些小说作品，新鲜生动，让他感动。而这场活动的主事人就是他的儿子汪小平主席，一家两代人持续关注一位农民作家，让人感动。两位相交几十年的老朋友，八十多岁相遇，那种真情和友爱，让现场所有人为之动容。

1987年，上海的少年儿童出版社出版了童话绘本《小牦牛赛马》，这是父亲去甘南草原深入生活的结果。父亲创作童话很有激情，每年省内外报刊上都有父亲的童话面世，积攒下来数量可观。1990年，余嘉瑞老师当责任编辑，童话自选集《小毛驴出国》由甘肃少年儿童出版社出版。1994

金吉泰作品集

年，魏宏泽老师当责任编辑的童话集《戴金戒指的小猴子》也在该社出版。新书出版，油墨飘香，令人欣喜的同时，由于是市场经济，作者需要代销一部分书籍，这让父亲很头疼。一个阶段，父亲都不敢出书了。

1999年，在甘肃少年儿童出版社总编辑汪晓军的主持下，父亲在该社出版了敦煌系列童话之《金象和象护》。

这一时期，父亲童话创作突出“田园童话”这一主题，在上海的《童话报》、甘肃的《兰州晨报》开设专栏，发表了许多优美田园童话。责任编辑杨旭青敬业专业，关心支持，甘肃少年儿童出版社于2008年出版《田园童话》，2009年又出版了《金吉泰儿童文学精品集》（童话卷、小说卷），这几本书装帧精美、印制精良，不仅获得了各种奖项，还进入了国家、省市的农家书屋。

2015年，甘肃少年儿童出版社由杨旭青、杨昀老师当责任编辑，出版了《天生童话》。2018年由朱满良老师当责任编辑出版《枫叶童话》，这本书出版之快，让人完全没有想到，是父亲在人世间的最后一个春节的礼物，带给父亲满满的惊喜。

2016年，甘肃少年儿童出版社作为经典书目，在众多名家汇聚的阵容中，特殊关照出版了父亲的《流浪猫立遗嘱》《小毛驴出国》两本。

敦煌文艺出版社对父亲的作品同样给予了大力支持，王忠民社长、靳莉副总编辑同样给予了老人很多关爱。2014年，靳莉老师当责任编辑出版了长篇小说《农耕图》，这是父亲心中分量很重的一部作品；2017年，靳莉为责任编辑、赵润瑜为助理编辑的《金吉泰戏剧·曲艺集》出版；2018年，曾红为责任编辑的《陇原当代文学典藏·儿童文学卷丛书》中出版了童话集《快乐的小公鸡》，这本书在父亲临终时给他带来开心快乐。

纪念老人去世三周年，甘肃少年儿童出版社出版了金吉泰精品童话丛书《没牙三弦琴》《青蛙接雷声》《铜环兄弟》《戴水珠的小杉苗》《小蜜蜂侦察记》，朱富明、朱满良、杨波等老师付出了巨大的努力和心血。2023年5月，敦煌文艺出版社出版了《金吉泰兰州文史见闻录》《我的父亲金吉泰》两本厚重的书。汪晓军老师说：“金老爷子散文集和这本回忆录同时出版，也是一个纪念性出版事件。”让文友、读者和家属莫不感动。

作品结集出版，不仅仅是总结和扩大宣传，还是对作家作品的系统回顾总结，突出特色，激发鼓舞，明确道路再出发。

大恩不言谢。若没有出版社鼎力支持、没有编辑老师做嫁衣，父亲的作品不可能一本本面世，父亲的创作生涯也不可能走这么远。

编辑是作者终身的老师、挚友，一路相伴。高尚、敬业而默默无闻的编辑，为社会源源不断贡献着经他们妙手滋润出的精神产品。读者浸润书香，要为他们致敬点赞。

左手举麦穗　右手抱童话

——父亲的回顾和期望

40年创作岁月匆匆而过，1995年父亲年逾花甲，撰文《砚田·孩子·太阳》发表于当年第11期《飞天》杂志，回顾了业余迷恋文学，坠入“爱河”的各种滋味。

在父亲的想象中，做一个穿补丁衣服被富人轻视的穷文人，那也是很有浪漫情调很富有诗意的。在黄土山塬上一边操耒耜搞稼穑，梳理地球，给沃土搔痒，一边在油灯底下鼓着腮帮子“创作”，操笔在纸上折腾。整整三年，毫无结果。名著拜读了不少，纸笔磨损了不少，信封儿写了不少，结果，所有投稿全部反弹归来，“奉还。请谅”了。痴爱，这是一厢情感，但限于智商、阅历、素质、魄力等种种原因，虽尽了最大努力，历时20多年出版了薄薄一本短篇小说集。取得的成果，令父亲不满意。自迷上文学后，从来就不把她当敲门砖看待，而是一种圣洁的爱好。搞业余爱好，虽然吃了点苦，但也沾了许多便宜，是有所得有所收获的。父亲说，在和地球、红尘“拜拜”以前，拟做如下三项事：“为我心中的太阳——孩子们写点童话，再写点针砭我们民族弱点的讽刺小说，如实写一部反映农业合作化从组建到解体全过程及其成败得失的小说《巨绳》。”

父亲调侃说，上述设想能否兑现，那就得看大自然规律的脸色了。老天眷顾，二十年奋斗，耄耋之年，父亲所期望的三件事全都完成，让人惊叹。

新千年到来的2002年，父亲已进入古稀之年，结束打工生涯，告别都市，回归田园。每天，在广袤的阡陌上走动，观看柳色变绿的风景，一边回味掂量大半生涂鸦的童话，内心产生了几多的感慨和回味：“仿佛自己左手举着麦穗，右手抱着童话似的。只可惜由于天赋的原因，这些童话质量平平，根本不能入选教科书，少年时的愿望是实现无望了，不过，老农写童话这是我做人的个性和特色，在全国也不是很多，只要作品能打动小读者的心灵，在他们的思想意识中播下了优良的种子，也算我这个庄稼汉为世界尽了自己的一份心力。一辈辈，把生命消耗在种粮食、写童话上，值！”

在兰州市第一届读书节上，父亲做了《挑动孩子们的善良感情》的讲座。结合自身经历，他语重心长地说：“一本好书，可以改变一个人的一生，可以决定一个人的终身道路和命运，尤其对青少年来说更是如此。读好书，能挑动人们的正常神经，唤醒人性中善良的感情。在正常、善良感情的基础上，自然而然，就会重亲情，爱师长，爱同学；在善良感情的基础上，才能够与人为善，和睦相处；在善良感情的基础上，这才会对弱者、遭遇不幸的人们产生同情心，才肯拉他们一把；在善良感情的基础上，这才肯积极努力，为社会、为人群做一些有益的事业；在善良感情作为一个人的思想动力的时候，这个人才会为对人类有益的事业去奋斗、拼搏；在善良感情的基础上，一旦看到可爱的祖国受到伤害时，就会产生正义感、爱国心，就会为了救国而做出牺牲！”

童话园里继续耕耘，2007年，父亲创作50周年座谈会在榆中兴隆山召开。父亲说：“小时候，读叶圣陶的童话，读安徒生的童话，那时是小读者；中年，创作童话，图谋的是在艺术上拔高一些，得几声赞扬就达到目的了；进入老年之后，心态变了，在家里疼自己的孙子，走在路上，看见别人家和自己孙子同样大小的孩子也动心。于是就侧重于利用艺术形式给娃娃们灌输一些思想，让他们健康的，起码是正常地生长。这时自己也感到好笑，这岂不是有损于艺术，把艺术降为实用主义了吗？但是严酷的现实真使人笑不起来。作为儿童文学工作者，我急了，就对人宣称，新出版的《田园童话》就是和《死亡笔记》交锋的利器。有文友不赞成，说那岂不把艺术弄狭义了，变成了实用主义，降低了艺术品位。我说，为了我的孙子辈，顾不了许多，就要用童话故事的艺术力量感染孩子，对他们产生影响，让他们健康或起码正常地成长。”

2014年11月，父亲自印了《金吉泰轶事》，书中最后一篇文章《生平画句号》是自我总结：“今年马年，自己出生了八十有二载矣，回顾碌碌一生，种田吃饭，写稿编书，粮食消耗用以维持生命，著文做书乃精神生活和心理世界，同肉体机能同等重要。回顾一生，编连环画五六种；短篇小说集一本；童话集五本；儿童文学精品集两卷一套；长篇小说一部；短篇讽刺小说集一本；戏剧集一本；金吉泰轶事一本。如果这些著作画上句号，自己的人生也就画上了句号。自己乃亿万生命中之一员，回顾一生，尽力了，值！同时我也清醒地认识到，我虽挨过饿，受过穷，但没有坐过监狱，没有被流放过，也没有被砍掉双脚，剜去两个膝盖骨，更没有受过宫刑，所以文章平平，所谓轶事也只不过是平常琐事罢了。希望我的后代子孙，愿他们也有许多让人们称道的轶事才好！”

回顾一生，父亲写了《我对世界的认知》一文，提醒告诫子女：“敝人今年八十有四，老老的了。经过长期观察，觉得人类社会永远存在的战争与动乱，除了马克思睿智地指出是经济利益之外，还有就是人类智慧的负面效应。有智慧的人绝大多数都会衍生出一种首领欲，总想要在同类当中当老大，总想统治别人、指挥别人、整治别人。这是绝大多数人的通病，我和我的家人也不例外。这里要提醒子女们的是，世界之大，行行出状元，选择一个行业奋斗吧，与同行和平竞争吧，有成果，真正的好，如不成功也就认了。和平发展，互利双赢，与邻为善，这是睿智思维，其后果很美好！首领欲、玩权癖，以势欺人，恃强凌弱，其后果可怕残酷。愿我家人深思这一点，明白这一点。这样，我也就安眠于地下了。”

2015年，父亲已是耄耋之年，省市为他举办了文学创作60年作品研讨会，父亲发言说：“在漫长的创作过程中，每当我选择素材确定主题时，我总要把国家、民族和我个人的良知都放到天平上权衡权衡，要的是真善美和爱国主义，要的是对人民有益，对那些低俗有害的一概不要。就在这种思想主导之下。60年来，前30年主要写小说，后30年主要为孩子们写童话。在我来说，身后的评说能在生前亲耳听到，这事很有趣、很独特，又令人兴奋。”

在那高光时刻，开心的父亲还是非常清醒。

2017年5月，父亲为新创作的童话集《枫叶童话》写了序，可能视力原因吧，自序很短，通篇279个字。这与以往自序篇幅、风格大不一样，我觉得有点短、不“满福”，建议再加点内容，父亲摇摇头说，行了。短文中有一个字竟有12处之多，就是“爱”字：酷爱童话、爱护树木、爱护绿色、博爱、爱亲人、爱同学、爱师长、爱邻居、爱祖国、爱那些热爱自己祖国的小朋友，让世界充满爱。

爱意满满，爱是父亲留给这个世界最好的礼物；也因为爱，他始终留恋着这个世界。

父亲一生都怀抱理想和追求，鼓励着他勇毅前行，也深深感动、鼓舞着身边的人和众多读者。

我是个中国农民

犹在人间

——文友笔下的金爷子

编写纪念父亲文集《为文学而生》，收集了众多老师、文友写的纪念文章，里面有很多精彩、感人的片断，让父亲活生生地又站立在我们面前。

重情义的人

北边山脚下的土窑里，一张小炕桌，常有文学爱好者和已经小有名气的作家一起探讨、切磋。窑门外，几个孩子趁着假日推碾面粉，石磨的声音一直伴随；窑孔里，洋溢着淡淡的羊粪味儿——那一阵柴草也少啊，幸好他家的附近有条大道，进巴石沟的羊群从那条路经过，作家的小脚母亲早晚便扫来那取之不尽的羊粪煨热炕。这是当年的文字记忆，那景、那味、那情，让人回忆无穷。

冉丹老师是《飞天》原副主编，20世纪70年代创作的《金色的大雁》是其成名作，并改编成了动画电影、连环画。他和我父亲在1972年甘肃省纪念毛泽东《在延安文艺座谈会上讲话》发表30周年改稿学习班上相逢并相识。当时《甘肃文艺》一直葆有一个良好的传统，每年必定想尽一切办法举办一两次改稿学习班，让作者住在条件较好的饭店里，把不成形的东西修改、加工成一篇可供刊出的作品。也让在农村里苦苦从事写作的“金爷”们，能有一次短暂的改善生活和生存条件的机会。改好稿子，吃个饱饭之外，金爷参加学习班都会有一些额外的收获。每每进餐之后，金爷都

金吉泰创作60周年作品研讨会现场

会把餐桌上一块半块剩下的馒头收集起来，拿回房间放在窗台上晾干。学习班结束时，再把他自己和别人结余的餐券兑换成馒头，一并背回家里。几十年的交往，冉老师笔下我父亲是《一位文学的殉道者》。

写《金吉泰，甘肃首屈一指的农民作家》一文时，雷媛老师专门采访了李云鹏老师。李云鹏老师是《飞天》原主编，与我父亲的文友之情延续了60年。1955年，父亲的小说《特别使命》和李云鹏老师的一首叙事长诗，还有丹真贡布的一首诗，一同刊发在了《甘肃文艺》（《飞天》前身），作为工农兵作者，三人的作品在当时产生了一定的反响，自此三人彼此知道。1958年，父亲报名去引洮工程，路过定西时专门去看了李云鹏，这是第一次见面。李云鹏想起，1961年前后我父亲写给他的一封信，内容大致记得："你现在非常窘困，老哥在农村是连一两粮票也换不出来，我也不能给你背些面，那我们就以精神会餐吧。"信中还附了四句诗，至今还记得的一句就是“半围土炕读诗经”。“他在信中说他在读《诗经》，还说这是解除烦恼和忘却饥饿的良方。”“的确在那一刻，读着老金信中引用的‘昔我往矣，杨柳依依；今我来思，雨雪霏霏’诗句，心情顿时好多了。”几十年后，李云鹏感慨地说。

诗人何来老师《怀念金爷子》时说：“论年龄，金吉泰比我稍长，应尊为兄长；但我们却是在‘四同’的情况下相处的。一同乡，二同学，三同好，四是同性。这性，不是性别的性，而是性格的性。我和金吉泰的性格爱好是相近的。两人在一起，达到了一种无话不说的地步。”“几十年来，从来没有非议过一个人，在他心中，人们都是善良的！”去金崖吊唁我父亲那天，同行人清晰地记得何来老师去时和返回时自言自语般地各说了这么一句：“老金走了，心里空落落的。”此后再无话。

年轻作家田瞳，1978年春应甘肃人民出版社之约，来兰州修改长篇小说《沙浪河的涛声》，在战斗饭店三楼和我父亲同住一室。两人写作习惯有很大不同。田老师喜欢熬夜，每天要写到深夜两三点钟，我父亲却是早睡早起。十分有趣，两人在同一个房间里，好像总有一人在写作，而另一人在睡觉。第二年春天，适逢《甘肃文艺》编辑部在兰州举办创作学习班，他俩又一同参加。一天，他俩一起到张掖路新华书店闲逛，看到琳琅满目的书架上也有他俩的新书，自然甚为欣慰。田瞳在《我和农民作家金吉泰的文学情缘》里抓拍了当时的情景：这时恰好有两个姑娘来到书架前，伸手拿起了《醉瓜王》，颇有些惊喜地叫道：“啊，金吉泰的书！”看来，她们一定熟悉这位作家的名字。两个姑娘一边翻阅着书本，一边说起金吉泰的小说。我看她们如此喜欢金吉泰，却不知作家就站在她们面前，便随口说了句：“这位就是这本书的作者。”两个姑娘惊喜地“啊”了一声，一下睁大了眼睛。这时金吉泰急忙拉了我一把，异常紧张地责怪我：“嘿呀，你说这干什么？以后可别这样了！”他的神态是那样真诚，一时让我十分不安，那一幕情景令我永生难忘。

民勤的焦熙生老师写了《深情悼念金吉泰同志》：1974年，甘肃人民出版社在临夏回族自治州举办连环画脚本创作学习班，我和金老同居一室。学习结业后，我在他指导下改编的连环画脚本——《铁岭钟声》由甘肃人民出版社出版。自此后，我俩交往不断，长达四十余年。20世纪70年代，红柳园公社团结大队铁姑娘治沙事迹很火，金老慕名而来，我陪他去采访。此后，有以铁姑娘治沙队为题材的短篇小说《沙妮》发表于甘肃文艺刊物《飞天》上。这次，他却为我署名。后来我说起这事，“实不应该！”他却说：“应该应该。”一笑了之。父亲喜欢河西，喜欢民勤，为了深入沙漠他跑了那儿无数次。

鲁正葳老师是我父亲在兰州晚报社打工时的直接领导，父亲说她是写报告文学的高手，评价她有男人气概。父亲去世后，鲁老师专门写了报告文学《他，就是那个“中国农民”》，生动记述了我父亲的“壮举”，来纪念自己的老同事。文中有这样一个细节：离开晚报八年后，我的纪实文学《西北大发现》出版后，已经好久不见面的金吉泰悄悄地写了一篇书评《鲁正葳与西北大发现》刊登在2001年6月1日的《西部发展报》上。文中竟然讲述了他跟我1993年的武都历险之旅，称我是一位敢入虎穴的勇者！还说他自己是种田人，当时走悬崖只觉腿肚子里抽搐拧筋。我一看报纸，只能自言自语：“哎呀！老金咋这么怪？”

作家杨文林是《飞天》原主编、甘肃省文联原副主席，对甘肃的几个农民作家有培育之情。杨老师写道：我心中的陇上文坛四君子——金吉泰、刘志清、任国一、张国宏，四株草根，四个于1965年参加了全国青年业余文学创作会议，受到周总理、朱委员长接见，至今笔耕不辍，犁耕不歇的农民作家、诗人，他们是被甘肃文学界、新闻出版界的领导和关爱农民作者的编辑们迎进编辑部，送上文坛的甘肃文学史的构建者。如果没有他们，我们六十年的文学史将是残缺的。杨老师笔下讲述了一个令人感泣的“君子重谊”的故事：1991年，任国一因病去世，在逝世三周年的那一天，刘志清和新一代农民诗人王五星从礼县、金吉泰从榆中、张国宏从永登赶来，在渭源城外的山野里，几个农民作家、诗人，在任国一的坟头上躬身默哀，上供奠酒。悼诗由四人中的年长者金吉泰念读，一曲悲歌，满怀苦情，悼诗抒写了任国一以诗为命的一生。四位农民兄弟情深义重，不是同胞而胜似同胞者，是因为他们共一个历史，同一个命运，同是新中国农民文化翻身的见证人，同是社会主义新文化哺育下走向文学之路的新中国第一代农家少年。渭源悼友，也是他们对自己文学人生的一次回眸。

化作春泥更护花

56岁的作家尤效清接到父亲去世的电话后，即刻搭乘前往金崖的班车，他说无论如何都要送恩师最后一程。20世纪80年代初，高考落榜后尤效清回家务农，但学生时代的文学梦就像是一粒火种，时刻在他心中燃烧。他尝试着写作投稿，但投出去的稿件总是石沉大海。“那是1988年夏末秋初的一天，忽然听说家里来了位客人找我，正在地里忙乎的我拖着两脚泥踏进家门。但见堂屋的炕上坐着一位瘦高个的中年人，笑眯眯地道出金吉泰的大名。我一时愣住了，又惊又喜。”30年后，尤效清还记得父亲那天对他说过的话：“你的投稿都收到了，有一篇马上见报。你的文字功底不错，好好努力。”当时父亲是《兰州晚报·农村版》副刊的责任编辑。没几天，小小说《山磨儿》就见报了。

作家周廷海含泪创作《写给天国里的金吉泰老师》：就在一个月前，您不是说好要等我的长篇小说出来吗？让我再次给您朗声读书中的精彩篇章吗？就在一个月前您不是说等我来取您的新作品，还说要给我签名吗？为什么就这样匆匆而走？您还记得五年前来我家趣谈的事吗？晚上您要找旅社住，我知道您的心思，笑道：“金老师，你今晚放心住我家，咱俩好好叙一叙。今晚我就像你的儿子一样，别拘束了！”您释然了，我说的玩笑话，惹得您朗朗大笑，您说就像这样的小文友不多啊！说我够豪爽！那一夜，在我家的这一方土炕上，咱俩天南地北国家大事个人生活一直聊到十二点半夜睡去。第二天您坐上我家的三马子来到马衔山下的石窑门，看着那绿葱葱铺天盖地的森林，激动地说来过新营两次，却没有领略过如此的美景！

教师高国宴说金老师是《值得一生铭记的人》：最使我难忘的是2000年参与《陇上英烈张一悟》电影电视剧本创作时，很多资料我无从考证。金老先生获悉后，不辞劳苦从家里赶来，帮助我构思、查证、修改。当该剧在甘肃台、中央电视台8套相继播出时，这位幕后曾给予我太多支持的忘年交第一个打来祝贺电话，并多次在他人面前夸赞我，却从不提及自己参与的事。古稀之年，仍对年轻人的关心热情不减。那年，我和他同时应邀参与《榆中史话》的编写工作，短短月余，他不仅完成了分配给自己的写作稿，而且还协助我查阅、搜集了许多资料。统稿时，他又嘱咐统稿者，不要因为自己年老或其他原因，对自己的作品予以关照，应该一视同仁，该删就删，该毙就毙。

同乡同宗的金巨强老师在《我与五爷的交往》文中写出了对我父亲的第一印象：1968年，我们在老家富岔儿阳屲岔拔芠芥（油籽的一种）时，见到五爷金吉泰。当时五爷脸色蜡黄，消瘦，身穿一件破旧的蓝色棉袄，腰挂一只大水壶，塞子是木头做的，以便随时喝口水润嗓子。原来在那以阶级斗争为纲的年代，因为五爷成分高，当时又做了左肾切除手术，加上儿女多，生活困难，生产队长照顾调到山圈，调去的人吃饭不定量。

世交好友邸兆武记录了《别具一格的升学对联和寄语》：2013年高考后，金老先生的尕孙女亚里被厦门大学录取。入学前，金老爷子在老屋饯行。人虽不多，无排场但却办得隆重喜庆，很有仪式感。八十高龄金老爷子兴致勃勃、挥毫泼墨书撰的三副对联和临行寄语引人注目。主房对联：育汝如雏凤时艰值几钱，此去须珍重不比阿娘边。大门对联：走出小家看世界，考进大学拣稀珍。背面主房的挑檐下，横挂一幅鲜红的“会标”：

亚里上学学本领，科技报国国富强。金老爷子主办的这场升学家宴，不铺张，不流俗。以自己特有的方式为孙女送行、寄语，与时下高考后盛行的升学宴俗习相比，风格迥异，别具一格。

查阅搜索，还有许多陌生的朋友在纪念父亲，这是父亲热心的结果，真是文以传情，情以人传。

吉林作家吴广孝老师深情地写道：翻看你（作者）送给我的书，我总是浮想联翩，好似看到一位八十多岁的老人，几乎双目失明，摸索着完成了自己的第十八部著作《枫叶童话》！老人是农民，双手沾满泥土，一辈子不离开土地，就算当上了兰州市作家协会副主席，成为中国作协的响当当的作家，还是不离开故土！这是对土地最深沉的爱。这是生命的力量，情感的力量，也是令我潸然泪下的地方。劳作啊，一辈子劳作，作品多多。我看，你是老人最值得骄傲的作品，因为你是老人家的儿子！老人家在你的作品《行者寓言》中，表达了一个父亲对儿子的深沉的爱，甚至那书名也是老人家为你起的。在分析了你的作品之后，老人为寓言、为你摇旗呐喊。这是老爸爸殷切的希望！记住这肺腑之言啊！记住这父亲的大爱啊！雷泉，你的经历和你家老爷子都不一般。这就是真实的生活。有了这样经历和生活的历练，就有了写好寓言的基础，你要珍视自己的经历和父亲的厚爱。

留在作家张琳记忆中的金老师，《犹在人间》：“每一次想到金老师的时候，我就看见他在那个小院里的喇叭花前愉快而又慈祥地笑——每一次都是。金子一样的阳光洒在淡粉色、浅紫色、深紫色的喇叭花上，那么明艳照人，它们仰着各自可爱的面庞，轻轻颤动，每一朵都是一个童话。金老师就是童话里的那个老爷爷。金老师家的小狗狗已经跟我很熟络了，它跑过来挠我的鞋子，围着我的脚打滚儿、撒娇。院子里被淡粉色、浅紫色、深紫色喇叭花围绕的菜地上，正在欢欣展叶的是新种的草莓，金老师说明年就可以吃草莓了。我一个劲儿地点头，嗯嗯嗯，明年我要和小伙伴一起来金老师家吃草莓。将后，我每年至少要在春暖花开的季节来看金老师一次，那么，我至少、至少还要在四五十个春暖花开的季节里来和金老师畅谈。说好了噢，金老师，我们拉钩，不许变！但是金老师说话没算数，他变了。”

感人往事、美好回忆，活生生的父亲永留人间。

生前身后的评价

父亲生前和身后，文艺界大腕们都给予关注和认可，对其人品、文品和精神追求都发自内心地想说几句。一句句诚挚的话语，深深感动着这位文学票友，也深深感动着我们。

程士荣：金吉泰同志的所有文章都体现出一个作家的天职，把光明送给读者，送给孩子——热爱劳动，热爱祖国，热爱集体，热爱人民。作家之所以伟大，人们把他称为作家，就是因为他给人类带来了光明。金吉泰同志正是这样一个出身于农村的伟大农民作家。平凡出伟大，伟大离不开平凡。不要说我用了“伟大”二字，不过分。因为金吉泰同志高尚人品和他美好的作品给人带来的价值显出了他的伟大，我才这么说的。

李利芳：在当下中国儿童文学界，金吉泰先生的童话路数是独树一帜的。

马步升：金吉泰先生在他的读者那里，似乎早已被定位了，成为一个角色相当固化的文学界前辈。农民作家，童话作家，农耕笔耕六十年，等等。像这样的作家，一般来说，很难实现文学身份的转变，尤其年届八十岁以后，要想对自己有一个大的突破，实现在文学上的自我超越，难乎其难。然而，金吉泰先生做到了，《农耕图》是他创作生涯的一个华丽转身。确实，这个转身足够华丽。

许维：金吉泰先生是甘肃当代文学版图上的一棵别样挺拔的常青树。他创作的《农耕图》是一部叙写历史、度化人心的优秀长篇佳作，更是先生的人生经历和心血结晶。多少年后，当那时的读者乃至社科研究者们读到这部大著的时候，一定会像我们今天从读《红楼梦》认识封建社会一样，从中寻找20世纪下半叶甘肃农村、特别是陇中农村的社会万象和历史细节。

王登渤：金吉泰老师是甘肃儿童文学代表性的作家，他成名于20世纪50年代，在长达一个甲子的时间甘于寂寞、淡泊名利、笔耕不辍，用一颗热爱生活的心去写作，这种精神在当下浮躁的社会显得非常难得。我认为他最难得的一点是始终没有离开自己热爱的土地，没有抛弃自己的农民身份。而他执着耕耘的这块土地也赋予他特殊的灵气，让他能永远保留一颗赤子之心，保持童真，他的作品和他的人格浑然天成，在阅读他的作品时就能感受到笔尖流露出的真善美。

陆文虎：金吉泰把从自己心底散发出的温情当作最好的营养，汩汩地灌输进一片片幼小的心田里，循循善诱地讲述人生真理。他启发孩子的智慧，他全身心地用爱浇灌幼苗，希望他们健康茁壮地成长，使刚刚成为“自然人”的孩子们，逐渐发育出健全的人格，顺利地成为“社会人”，成为新一代好的成人。

孙建江：来自乡土，植根大地。对脚下的土地深深热爱，对文学创作深深热爱。不守成，不守旧，勇于尝试，勇于探索，勇于开拓。在他的作品里，我们感受得到他的童年关怀、生命探寻和文化担当。一位地道的农民作家，一位令人钦佩的农民作家。

徐鲁：像土地一样质朴无华，毕生葆有赤子情怀。六十多年笔耕不辍，用文字歌哭自己挚爱的乡土，报效故乡和母亲的哺育之恩。寸草春晖，润物何须有声。耕读传家，文脉亦即血脉。

李学斌：一手握锄播种田地，辛勤劳作；一手挥笔编创故事，笔耕不辍。农民童话家金吉泰痴迷童话创作四十多年，收获童话三百余篇。从西部地域童话到田园童话，再到“枫叶童话”，金吉泰先生的童话短小灵动，趣味鲜活，浑然天成。这些来自黄土地的绿色童话如同吹过原野的清风，给当代中国童话增添了自然暖色、田园诗情。

安武林：在中国儿童文学作家之中，以农民身份，抒写儿童文学作品，终其一生，成就斐然者，唯此一人，金吉泰先生是也。可钦可佩!

梁胜明：金吉泰同志是甘肃乃至全国少有的地地道道的多产优质的农民作家。他创作的《农耕图》不仅有思想深度，而且有艺术高度。它所创造的批判农民劣根性的田中玉的形象，其深刻性却可和鲁迅批判国民劣根性的阿Q的形象媲美。它所创造的农民哲学家韩夫子的形象，是中国现当代文学史上没有的光辉形象，是中国古代文学史上《三国演义》中的诸葛亮式的人物形象。

马筑生：西北兰州金吉泰的乡土“田园童话”风格，与内蒙古高原上的“大草原儿童文学”、云南的“太阳鸟儿童文学”；海南岛的“海洋儿童文学”、潮汕的“童谣文学”研究创作等，都是在地域的怀抱中孕育生成。因此，文学的地域和方位，成为独具特色的儿童文学文学的徽章与印记。

高平：记得宋代诗人梅尧臣在写给欧阳修的一首诗中有这样两句：“安求一时誉，当期千载知。”金吉泰的作品能不能流传千载我不敢断言，但他不会在甘肃儿童文学、农民作家的史册中消失是可以肯定的。

你们一定在天上畅谈童话

一位是甘肃文艺界的领导，著名的儿童文学作家；一位是田间劳作的农民，一生躬耕农田，终身痴爱文学。两人因爱好、志趣相同，抛开职业、身份差异，竟结成了长达六十年的友谊和纯洁的兄弟感情！

他俩，就是我的父亲金吉泰和赵燕翼老师，两位神奇的童话老人。

由于父亲的缘故，让我有得天独厚的优势，有更多机会接近赵燕翼老师和他迷人的作品，并受到许多教诲。赵老师与我父亲的长期交往，他们对甘肃儿童文学事业的贡献以及对年轻作者的关心提携，历历在目，令我感动敬佩。他们对我的关爱和帮助更是不时浮现眼前，让我无限怀念眷念。

“高大挺拔，国字脸，慈祥、和蔼，说话慢，令人敬畏”，赵老师的光辉形象深深刻在了我的脑海中。

1980年，父亲去兰州参加甘肃省第二次文代会，回来时带的《甘肃日报》上有醒目的照片，刚识字的我充满兴趣地读着：“作家赵燕翼、诗人夏羊、农民作家金吉泰和青年业余作者王兰玲在一起亲切交谈。”那时登上省报是无比荣耀的大事，我兴奋自豪之际，也从父亲口中知道了大个子作家赵燕翼老师，并牢牢记住。

时隔不久，我家贫寒的小院里走进一位高大客人，真正的高大，让矮小的我要抬头仰望。父亲说，这就是写下《五个女儿》受到文豪茅盾先生称赞的作家赵老师，来乡下深入体验生活。我总算亲眼见到了一直崇拜的赵燕翼老师。

1992年，甘肃省第三次文代会上作家赵燕翼（中）、夏羊（右）、金吉泰（左）在交流文学

赵老师对我很友善，笑眯眯地抓住我的手，问这问那，我胆怯地回答。我搞不懂，生活怎么能深入？这位作家很怪，他拜访的不是放羊的老头，就是剪纸的老太太。那时正是四月鲜花盛开，父亲和家人要去十里外的山地里种油菜。赵老师坚持要去，他像老农一样和我们家人一起在山地里撒油籽，耙土块，休息时还和邻地块的老农拉家常。那年雨水好，旱地播种的油菜丰收，家里榨了好多菜籽油。父亲让我哥哥给赵老师送去一桶油，并说这是他辛苦种下的油菜籽榨的，是他的劳动成果。

1986年暑假，全省首届儿童文学讲习班在省城举办。赵老师主事，请来了《神笔马良》的作者洪汛涛、北大中文系的曹文轩老师、上海复旦大学文学院的张锦江老师专题讲座。父亲领我去开眼界，我近距离见到了那些大作家。赵老师竟还记得我这个小熟人，关心问候。

1992年，甘肃儿童文学界的赵燕翼、汪晓军、邵振国、李栋林，还有我父亲去新疆乌鲁木齐参加《中国少年报》举办的西北地区文艺会议。学习、交流、参观、考察，回来后父亲特别说起了共游高昌故城时谈高昌王麴文泰是榆中老乡的一段逸事。

后来拜见著名儿童文学作家汪晓军老师，他记忆犹新地说，赵老师当时打趣我父亲，说我父亲年轻时貌似潘安，英俊得很。而我父亲则说：赵兄，别取笑人。汪晓军老师几次笑着给我讲起，可见当时的情景给在场的人留下了深刻印象。就在去年十月，汪老师看见《飞天》为纪念创刊七十周年拍的短视频《一生伴随〈飞天〉的农民作家金吉泰》，里边有我父亲年轻时的照片，他在微信里写道："赵燕翼说，金爷子当年'貌似潘安'。果然！"

赵老师带着甘肃少儿社的编辑来基层看望乡下作者或讲座时，一定会到我家中做客，两个老朋友亲切交流。

父亲专门写了《燕翼作品外国去》《赵燕翼曾是木刻家》等文章，介绍赵老师的创作，让更多读者全面了解这位甘肃大作家。我不仅看了报纸，还从父亲口中知道了赵老师更多的精彩故事。赵老师则写了《金爷爷的童话故事》评论，把我父亲的田园童话推荐给天真可爱的孩子们。

1994年7月，赵燕翼老师赠送散文集《我从黄土高坡走来》时，在扉页上如此深情题写：

"与金兄相交，已四十年矣，情深谊厚，如兄如弟。然文字之交，清洁如水，无铜臭之熏染，无酒肉之沉溺，道义人情、率真坦诚交友如此，可谓难能可贵矣！签赠新版小书，顺记数语，永以为念！"

受父亲影响，我拜读了赵老师许多童话作品。《金瓜儿 银豆儿》《五个女儿》是我孩童时最熟悉和喜爱的作品，20世纪80年代读《小燕子和它的三邻居》，90年代赏《铁马》《莺歌蛇舞》，2000年《半个匈奴人》《红蚂蚁 黑蚂蚁》《天马之歌》让人爱不释手。在父亲的推荐下，我还阅读了赵老师小说作品《阿尔太·哈里》《桑金兰错》，都让我受益颇多。

1997年，全省举办儿童文学讲习班。我和父亲共同参加，成为大家关注的"父子作家"。我珍藏着当时提交的"作业"，上面附有一页白纸审稿单，上半部分是冉丹老师的审稿意见，下半部分赵老师用红色笔迹工整而优美地写着：

“同意初审意见，删掉香港回归，只写盼盼与老枣树的交情；以前调皮是不懂事，对不起枣树爷爷。现在为它效劳换衣服，枣树爷爷高兴了，为盼盼结了一树大红枣，就完了。要写得简洁、短小、有趣，不可拖长。”

按赵燕翼老师的指导，我修改完善，最后这篇稿子收入《1949—1999甘肃儿童文学作品选萃·儿童文学卷》，这是学习班的成果，更是赵老师指导的结晶。

“一树大红枣”的描述，让我钦佩不已。这话我天天说，可写作时竟“文雅”地写成了树上有“许多枣儿”，或“无数的红枣”，文字显得苍白无力。

甘肃省作协编辑建国五十周年儿童文学卷时，赵燕翼老师是主编，汪晓军老师和我父亲是副主编，精挑细选、字斟句酌让两位老人有了更多深层次的交流。

一天，父亲给我带来一套五卷本的《赵燕翼儿童文学集》，装帧精美气派，一本《雁儿飞 马儿飞》的扉页上竟用毛笔赫然写着：

“雷泉小友存念并正赵燕翼敬赠二〇〇二年元旦于兰州”

这让我一个文学爱好者恐慌不安，又非常感动。

2007年8月，在风景优美的兴隆山下，举办“金吉泰创作五十周年暨《田园童话》出版座谈会”。八十多岁的赵老师兴致盎然，亲自赶来助阵，专门手写了发言稿，鹤发童话巨匠的发言铿锵有力：

“……金爷爷的童话故事，就是这样的优美，这样的意味深长！”

那情那景，那亲切感人的话语，无不让人感动。

一次，父亲安排我去赵老师家，具体事忘了。当时，我怀着激动的心情，敲响了那令人向往的赵家宅门。赵老师笑容灿烂地招呼我，亲切随和，问我父亲好。我环顾四周，家中简朴、普通而且有点零乱，到处是书，墙上挂着毛驴字画。在堆满书籍的阳台上，赵老师给我签名赠书《赵燕翼文学精品集》：

“雷泉文友存念并教正赵燕翼赠二〇〇九年于兰州”

文友，这让我哪敢承担得起，太高抬我了！

赵老师竟两次给我签名送书！他挺拔地坐在椅子上，一笔一画认真签字，让我铭记在心，感动不已。这既是对我的关心、鼓励，更多的是对一名文学爱好者的期望。

有一天，赵老师电话邀请我父亲去他家，没有说具体事由，父亲有点奇怪。按约定时间，父亲坐公交车从金家崖去省城赴约。回来后得知，赵老师举办了小型的金婚家宴。

父亲如此深情地写道：

“应约赴赵兄燕翼家，进门后方知是赵兄及嫂夫人的金婚节。所约客人不多，许维、汪晓军、张弛及我，张琳有事未来。赵兄细致，墙上悬挂特为金婚拍的大彩照，及当年旧式服装发型的老照片。照片两旁贴一副对联甚好：

半世纪忧愁不少 分忧解愁半世纪

五十年甘苦几多 同甘共苦五十年

此联殊为奇妙精当！”

这次纪念活动，让我父亲津津有味地给家人讲了无数次。

时隔不久，父亲去兰州回来后，又讲起赵老师在电脑上画毛驴的奇事，父亲讲得有声有色，充满兴奋与羡慕。父亲用生动的笔墨记录下赵老师童话般的精彩生活，散文《赵燕翼老师电脑画毛驴》在《兰州晨报》发表。你会发现：一位年事已高的文人，居然操纵电脑，画出一幅神气活现的毛驴儿，在画的上方题曰《千禧年试笔》，并打出说明文字《驴图题记》。我父亲感慨道：至今仍像个少年似的对新鲜事物感兴趣。

父亲年老后在农村生活，延续多年的习惯，每当红枣、玉米、洋芋成熟，定会坐班车送兰州请赵老师品尝。两位高龄好友居住城乡两地，却来往频繁，很亲近。电话就竟成了热线，他俩尽情畅谈着神奇美妙的童话。电话中，互相亲切地叫着赵兄、赵老师，金兄、金爷子。

过春节，父亲一定会打电话拜年问好，第一个就是赵爷子。三十晚上或初一早上，父亲坐在电话机旁的椅子上，拿起电话本，拨通电话，“赵兄你好，我是金崖老金呀。”父亲满脸灿烂，电话那头也是笑声不断，画面温馨，令人羡慕。

我们家里，只要父亲一说起赵老师，家里人都会准确地知道在说赵燕翼老师，就像老熟人或者亲戚。

2011年4月一天，父亲打电话悲痛地说赵老师走了。年老的父亲，坚持要亲自去赵老师家中吊唁。急匆匆赶到熟悉的雁滩公园旁边家属院中，赵老师慈祥的笑容已定格在相框里。父亲带领着我和一位农民作家，庄严肃穆地敬献了花圈，上书：赵燕翼老师千古！

老师，是我父亲对编辑一辈子的尊称，对清波老师，对杨文林老师，对赵燕翼老师都是如此。

记者在吊唁现场采访，父亲动情地说起了两人跨世纪的交往：“1955年，我给《甘肃文艺》投了一篇小说《特别使命》发表后，我就去了一次木塔巷，认识了当时的不少编辑，包括赵燕翼先生。记得一次，赵燕翼先生给我写来一封信，足足写了四大页，指出了我作品中的不足，还是用毛笔写的，哎呀，这样的事情现在根本是不可思议的。”

“一个好人啊。”这是我父亲对多年挚友做出的评价。无独有偶，大诗人何来老师对我父亲临终的评价也是两个字：好人。好人！

这是做人一辈子的最高标准。

赵老师走了，父亲很伤心，他饱含感情地写了纪念文章《高山金字塔》：

“我省写童话的儿童文学作家赵燕翼老师和我们诀别走了，而我这个从先生那里得益多多的草根作者，每次忆起他老人家，总是思念不已，眷怀不已……”

情真意切！赵老师，在我父亲心中就是一座高山，像金字塔那样熠熠生辉。

父亲尤其对赵老师作品语言非常欣赏。常说他的语言非常讲究、优美，有音乐感，大家手笔。父亲让我好好学习领悟，并当场示范讲解：

“小猎人持宝刀，背雕弓，渡陇河，……抽出雕弓，搭上羽箭，瞄准了，‘嗖’的一下，箭头深深穿透野牛的心窝。它大吼一声，倒在青草地上，死了。当阿龙解下锋利的腰刀，剖开牛膛……从死牛胸腔里‘噗噜噜’飞出一只小燕子，在低空飞旋了一圈，落到附近的一块青色巨石上，‘呼哧、呼哧’直喘气儿。”

这是《小燕子和它的三邻居》开篇。父亲竟能随口背诵出来！可见父亲对赵老师文章无数次的琢磨和欣赏。

赵老师对作品语言刻意追求、精益求精，有件事对我影响很深。

我家有一本赵老师的童话集《乌鸦女孩》，扉页上写着：

“吉泰老友留念，此书编者妄加删改，作者极不满意，故从未赠人，兹金兄得知面索，勉强送一本，聊为存念可耳。赵燕翼98.8.10兰州”

父亲八十过后，仍然勤奋写作，出版了《天生童话》《枫叶童话》集。童话创作已融入生活，创作童话成了责任使命，书写童话也是对赵兄的怀念。

父亲去世告别现场，有一位拄着双拐的中年妇女引人眼目，她是榆中农民作家齐梅菊。20世纪90年代，她在上海一家杂志上发表了一篇童话《小驴驹灰灰》，赵老师安排作协的人联系当地的文化部门，打听这作者的情况，说路途遥远，这作者无法联系。赵老师打电话给我父亲。我父亲骑着自行车到这位作者家中去送样刊和赵老师的“问候”。时隔不久，赵老师专程和出版社编辑靳莉等人到她家中送书，带去了关心和鼓舞。

两位童话老人，不仅自身坚持写作，还喜欢扶持提携后辈，为甘肃儿童文学鼓与呼。像齐梅菊这样受到赵老师和我父亲关心的作者还有许多，像我，像张琳老师等等，都享受过童话老人的雨露滋润。

生活在黄土高坡上的两位老人，像黄土一样纯朴深厚，像黄土一样哺育万物。

最近，整理父亲存书，发现一本1966年第5期的《甘肃文艺》，封面左下角用毛笔写着俊美的四个大字：燕翼藏书！书中，有我父亲发表的小说《村医》。

这本书，怎么辗转来往，里面一定藏着有趣感人的童话故事！

这本书，无声地见证了两人童话般的跨世纪交往和友谊。

常常思念父亲，但父亲的身影总会和赵老师同时出现，他俩联系得太紧密了，令人钦佩、让人感动。赵老师离开我们近十年了，我父亲也快三年了，两位童话老人一定在天堂畅谈童话。

“搞儿童文学的人纯洁天真，没有卖面的见不得卖石灰的，没有等级观念。”父亲常如此说道。这也让甘肃儿童文学界第一代的两位代表人物，互相欣赏、互相鼓励，携手并肩。

两位老人是编辑和作者，是文友，是兄弟，是童话知己。永葆童心，关爱儿童，痴迷童话，是他俩共同的爱好和追求。

他俩有一个共同的信念，就是以振兴甘肃儿童文学事业为己任！

噢，我懂了，是神奇美妙的童话把两位老人紧紧团结在了一起，并创造了无数美妙的童话！这是发生在黄土高原上田园般的童话情，黄土高坡上生长出的童话定能鲜艳绽放。

我深深知道，两位童话老人最希望、最开心的事，就是后辈作者创作出优秀作品。这方面张琳老师是甘肃儿童文学作家的榜样，中国少年儿童出版社金牌作家系列连续推出她的大作《我在大漠等你》《如果云知道》，这范儿定能让童话老人跷起大拇指、开心大笑。这是对童话老人最好的纪念。

致敬童话传奇！致敬童话老人！

四月的眷怀

春雨纷纷，让人断魂的清明节，电话中突然传来我的老师、时任敦煌文艺出版社社长王忠民先生逝世的消息。我蒙了，不敢相信，不愿相信，仅仅在一周前我们几人还坐在一起品茶，海阔天空，叙友谊，谈文学，展望未来创作，倾听先生关于出版、发行、创作的伟大抱负。

温暖愉快、活灵活现的一幕幕交往画面，令人回味。

初次知道王忠民先生的大名是上个世纪末。当时，《甘肃农民报》开辟“文坛趣事录”专栏，由我父亲主笔，每周介绍一位甘肃文化界名人的轶事。一天，我看见专栏上的《王忠民与火蛋鸟》一文，文章取材独特，观察细腻，文笔优美，读后印象很深。父亲说王忠民是甘肃人民出版社的一位作家，于是记住了他。后来去甘肃少年儿童出版社办事，才真正见到已任甘肃少年儿童出版社副社长的王忠民先生，感觉他文质彬彬，热情谦逊。

2007年秋，我酝酿在敦煌文艺出版社出版自己的第二本寓言集《闪电寓言》，先生已是敦煌文艺出版社社长，这才与先生有了深入的交往。每次见面谈出书事宜，他总是那样谦逊客气、细致周到，从合同的签订到编辑的确定，以及书稿的进展、装帧设计到封面的敲定，先生都给予了关注和指导。封面设计几易其稿，总是不能满意，为此先生专门请外社的名家来设计。2008年5月的一天，先生来电话开心地说：“书今天就送到社里了，你来看书！”我兴冲冲奔到敦煌文艺出版社社长办公室，一进门却感觉气氛不对，只见一向笑眯眯的先生严肃地板着脸。一问才知是印刷时封面跑

老年创作照

墨了，画面有点模糊。印刷厂的人用乞求的眼神看着先生和我，我含糊地说还可以呀。先生坚定地说："不行，重印，我们社的每本书都要精益求精。"书第二次印出来后，果然不一样，让人眼前一亮，精美大气，真要感谢先生坚持原则！

2011年，我父亲经过一年的激情创作，完成了长篇小说《农耕图》，当时只是想作为资料留存，找个小印刷厂随便印几本，自己过过瘾，没有正式出版发行的奢望。《甘肃日报》副刊编辑、儿童文学作家张琳女士看了书稿后，很是肯定，推荐给了王忠民先生。先生看后，对老人的创作大加赞赏，说老作家"活开了"，此书很有文学价值和史料价值，决定在敦煌文艺出版社出版此书，并由时任副总编辑的靳莉女士当责任编辑。在大家的关心帮助下，《农耕图》终于出版面世。我父亲多次感慨地说："《农耕图》是我捡来的果子，意外的收获，没有好人的帮助，是不可能面世的。"

之后，先生为了打开敦煌文艺版图书的销路，探索出版社多种经营发展模式时，我们又有了更多的接触。一次聊天时，先生谈起了名著《白鹿原》，谈起了陈忠实老作家，还谈起了陈老的书法，说两人特熟。我随口给先生说，方便时帮我求幅字，先生不假思索爽快地答应了。后来一次见面时，先生主动说，他去西安建筑科技大学，陈老有病，没好开口。我当然知道当今社会书画是不好求的，特别是大家的书画。再次与先生见面时，他和蔼可亲地拿出一个大信封，说陈老的字要上了。打开一看，"天道酬勤”四个大字映入眼帘，让人爱不释手，让人万分感动。先生这种说到做到、认真细致的为人处世哲学，真值得我等好好学习。

2015年3月底，先生带着社里几位编辑，我们相聚在黄河北岸一个古色古香的小茶馆里，商谈出书事宜。先生说“陇原当代文学典藏丛书”得到了省上的大力支持，在继续出版小说、诗歌作品的同时，要新增加儿童文学类作品。他详细地询问我父亲的童话和我的寓言创作数量、获奖情况后，说要列在当年的出版计划之中。并说，甘肃的儿童文学创作队伍单薄，特别是寓言创作，作为出版社就应该大力扶持提携。闲聊时，先生关心地询问我父亲的身体和创作情况，我说老人近年来又迷上了写戏演戏，不仅写秦腔剧本、小戏小品，还写山歌、“花儿”，并且四处奔波求情下话央人演出，不时受人冷落嘲笑，把自己不多的几个积蓄当作车钱和演出费用，子女们既担心又反对；每听到看戏群众夸奖戏写得好、演得好时，老人脸上就乐开了花；大雪天露天场地，落满雪花成了雪人，冻得瑟瑟发抖却一定要看到最后……这仅仅是为了闲聊、逗乐，兴致所致。不料先生却认真地说：这就是真正的作品来源于生活，又在生活中检验，服务于社会。并坚定地把我父亲的戏剧集也列入当年的出版计划，让老人赶紧收集准备书稿。一个茶饮，敲定了三本书的出版计划，这种关心支持基层作者和儿童文学创作的胆识与魄力让人感叹不已。

先生作为一位资深出版人，浸润出版界多年，对敦煌文艺出版社有着打造“西部文学的圣地，西部出版的灯塔，西部读者的家园，西部精神的高地”的梦想追求。在繁忙的公务之余，先生笔耕不辍，致力于文学创作，创作了近百万字的散文作品，并专心于幼儿教育和儿童文学的著述，先后出版了《儿童教育哲思哲语》《雀鷇新谭》等书，广受家长和幼教工作者的推崇。他的才华，他的人品，让我们仰望、敬佩。然而天妒英才，病魔夺走了先生年富力强的生命。此后，每次走进敦煌文艺出版社，经过先生原来的办公室时，总会不由自主停下脚步，探头凝视，总希望那门虚掩着，从门缝里会看见先生正在伏案疾书；总希望先生能站起来，笑容可掬地向我走来。

时光荏苒，先生离开了我们。先生关心出版的《农耕图》获得了甘肃省黄河文学奖长篇小说类大奖，敦煌文艺奖。精美的《金吉泰戏剧·曲艺集》已出版，“陇原当代文学典藏丛书”《快乐的小公鸡》《大款回家》也已出版，并且连续再版，还赫然摆上上海读者书店的柜台，而关心我们的恩人却已永远离开了他深爱的这个美好世界。

老人“活开了！”这是王社长对我父亲的评价，说了三四次之多。我当真了，这是社长的肺腑之言，是对我父亲的真心评价。寻思找个机会，想请王社长稍稍消闲时，专门写篇关于我父亲的评论《活开了》。

“活开了！”这三个字的评价成了王社长对我父亲一生最终的评价，也成了社长和我父亲交往多年友谊的见证，更给我留下了无尽的想念和感慨。

活开了！

可能有无尽的含意，也可能有王社长独到的见解，这只能靠文友和读者自已用心领会了。

春意融融的人间四月天里，先生的音容笑貌及所交所往，真让人无限思念，无限眷怀。

珍藏出炕烟味的书信

互联网时代，电话、微信、QQ、短信是常用的联系方式，还有社交软件，而古老的书信却成了稀奇之事。

父亲保存了许多信件，今天观看、阅读，意义非常。

看，信封形态各异，信纸五彩缤纷，书写俊丑不一，内容迥然有别。每一封信里，记载着一个个美好时空和瞬间画面。

父亲爱好文学创作，保存最多的是和编辑来往的信件。

1955年6月23日，《甘肃文艺》编辑部的便笺上写着："金同志：你的小说《特别使命》，我们准备发表，但未见你在稿件上署名，也未确定的通讯地址，请你于最近将你的姓名、住址及写作经过写信告诉我们，以便联系。"这是父亲保存最早的一封信，现已发黄且边角残破。小说《特别使命》是父亲的处女作，后来获知是清波编辑写来的信。此后岁月，清波老师成为我父亲的终生老师。1961年，《甘肃

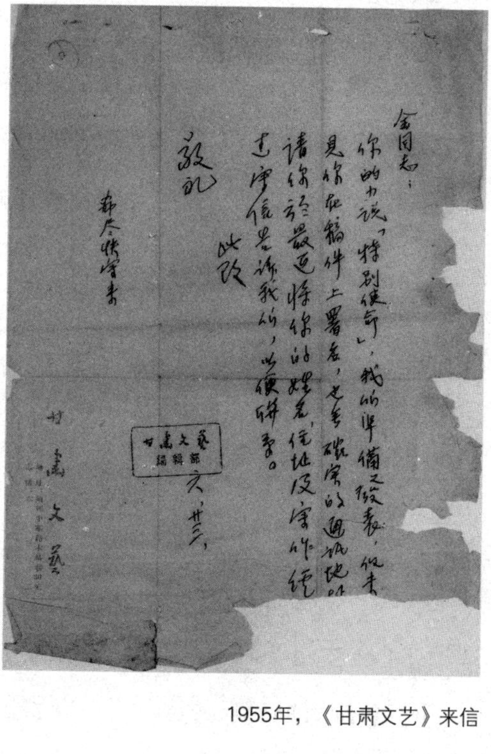
金同志：
你的小说"特别使命"，我们准备发表，但未见你在稿件上署名，也未确定的通讯地址，请你于最近将你的姓名、住址及写作经过写信告诉我们，以便联系。
此致
敬礼
六，廿三，
甘肃文艺编辑部

1955年，《甘肃文艺》来信

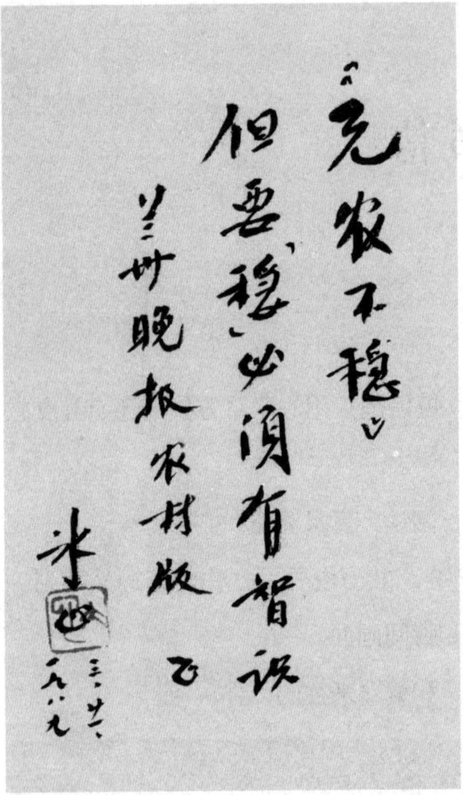

邀请冰心先生为《兰州晚报·农村版》题词

日报》社来信："短篇小说《醉瓜王》，我们认为这篇小说很精彩。"小说破天荒在《甘肃日报》整版刊发，这是父亲短篇小说创作的代表作。

《东方少年》编辑郑渊洁来信说："我认为这篇童话（《印进书里的雪花》）写得不错，有新意。"《儿童文学》编辑汪露露在信中说："您的《女孩和鹰》写得不错，简短有力，回味无穷，希望您多给我刊投些这样的稿子。"《童话报》编辑张丽杉来信说："您写的《哑树》，作品中的人物形象至今令人难忘。有些小读者来信说，拜读此文，泪流不止。"《今晚报》编辑吴裕成来信："童话已刊发。寄上样报。平常日子也是不发童话的。多少年来这是第一次。"

这些编辑来信，是父亲创作历程和成果的记录。想象一下，他刚刚接到信时，有多快乐自豪。天阴下雨农闲时，父亲拿出珍藏着的信件反复欣赏，该有多惬意和愉悦啊。

父亲在《兰州晚报·农村版》副刊当聘用编辑时，为搞好工作，扩大影响，毫不惜力，无一丝畏难胆怯之情，主动写信联系名家，约请题词。毛笔写的，钢笔写的题词来了：

冰心先生题了"无农不稳，但要稳必须要有知识"。

叶君健题词一页，其中有"履行无愧于我们伟大国家的公民的职责，为我们天真烂漫的儿童树立良好的榜样”！

孙幼军题：“通过兰州晚报向甘肃的各族小朋友问好。祝愿你们都有一个金色的童年！”

洪汛涛来信说：“知兰州晨报办起儿童文学副刊，很高兴。已题词，毛笔、钢笔各一，任选一张。”

文学大家的手迹，无论书写还是内容，都堪称珍贵，更何况是无偿支持、真情相助。每一次约请题词，都会引起报社同行的关注。有时，报社领导觉得内容重要，就安排在主报上刊发，父亲也觉得很开心。

20世纪80年代，作家赵燕翼在甘南草原深入生活，用毛笔小楷工工整整写了四页多的来信，与我父亲亲切交流，谈创作心得，谈深入生活，鼓励创作出优秀作品。

为提升所办报刊知名度，父亲写信向著名作家李满天、王汶石等约稿。作家李满天用河北省文学艺术界联合会的稿纸回信，字字珠玑，书写潇洒飘逸。而且附有一篇用毛笔写的短篇小说《访友归来》，2000多字，内容亦是写农村的。编辑们喜出望外，立即以显著位置刊登在副刊上。王汶石的信采用从右到左、从上到下的传统书写方式，满满两页，与作品一并寄来。信中书写工整，态度谦逊，对约稿的认真精神，精心准备的稿件，无不显现出大家风范。

大师，真正的大师，平易近人，专业认真，值得钦佩。

报社大院里编报的同行们非常好奇，问我父亲：“你是通过什么关系把名家的题词和稿子约来的？”父亲答：“没什么关系，只不过写了一封措词诚恳的信罢了。”父亲说的是真话，可竟然没有一人相信。

书信来往，还探讨交流文学创作。童话名篇《神笔马良》作者洪汛涛来信说：“您的作品我是非常欣赏的。我对那号洋味十足，如同外国翻译的‘作品’，极为反对。我提倡童话的民族化和现代化结合。”《儿童文学》现主编冯臻，当时还是一位编辑，回信说：“非常喜欢您提出‘田园童话’这一概念，觉得您在把握‘田园’题材方面显得更亲切，更熟稔。”后又回信说：“作为一名编辑能与作者交流是一件很愉快的事。因为作者信任你所编的刊物，信任你的编辑工作所以才投寄而来，若积极与作者沟通，才能学到更多的东西。像此次，金先生在信中介绍兰州一带的地理条件，才解开了我‘松鼠钻洞’的疑问。”

同宗金洁泉来信，“受你之托，对杨巨川、陆恩泰之事，我又托人查找了些资料。有些资料在时间上尚有不一致的地方。现另纸抄录给你寄上，请参考！”杨、陆二人均为甘肃榆中人，都当过敦煌县（今敦煌市）县长，这是父亲在落实、查寻相关史料。

常昌富是福建省一位文学爱好者，专门来过我家，睡过土炕，后来他去美国发展，不论在东南沿海还在大洋彼岸，都与我父亲书信交流频繁。

父亲还和年龄相差不多，在美国的侄子、上海的侄女，问好寒暄过去的岁月和如今的稀奇事。家中保存有多封来自美国和上海，同一种信封和笔迹的来信，一看就知来信者。

孙女在外地求学，爷爷写信洋洋洒洒，说爷爷奶奶日常生活、小狗出门玩耍、两只猫的故事，自己创作情况，来客评价，还有自己给自己画的画、唱的歌打了15分的趣事。随后爷爷感悟到：“人不可狂妄，但也不要自己否定自己，一事当前，自己先把自己吓死。俗话说：宁叫打死，不要叫吓死，是有道理的。人要有自信，你说对不？大概你在笑：老头儿说话，三句不离大道理，两句又不离说教呀！但是没办法，爷爷想改也改不了了，还希望亚亚支持爷爷。”瞧，爷爷平等地和小孙女交流。不愧是作家爷爷，信的内容是一篇优美而且充满真情的散文，是留给孙子的宝贵精神财富。爷爷喜欢写信，也喜欢反复读信，给孙子回信说：“你寄来的大信已收到，正如你信上说的，手写信的通信方式，自有其魅力！真是这样，像你这封来信，我摆在桌上反复读了几遍，又和你奶奶共读，这可是电话不具备的呀！”

一天，我在办公室收到一封来信，一看信封和字体，是熟悉的父亲字体。心中纳闷，周末刚刚在老家和父亲见过面，有啥事大事不打电话而专门要写信。“今日来信没什么大事。昨天去邮局买邮票，碰上卖一种大邮票，较美观，就买了数枚使用，现在给你的信上贴了一枚，盖了邮戳，可以收藏，写此信就是为了传递邮票。”当时，觉得父亲年过花甲之人还有如此雅兴，为一张邮票，写封信不值。今天，手捧此信，温暖得让人流泪。

父亲写给别人的信，我通过不同渠道也收集了许多封。给编辑杨旭青的信记录了《金吉泰儿童文学精品集》出版的交流，“上次所说《麻屋红帐白胖子》一文中，有几处要略微改动，现抄录于下，请您费神代我改过来”，信中抄写了原文，又用红笔添加了修改内容。给民勤文友焦熙生的回信，对他创作治沙主题的长篇小说《决战黄沙》非常认可，书信有七页之多，隔了仅仅两天又写一封，专谈修改建议，并详细谈了“的、地、得”的用法。给《兰州晚报》总编辑黄应寿和鲁正葳的回信记录了父亲接受邀请当聘用编辑的真实想法。给编辑王欢的信，谈了写反映1958年去洮河引水工程真实回忆文章的想法和感慨。给农民作者马金玲写信，记录了他写新闻《义犬救人》收集素材的情况，此文获得当年全国晚报新闻奖。

《甘肃日报》老编辑田企川著的《一心集》中，收有父亲的三封信，表达了父亲对报刊编辑发表作品的感激之情和对艺术不断追求的想法以及和编辑的交流互动情况。

这仅仅是一部分，也是信中的少许内容。每一封珍藏信，都存有感人的瞬间和故事，承载着时代的情感和记忆，值得永久珍藏。

书信整齐装在包里，锁在炕上的柜子里。土炕冬天用麦衣取暖，天长日久，炕烟味浸入了书信里。

熟悉的味道，是乡村的味道，也是父亲的味道，让人思念。

自写序言

拿起父亲出版的作品集，翻开封面和扉页，总能看到自序。假如没有自序，那后记是一定有的。

自序，自己给自己的作品集写的序言。

从1979年出版第一本短篇小说集《醉瓜王》到2021年出版童话精品丛书，共二十多本作品集，都是自己作序。这些序言或者后记像是导读，既像散文，更像童话。谈少年期盼，说西部特色，写成书过程，精彩作品产生或发表，自己感受或读者点评，都会书写，还有温暖的感激编辑、出版社之言。

《醉瓜王》是父亲第一次出版作品集。那是20世纪70年代末，甘肃人民出版社首次给个人出版专集，好事落在了一个农民头上。父亲在后记中颇为感激、兴奋，也信心满满地写出了今后努力的方向。

“爱听童话，那是孩童时代的事，后来编写童话，却是有儿女也有孙子的时候了（《小毛驴出国》）。”

“过去的传说，奇幻的现在，迷人的未来，撩拨起我强烈的愿望——去闯美妙的童话世界，敲一敲具有‘永久魅力’的童话殿堂。要不是我亲眼看见或听见，小朋友，我是无论如何编不出这些童话故事的（《戴金戒指的小猴子》）。”

“为自己口腹，耕种了好多年土地；为众多孩子，创作了若干篇童话。中国趣事，外国素材，一揽子写入其中。中国，是一个被列强欺负惨了的大国，反抗外国侵略，是中国特有的童话主题，是应该让孩子们知道的大事（《田园童话》）。”

“虽然我没有夜莺的歌喉，但我依然热切地想向我最热爱的孩子们唱出我心底最深处的歌。郑重捧送给我心中的太阳——小读者。这里头有刺激，也有激情；有善良，也有幽默与温馨，但绝没有什么有损健康的“添加剂”！好味道，好营养，请尽情地享用。这两本书就算是同样会唱歌的中国小夜莺吧（《金吉泰儿童文学精品集》）！”

“这里的丝绸古道，石窟文物，女娲补天，飞船升空，新事不少，传说多多，任谁置身如此境界，都会情不自禁拿起笔来的。人人都夸家乡好，我也不例外，把家乡发生的好事、奇事、趣事、大事用笔记住，编成童话传奇，和海内外的小读者心心相容，和海内外的大读者诚心交流（《月牙泉的天马》）。”

“《农耕图》这部长篇小说，艺术性很弱，重在史料性。书中的很多事、很多场景，都是我亲眼看见、亲身体会、亲耳所闻的。笔者身在农村七十多年，对农村里的风雨和农民的身影是稔熟的，并受过生产队长的吆喝。凡此种种，其情其景，历历在目，完全可以入诗入画、入戏剧、入史料。现将这些历史往事，按迹摄录下来，用长篇小说的形式勾勒成农耕图，为社会学家提供一份备考的史料。扉页上印着，读者对象：马克思的门徒，社科研究者。题记：历史流水账，度化人心篇。”

“《天生童话》是在几十年的童话写作过程中，我发现许多素材本身就是一篇不带人工雕琢痕迹、透出一种自然天成魅力的童话，就像那些图案丰富、形状独特、厚重质朴的黄河奇石一样，叫人赞叹不已。我用真实事件加童话写作的这种模式仅仅是一种尝试。而我也只是在实践中被那种自然天成的魅力所吸引、所折服，并陶醉其中，身不由已地加以记述。”

《金吉泰戏剧·曲艺集》说，“尝见纷纭社会里，茫茫人海中，时不时会爆出一些突然的料想不到的事儿来。这些事虽是意料之外，但也在情理之中，同时这些令人惊奇动人心魄的事中，往往包含有可喜可悲可恨可气的内涵。当此时也，总会萌生出一种把这事编成戏叫人看的冲动。这才创作了数量众多的戏剧、小品。吾携此剧本跑遍榆中山河，受了不少人冷眼并吃了多次闭门羹后，终于在三角城乡接驾嘴村遇到知音，终于让戏在舞台演出。”

《枫叶童话》是父亲生前出版的最后一本童话集：“现在我身老年迈，即将告别人世，但癖好依旧，在微弱的视力下，仍和小读者进行笔谈，这多像片片红叶落入孩童的小手中。红叶传书，让孩子们明白，要保护环境，要爱护树木，要爱护绿色。要做的不止这些，还要懂得博爱，爱亲人、爱同学、爱师长、爱邻居、爱祖国，同样，也爱那些热爱自己祖国的小朋友，让世界充满爱吧！”

这一篇篇序言，是散文，又似童话。序言，像条丝带串起了书中一篇篇文章。序言，是对书中作品总的介绍和补充，也使那些正文，充满了人间烟火。

有时，自序写完还意犹未尽，就再写篇后记，将心中的话给读者再说说。

《田园童话》后记：“具有自己独特魅力的童话，大人小孩都喜欢，也需要，本人更是情有独钟，痴爱入迷。农村里，天高地厚，到处都是童话。置身如此美妙的童话天地，就信手采撷，尽情收获吧！田园童话，就是这么来的。”

台海出版社出版的《月牙泉的天马》后记：“年届八十，行将就木。在即将和地球拜拜之际，夕阳里，编缀成一本有中国西北特点的童话书，承蒙编者的善举，使得这本小书得以呈献给远方的小读者，让孩子们尝试这类精神食粮。跟物质一样，文化精神生活多样化对未成年人的健康成长是有益的。”

散文集《沙漠人造海》整理好了，期待出版，原稿整整齐齐用塑料带捆住，有目录，有文章底稿，最上面赫然有写好的自序："在人生漫长的道路上，每天总要走新的道路，日日都会看到新的景象。日积月累，对世界的感知就逐渐深入了。很幸运，我省文艺界初创大型话剧《西安事变》时，我和几位编剧在一家饭店里毗邻而居，恰好《丝路花雨》的编剧又是我的好友；钱塘江的大潮使我惊奇兴奋，莫高窟的壁画使我久久伫立；嘉峪关城楼上的木格窗户使我仰望许久，山区窑洞的门前使我徘徊返复；黄土高原上的茫茫山海，使人恍如登临月球，兴隆山的苍松翠柏宛如江南风景一般……凡此种种，触景生情，有感而发，遂用文字将这些场景描摹下来，以供人们精神滋养。"

老人去世三周年，甘肃少年儿童出版社要出版金吉泰童话精品丛书，思前想后，继承发扬父亲一贯的风格用自序，父亲写的《令人痴迷的童话》一文作序最合适。文章是父亲2015年写的，介绍了老人对童话的喜爱和自己童话创作的历程和追求，我狗尾续貂添加了《枫叶童话》创作情况，以及老人临终前创作童话的介绍，由于我见证了当时的一切，情深意切，获得了编辑老师通过，成为自序。

父亲写序言，有独特角度和味道。读者会了解作者心声，会更好地阅读作品。

一位农民作家，一生出版了那么多的作品集，竟没有一本请名家作序，自己为自己代言，也是一件可以琢磨的事。

人生百味

人一生，会碰见许多人情冷暖、世俗势利之事。

生为农民，切身感受，感慨定会五味杂陈。

话未出口就错了

1976年，兰州市文化局抽我父亲去参与编写农业学大寨的剧本，供参加全国调演。

于是父亲拍拍身上的泥土，去兰州住在新桥南部文化宫的老子殿。一天去文化宫北部的豫剧团，和该剧团的老编剧老李，还有公交公司一位编出过好戏的年轻工人小张，三人一起操作。父亲作为农民，任务是只提供有关农村天气、工具、农民服装打扮、言行举止等情况和一些细节。

小张人极好，但年轻，想建立功业，特想起主导作用，讨论中，时不时和老李争执。每次老李询问一些农村情况，父亲陈述后，老李细听，但每每遭到小张的摇手和“不”，并加以外行的驳斥。

父亲老于世故，不与他争，因为当时戏剧调演竞争激烈，他们搞的戏不会弄出什么大成果。

一次老李又问及我父亲，父亲刚张口，“嗯”字还未说出话来，小张就急着摆手：“不！”

父亲严肃起来，低声道：“小张！”

他抬起头来。

父亲质问："你知道我说什么？你就说不？"

他一再赔笑，表示歉意，父亲不依不饶。

父亲更深地体会到古人说的"人微言轻"，也同时知道了编剧们的同行相忌。

向博士谈"大陆漂移"

有博士生率领一个地震检测组来榆中预测地震，住在三圣庙里，父亲去采访了他们。

当博士生谈完他们的工作情况后，在说明地震成因时，他艰难地要用普通话说明一些专业术语，而又找不到适当的言辞。

他努力地想给这位认真的农村老头讲解清楚，生怕眼前这个衣着简朴，身形瘦高的"土记者"听不懂地震的奥秘和专业知识。

父亲看见他太费劲，便笑道："大陆漂移，板块碰撞嘛！"

他一听这是行话，便笑着跳起拍手："对对的！"

初进演播厅

榆中县广电局的演播大厅建成，很有气派，邀请父亲去看看，老人有顾虑没来看。

那时，父亲70岁，又喜欢上写小品小戏，写出来后又想搬上舞台，就给我推销。

单位搞活动，安排把父亲编的几个小戏由局里职工排演，排练期间，请父亲这个编剧来看看。

一天，父亲在局里负责排演小品同志的引导下走至刚建成不久的演播厅。

父亲如此记录道：

"演播厅不大，但作为县级，其规模、陈设还是可以的。四个小戏的演员全是本单位的人。演员约十多名，他们全来了，坐在台下，四个剧组分别上台演练。因为他们大多数没有演过戏，没有舞台经验，其动作完全生活化了。”

导演很客气，表演后来到台下的演员更是虚心，他们客气地征求编剧的意见。

父亲虽于1976年在市秦剧团、豫剧团待过8个月，略知皮毛，但基本是个外行，不过父亲已摸清戏剧行当，编剧见编剧的拆台、抬杠；演员与演员之间也互不服气，不听话。

但在县演播厅里，导演很虚心，演员很听话，父亲提出了一些自己的意见和建议，他们全部虚心、客气地接受了。

四个小剧本在很短的时间内排成与观众见面，虽然演技尚有欠缺，剧本也有值得推敲的地方，但这四个小戏的主题是健康的，是度化人心，劝人为善的，用政策语言说是有社会效益的。父亲的心愿实现了，我的任务也交差了。

回到家，父亲开我玩笑，说沾了儿子的光，局长老爸的话有人听。

说得我很不好意思，就说，那你想多了，我们局里的同事干啥都敬业。

父亲笑了，你就哄着你老爸开心。

和尚拿腔

县广电局要拍榆中名胜景观专题片《淳化阁帖和肃王墓》，其中肃王墓的资料涉及“碧血碑”和五泉山大卧佛，由父亲带路，和广电局的摄像师一起去兰州，在文化宫南部拍了“碧血碑”，又上五泉山拍大卧佛。

卧佛殿里烛光辉煌，和管事模样的人联系说明意图后，他用嘴指向一个和尚的背影说，你去问那位师傅。

父亲尾随和尚进入一房间，和尚明知这老头找他，但他装作看不见，故意摆谱，拿腔作势。慢腾腾脱红袈裟，等大半天（比平常脱衣服慢了三

金吉泰（后排中）协助中央电视台“探索之旅”节目组拍摄“莽权”故事

倍），他把衣服脱了后，父亲说明要录卧佛的事，他才说他无权，要问某某才行。

父亲心里说，这位和尚，身披袈裟，但精神上仍是利欲权势的大俗人。因为俗人在人们求他什么事时，才这样拿捏、糟践、装腔、作势，看别人的可怜相，以满足自己的权势欲。

这位和尚师父，何苦如此！

父亲说时，连连摇头叹息。

粪筐上央视

真不可思议！

令人大为感慨：

我家那两只使用破了的柳条筐，底穿破损，已不能再用，一只劈了，另一只在底上铺一层塑料，用来清除旱厕里的粪便。

2010年元月一天，中央电视台“探索之旅”节目组一行四人来到金崖我家录制“莽权”故事。起因是，父亲去定西采访当事人秦恭，了解国宝莽权出土的来龙去脉，撰写了专访，还写入童话，引起了社会各界的重视。时过境迁，父亲俨然成了莽权的知情人。

因需要，还找了当地的四个孩子，再现当年秦恭在土崖上发现莽权的镜头。

四个孩子找来了，铲子找来了，但还缺个筐儿。塑料的不行，一个竹编的方形筐子也不成，无奈，父亲只得提起旮旯里那柳条粪筐说这个如何，编导说，这个可以，越破越好！

于是节目组的人连同四个孩子一起乘车到巴石沟的博达山土崖处，导演领两个孩子去土崖顶，其中一个提破筐沿土坡而下，发现莽权铜环以后，两个孩子就表演用破筐抬文物沿斜坡走上崖顶的动作，所有这些，全被支在崖下的录像机摄入了镜头。

倘使没有生命的物件有知，破筐儿连做梦也不会梦见有这样的好事。

4月下旬及5月下旬，中央一台及四台以“莽权传奇”为片名两次播出。父亲远在美国的侄子金槿泉来电话，说他们在美国看到了这一节目，看见了五爹（我父亲）在电视上作介绍。

这让父亲又是大为感慨。

书香相伴一生

一个地地道道的农民，竟与书结下了长达七十年的不解之缘。

父亲一生，书香萦绕陪伴。

父亲去世已三年，时时让人想念怀念，眼前总会出现书柜、存书，写作、看书的画面。

父亲七八岁在家中上私塾，由大伯教授。大伯是清末秀才，留有大量古版木刻书籍。父亲好奇中翻阅印刷精美的《三国演义》《水浒传》《西厢记》，封建社会考试用的《五经味根录》《八股制艺》等书。还翻看街上发行的报纸、书刊，有甘肃省政府的《甘肃民国日报》，第八战区司令部办的《扫荡报》，后改为《和平日报》，还有从北京寄来的《新青年》等报刊。

生在大家族，家中有人参加了地下共产党。他看到了从苏联驻兰州办事处带来的苏联画报及小说《静静的顿河》，还有大型杂志《文学》《七月》。

读小学时，总爱读作为壁纸糊在屋子墙壁上的《大公报》，上面登载着：日本军队侵占上海后，在虹口公园阅兵，有朝（朝鲜）尹奉吉两手提铝壶进入会场，挨近阅兵台时，冲出人群，朝阅兵台上投出铝壶，轰轰爆炸，日本大将重光葵、白川等人，正仰头看空军飞机，突遭袭击，半个阅兵台炸塌，大将们死的死，伤的伤。此后几天，报纸连续报道白川大将们

2014年，金吉泰荣获首届全国“书香之家”称号

的伤情。他便把有关这件事情的报道剪下来，针穿白线，把剪报钉成巴掌见方的“书”。这是他自制的第一本书。

较大时，到本村高小去读书。他收藏有一枚“当百”古铜币，常在手中当玩具玩耍。一位姓陈的同学看上了“当百”，就拿出一部有插图的字典要和“当百”交换。字典，父亲太喜欢也太需要了。从这部字典里，父亲了解了不少文字知识。

1949年8月兰州解放，16岁的他步行到兰州市去报名参加工作。路过新开的新华书店，买到一本陕北边区印的《赵树理小说选》。一看，书里竟全是写农民的。他如同发现新大陆一般兴奋，于是决然不去报名参加工作，决心留在家里当农民。一本书，影响他走上了文学路。

农闲时就以农民为素材开始写小说，几经磨炼，1955年终于在《甘肃文艺》发表了处女作。在当时，农村青年大多为文盲，根本不知小说为何物。

1958年，是火红的年代。甘肃省要用十万人引洮河水上山，荒山变良田，这巨大工程使爱好文学的父亲心动了，这是文学作品的好素材，把一条河流引到定西干旱山区，改变自然，全世界也是罕见的。解放战争没跟上参加，这伟大的引洮工程一定要参加，努力写出一本巨著，于是决定报名参加了。为了文学的冲动，一本书没写成，反而落了一身大病，差点把命都丢了。

20世纪60年代初，饥馑，父亲大病，动了手术，家中困难到极点。但家中还订有《人民文学》《文艺报》《译文》等杂志，那一本本书，给了父亲温暖，给了活下来的力量，也鼓舞父亲坚持创作。书籍是一服良药，伴随父亲度过了最困难的日子。

改革开放后，《安徒生童话》丛书出版，不是一次出一套，而是一本一本地出，父亲自己去书店买，也请托人买。一本本封面以绿色为主的书被父亲买了回来，爱惜地翻看，端正地摆上书架。还有《世界短篇小说选》，一个国家一本，也是父亲的最爱，出版一本买一本。

父亲创作的带有泥土芳香的童话登上了上海、北京的国家级儿童文学刊物，还出版了自己的作品集。父亲爱不释手，看了又看，阅读欣赏享受。不识字的母亲不解地问："你把那书尽拿上看，有啥看头？"父亲笑着说："你不懂。"

父亲少年时被感动的一本书是意大利作家艾德蒙托·德·亚米契斯著的《爱的教育》。父亲把书里边的《万里寻母记》《小抄写匠》念给我们姊妹们听，感动得我们热泪盈眶。过了多少年后又给孙子们读，同样感动得热泪滚滚。这本书成了我家教育孩子的经典。父亲又把《万里寻母记》改编成连环画脚本，请画家插图，在报纸副刊上连载，让更多的孩子受益。

斜靠在折叠方整的小被子和枕头上，在土炕上的窗根里，借着窗棂上一片玻璃的亮光，一年四季，父亲闲暇都在那儿看书。这是父亲在家中经常看书的非常享受的经典姿势。那模样，像一幅木刻画定格在我们子女心中。

家中书柜，摆放着一排排泛黄的书籍。父亲老年翻晒藏书时，看见当年读过的文章《译文》《世界文学》里的《好兵帅克》《我怎样编辑农业报》等作品时，还是两眼发光，赞叹真不愧是文学经典，推荐让我们好好读读。

快八十岁时，父亲说要写一部长篇小说，我们吃惊了。他用积累一生的生活素材写出了长篇小说《农耕图》。因为思考了一辈子，人物情节成竹于胸，十个月一气呵成。长篇小说还有这样轻松写成的，真是一种幸福与享受。这本父亲唯一的长篇小说，也是他最看重的书。临终时给子女们交代，有机会了把《农耕图》翻译出去，让外国人也看看中国农民的真正生活。

步履蹒跚，又患眼疾，写作是盲写，凭感觉写，但仍在坚持。写作已融入生命，生活离不开写作，写作能让父亲身心愉悦。一篇一篇地写，写了近七十年，写出了二十多本书。

一天，父亲说想再看看埃德加·斯诺写的《红星照耀中国》。家里人赶紧从网上买来，父亲很开心。家里人读，他听。父亲一边认真地听，一边感慨地加上几句点评慨叹。病危时，我们主动给他读，以此来减轻痛苦。他听了一大段后，摇摇头说不想听了。这本书没有读完，斯诺的活动永远停止在了延安！

这么爱书的父亲，在他身上竟也发生了把珍贵书籍当作垃圾处理的蠢事。解放初期，一派新气象。青春期的心态加上当时反封建思潮，总认为上辈人的一切都是过时而腐朽的，死活看不上家中的古铜香炉，连同字颗很大的木制版古书《三国演义》《八股制艺》《天元选择》《御批纲鉴》等，如垃圾般推送给收破烂的。几十年后，父亲如此反省：“这是我干的一件最大的蠢事，在晚年引为一大憾事。随着年龄的增长，对此深悔不已，而暮年尤甚。”

家中靠墙的书架里，装满了一本本图书，这是父亲留给后人最珍贵的财富。父亲使我们懂得：读书，能使人战胜艰难困苦，能使人幸福快乐，能使人成熟强大。

爱说的几句话

父亲去世后，他爱说的几句话，时常在我耳畔萦绕。

拾了个跌果

快八十岁的老人决定要写部长篇小说，令家人非常吃惊。

父亲说到做到，每天手写两三千字，十个月写一尺多厚的稿纸，有四十多万字。想到正式出版困难，父亲决定先用内部刊号，自费印制。

全家人齐上阵，书名书写、版式设计、插图、编辑、校对，都是家人的杰作。书印出来了，油墨飘香，像模像样。

手捧自制《农耕图》，父亲说，这是拾了个跌果。书中内容他思考了一辈子，收集了许多素材，怕写不好，央求别人来写，他提供的素材，可无人应承。担心积累了几十年精彩生动的素材遗失，怕带进棺材，只好赤膊上阵。对这

金吉泰表演扁担戏

一枚拾到的跌果，他格外珍重，亲自把《农耕图》样书送到省、市、县图书馆，以及档案馆和周边学校。

很幸运，《农耕图》被甘肃省委宣传部列入重点扶持文艺项目，由敦煌文艺出版社正式出版。父亲还是说，这是拾了个跌果。

《农耕图》先后获得敦煌文艺奖、黄河文学奖，父亲还是那句老话，拾了个跌果。

辣得很

“辣”是土话，意思就是舒坦，幸福，滋润，高兴，美。

父母亲在老家院中居住，我除了周末陪伴外，平常只能是电话问好。消闲时，天阴下雨，天气突变，重要节日，我都会打电话询问，聊几句。

一接通电话，父亲就会说：“我估计着是你。这周回来不？”当我确定说回去后，父亲总是说：“你忙就不回来了。”其实父亲盼着我回去。

父亲照常又会说：“我现在日子过得辣得很，你哥嫂们照顾得好，我一天躺在烫炕上，舒坦得很啦。”

那是一个周四晚上九点多，打电话给老家。父亲一听我的声音，笑哈哈地说：“你是不是担心你老爸的生活，好着呢，现在一天辣得很。”

第二天清晨天还没亮，家里来电话，说父亲住进了医院。我赶到医院时，父亲躺在床上，有点不好意思地对我说：“耽搁你今天又没能去上班。”

父亲仅仅住了三天院，就坚持回老家。仅仅一周，父亲离亲人而去。

那时，我觉得父亲说的话在骗我。

收集、整理父亲一生的创作，我深深懂得了父亲的精神世界。我相信父亲说的是真的，日子过得辣得很！

父亲说的是精神，而我考虑的是仅仅物质。如此而已。

往大处投

每次见到农民作家，父亲都特别开心，也特别放松。一是人熟，二是亲近，可以说点知已话。大家都会说，最近在写啥，又在哪儿发表了作品。

父亲总会鼓舞大家“往大处投”。就是要往外省，往北、上、广，往中国有名的刊物《人民文学》《当代》《诗刊》《儿童文学》处投。若谁有在外地发表稿件，大家会激动一番。

父亲会拿出自己作品的样书，《儿童文学》《中国作家》《读者》（原创版）等，借此鼓舞农村这些并不自信的乡土作家。说自己这么大年龄，还敢往外投，大家都还年轻，更应该往大处投。

农民作家，由于天生缺少点自信，不敢往外面、往大处投稿。

这是父亲对他最亲近的农民作家的热忱鼓动和殷切希望。

老天爷不错

父亲一辈子很知足，尽管别人觉得他吃了大亏。惋惜地说，写了一辈子稿子，又去报社干了二十多年，到头来还是个农民，连个退休工资都没有。

父亲不以为然，他对现状、生活很满意。

父亲爱好文学，有新作品发表或作品集出版，父亲就会说，老天真的不错。父亲关注家庭教育和子孙成长，当大家学业、工作顺利或取得小小的进步时，父亲就会说，老天爷对我们不错。

父亲常说，要在事业上往大里干，其他生活要求可放低些。

病危中的父亲，看到了新出版的精装本《快乐的小公鸡》竟坐了起来，摸摸书皮，翻看了几页，听我读完了目录，他说：“老天爷对我们不错。”

父亲前半生坎坷，后半生遇上改革开放，他在书中写道：自己“躬逢盛世”。

老天爷不错，是父亲坦然、满足现实生活的真实写照。

别说过分的话

“谁把我老金不知道，别说过分的话（宣传）。”

这是父亲临终的遗言。他一辈子没说过过分的话，也要求我做到。

父亲过世后，写纪念文章、召开纪念座谈会，都小心翼翼、不断揣摩，思考有没有过分的话。

想想父亲，写了那么多文章，别人为他写的书评、宣传文章，都是主动所为，父亲没有专门请别人来评论作品和人生。多数都是稿件发表在报刊上，父亲才惊奇地看到，然后感慨、感谢一番。

父亲出版了二十多部作品集，都是自序，没有一本请名人作序，你说怪不?

父亲像种庄稼一样，踏踏实实地耕耘写作，希望春种秋收。

做个正常的人

要做个正常的人。

父亲教育家人时常这样说，我还有点不同意，谁不正常？这标准也太低了吗？

父亲说的意思是：不要有病态的心理，如领袖欲、唯我独尊，如嫉妒、不服气、见不得别人好，如看不起、谄媚、诋毁别人，如惧怕强者、欺侮弱者等等。有些人看起来很健康，很正常，但心理不正常。

父亲说，人，活着要有健康正常的心态，既有利于社会，也有利于个人身心健康，要积极、乐观、豁达，勇于正视困难，要发扬人性美好的一面。

父亲还特别讲到了人间亲情的美好。要讲亲情，一人有难，大家慰问；一人成功，大家庆贺。讲亲情还是一种精神享受。互相走动，留下美好回忆，退一步讲，这种亲情和温馨对人的健康也是有益的。

达到这些标准，在父亲眼中就是一个正常人。

冷眼看去，世间还真有许多不正常之人。

坐在桌前又活了

耄耋之年的父亲住院，动了眼睛手术。医生要求少看书，不要写字。家人像得了圣旨，双手拥护，并督促落实。

父亲躺在炕上实在无聊，就央求子女，每天写四五十个字。并且伸出一只手的五个手指头，竖起手掌摇摇，表示再不多写。还说，不然定定躺在炕上，活着有什么意思。

见父亲可怜巴巴，家人于是同意。

父亲挑选了特别洁白的复印纸，又找了笔头比较粗的中性笔。在白纸上写字，把字尽量写大一些。不敢多写，一天也就写上几百字。主要是写童话、小说，偶尔有什么好新闻素材也写一下，心里构思成熟，一气呵成写出作品，父亲就感觉舒畅多了。

家中北房最东侧的小房里，有一张陈旧的木质写字台，每天父亲写作就坐在那儿，写写画画。

他说："只要一坐到桌子前面，就感觉我又活过来了！"

那间小书房是天地、世界，靠背椅是驰骋的坐骑，桌子是纵横的战场、田园，手中的碳素笔和稿纸就是武器，在他精神、思想统领下，开疆拓土、收获硕果。

我是农民

20世纪末，时兴名片。父亲也有名片，名片头衔是"中国农民"。家人觉得农民有啥好写的，如写上甘肃省作协理事、兰州市作协副主席，或者写上《兰州晚报》编辑、记者，多气派、多光彩。父亲的朋友也劝，农民身份写上别人会轻视你的，父亲坚持说，"我本来就是农民嘛"。

后来出版《田园童话》《金吉泰儿童文学精品集》《天生童话》作品

集时，封面上赫然标着“中国农民金吉泰著”。这一独特身份标注，有人觉得新颖，有人摇头觉得不好。兰州大学文学院院长李利芳教授在评论文章《金吉泰的童话理想》一文中写道：“作者署名为‘中国农民金吉泰’，这一概括是先生自己对其精神立场与文化身份的一种定位。”

父亲很怪，文艺界领导或编辑在位时不主动联系，年老时却联系紧密，时有小聚。在玛瑙般红枣挂满枝头时，父亲邀请省文艺界老领导、作家、诗人、编辑、文学爱好者来家中相聚，喝小酒，品农家小吃，谈天说地，赋诗写书法。杨文林老师专门写了一幅“中国农民”书法作品相送，父亲很是喜爱。交往55年，杨老师知道农民老金的精神追求和抱负。

文学爱好者、周围大学里的天之骄子，慕名而来拜访，父亲总会主动说“我是个农民，是个文学票友”。

父亲去世后，中国作协会员、《兰州晚报·农村版》原主编鲁正葳写了报告文学《他，就是那个“中国农民”》。不愧是老领导、老同事，熟悉为人作文处世，不愧是报告文学大家，文章选材、文笔、感情精准，读者都说写得好，写得传神。

中国农民，值得尊敬!

有野性

夏收换茬，父亲按惯例请假一周，拔麦子、栽绿烟。烈日炎炎，农活繁重，汗水、泥土、麦衣沾满衣服和脸上。坐在地埂上休息，父亲说：“我是个野人，就喜欢野地里活动。”

我一脸惊异。父亲继续说，在大田野地里干活，出出汗、吹吹风、身上沾些泥土觉得全身舒畅。早上出来，在后山坪上走走，空气新鲜，庄稼绿油油一片，天都觉得近，全身筋骨舒服，一天干什么都畅快。

我有点不解。刚考上中师的我，对大城市充满无限的憧憬。父亲是位作家，又在省城当编辑、记者，却喜欢农村生活。父亲不仅这样说，而且就这样做，每周末都回家干农活，还在榆中北山白家、南山范家建立了生活联系点，不时去住个两三天，搜集素材，写出了无数充满生活气息的优秀作品。70岁上父亲从兰州返回老家，还坚持干农活。直到80岁实在干不动时，才不再操心农活。

85岁那年，父亲身体更差了，但几次说想去榆中北山看看。我心里想，老人眼睛不好，那光秃秃的荒山黄土，有啥看头。国庆节陪老人进北山，蜿蜒的巴石沟国道，车摇来晃去，但老人很是兴奋。不时问，是不是到了某某地方，沿路的骆驼脖子、卧牛坡、大涝池、梁坪，父亲都熟悉，估计得不错。在贡井乡一山顶开阔处，父亲下车，站在路边山坡上，久久向远处眺望。

父亲说，自己有野性，就喜欢到北山里来，看这光秃秃的荒山有一种特殊的美，觉得亲切，莫名其妙的开心快乐。

父亲兴头很大，指挥着我开车又来到了中连川乡。指着一农家说，那是当年江泽民主席看望慰问过的贫困户家，并述说当年他采访的情景。车继续向东前进，看见了会宁的村庄和对面靖远险峻的高山。父亲凝视一会儿，然后说，这山和榆中北山的山形气势不一样。

回来时没有走原路，从鸡冠梁上回家。那儿有一片绿意盎然的林场，成林的耐旱植物和遍地的柠条。父亲当年在这儿采访过守林人，说这儿的鸟雀鸣叫，守林人都能听懂，还会交流。曾经的点点滴滴，父亲记得清清楚楚。

天气阴沉，坐车穿行于荒凉的北山，整整六七个小时，老人没有说累，没有说冷，一直舒心快乐，好像是在游玩名山大川。

父亲最后十年，是他创作的又一个高峰期，真可谓文思泉涌。他说，生活在眼前，就像过电影一样浮现出来。父亲的有野性就是喜欢深入生活，深入基层，亲近黄土地和老百姓。父亲的作品来源于生活，有野性，所以有生命！

磨不掉的回忆

——家人眼中的金爷子

父亲一辈子痴爱文学，钟爱方块汉字。老人去世后，子孙们用文章描写深藏的怀念，这是对老人表达的最好纪念。

稚嫩的回忆

重孙，尽管太爷爷特别心疼，孩子们毕竟年龄小、记忆少，或者远在外地，一起生活的时间不多。

金梓萌，今年上二年级，是写文章的家人中年龄最小的孩子。她在《稚嫩的回忆》里说，每次回老家刚到大门口，家里的小狗就“汪汪汪”地叫开了，太爷爷听见就从屋子里出来问是谁，我说是我，太爷爷的眼睛虽然不好但是耳朵很灵，一听声音就知道是我。他说：“哦，是我的萌萌吗？”我说：“是的。”太爷爷这时就凶开小狗了：“狗娃子再不要叫了，把我的萌萌吓坏了。”到屋里后，太爷爷拉着我的手把我抱上，给太奶奶说：“老的个，给萌萌把你藏下的好吃的拿出来。”太奶奶就会给我拿来好多好吃的。我对太爷爷的记忆有点少，太爷爷在送给我的一本书上写道：“梓萌伸小手，伸手要书看，只要爱看书，有的是好书。”另一本书上写道：“梓萌，小童话，你们一起来玩耍，日子一天天过去了，你们一起都长大！”现在看到这些话，我就十分想念太爷爷。

小学生樊凌云说，我的名字是太爷起的，感谢他为我起了这个有寓意

金吉泰80大寿时与亲朋合影

又好听的名字。太爷写的童话《驴妈妈接新娘》《猴子探亲》等文章都有趣极了。我怀念那位总是戴着他特有的帽子，脸上挂着慈祥的笑容，轻声细语跟我们交谈，永远写小朋友爱看的童话故事的老先生。

金吴玉砚远在成都，只有过节或假期时，才能跟着父母回老家与太爷爷相聚。她写道：隐约地看到，一个大大的院子，两个大枣树的枝叶迎风轻摆，小花园里不认识的小花不停地晃动，白发苍苍的太爷爷坐在椅子上，和蔼地看着我，一只白色的小狗慵懒地趴在太爷爷脚下，一起在晒太阳……

中学生王鼎文笔流畅，《太爷，这里有我的回忆》：推开门，映入眼帘的是一些照片，转眼望去，我用铅笔画的那张邓紫棋，如今还挂在那里。我想起了太爷看到那幅画的场景，有些吃惊，但眸中含情脉脉，嘴角轻扬起一弧，宛若一抹霞从太爷脸上走过，记忆中的笑容也是如此灿烂无暇。您缄默地浅笑着，把吃的喂给小猫。还有我们的“老三”，也就是在金崖的那只白色毛的狗，可惜的是，那只狗也不在了……

丹丹、薛清月、杨景兰、杨景麟四人是大姐的四个孙子，她们回忆太爷的是《童话小院》：“从小到大，每当奶奶带着我们去到金崖，去那桥头上坡古朴的小院子，我们总是带着无尽的雀跃与期待，因为那是太爷和太太缔造的‘世外桃源’，是用童话装扮的快乐花园，是小朋友们自由奔跑、无拘无束、亲近泥土、招猫逗狗、甚至爬高上低也不会被‘斥责’的秘密基地。临近傍晚，来看望太爷的舅爷们、姨奶们和我们开始三三两两收拾了起来，一家一家地出了院子门，静谧渐渐笼罩了下来。太爷、太太坚持拄着拐杖站在院子门口向一家一家送别。”

时光带不走的枣儿

十三个孙子和爷爷隔辈亲，一起生活时间多，听着童话长大，留有许多独特的生活记忆。

小孙女亚里在北京校园写了《时光带不走的枣儿》：父亲不远千里带来了老家院里的红枣，看着这些经历过颠簸的枣儿，我的脑子里想着的是树下的爷爷。爷爷奶奶五十多年的照顾，使得枣树茁壮成长，枝叶茂密。爷爷不在了，枣儿还在，我们的回忆还在，有些东西时光是带不走的。金爷子仿佛还在院里，站在梯子上，创作着自己的壁画，那是他的杰作，也是我们后辈宝贵的财富。

外孙苏迪有个性，是孙子们中间少有的敢给爷爷提意见的孙子。他写了《双面外公》：在天国的外公你是否还是那么爱“管闲事”，我突然有点想你。2018年的5月那个傍晚，妈咪突然打电话给我说：“儿子，妈妈的爸爸没了。”我鼻子一酸，眼泪止不住地往下流。那个没事让我去水渠捡垃圾、不让我跷二郎腿、还喜欢搞个自己不懂的小品秦腔的外公从我们大家的生活中消失了。在您的指导下，那些农民发现自己也可以演小品、唱秦腔，当他们的欢声笑语响起来的时候，您的眼中满是欢喜。

孙子金培威、孙媳许佳莉写了《留在我们心底的身影》：“记忆里，每天放学就坐在院子里听爷爷讲他自己写的童话故事……爷爷晚年，周末我们回老家，还是在小院里，还是爷爷和孙子，只是角色变换，爷爷听，许佳莉和我坐在爷爷旁边慢慢读给他听。有时读报纸上有关爷爷的报道，有时读爷爷写的童话作品。爷爷听得那样认真，那样幸福。”

正在读博的外孙女苏洁写《追思外公》：“外公给我和小花拍了张照片。这幅照片，现在还挂在家里。看着它的时候，会想起外公的谆谆教诲，会想小花尚且能从恶劣的环境中破土而出，我又有什么可害怕的呢。”

外孙女王婷在《清晰的记忆》里记录了她给爷爷帮了一个大忙，临危受命，破天荒把砍菜花编成舞蹈在打麦场上表演，居然还客串了那场演出的主持人，但平时较为内敛的我一点儿也没害羞和紧张，大概是因为外公给足了勇气和底气。当时是冬天，但却一点儿也不冷，鲜活的记忆里是外公满意、开心的笑脸。

孙媳王佳生长于山西太原，尽管加入这个大家庭时间短、来这个小院次数少，但也有《磨不掉的回忆》：“让我再次感受到爷爷地位的时候，是2020年春节前夕。我们一家三口坐高铁回家过年，无意间在高铁的移动数字电视上看到对爷爷的采访，是关于高铁故事的。作为铁路人，在千里之外‘自己的地盘’上看到这样的访谈，自豪感油然而生，那种心情是不可描述的。”

孙子金明写了《我的爷爷》。小的时候，爷爷常带着我和弟弟“集体”活动：早起晨跑、拾捡垃圾、上山植树、甚至挖山开路。有时候我和弟弟贪玩不愿去，爷爷就拿“劳务费”——一碗喷香的牛肉面来诱惑我和弟弟，每次都会成功。有一次，我们去山上的地里锄草，锄完草时间还早，就想着去烤玉米。自家地里没有成熟，就掰了别人家的烤。烤好后留了两个，拿回去和爷爷奶奶分享。结果爷爷回来后看见玉米，很生气，他严肃地告诉我们这样是不对的，给我们“奖励”很多的道理。当时我和弟弟还是很委屈的，就商量好了下次再烤就自己吃，不留给他们了。

外孙女杨彩虹写了《我的姥爷》："姥爷总会问起考试成绩，大姐总会抢答，因为她的成绩一直比我和弟弟好而且很优秀，而我和强子总是躲在妈妈后面，或者找理由往院子里跑。后来再回去时，我们俩索性躲着姥爷，生怕再问起学习的事。由于没有学历，后来在寻找工作中，爷爷不断叹息，要是有个专业技术多好啊，我感到非常后悔。"

侄孙金凡远在福建泉州，给五爷写的纪念文章里说："年少时，一次意外我养病在家，卧床数月，心情苦闷，遂写诗一首，抒发心中郁闷。二爹来看望我，让我写下来拿回去给五爷看。过了几日，五爷回信于我，这是我和五爷第一次通过文字交流。他感受到了我内心的痛苦。回信中，他勉励我安心养病，并告诉我摆脱心中痛苦的方法——读书。按照五爷说的，为了让内心安静下来，翻出了以前的书本，慢慢地开始看，看了一段时间之后，发现以前不喜欢的课本，居然如此有趣，像入了迷一样，一边看一边做笔记，最后报名参加中考，居然考上了高中。这让很多亲友都觉得诧异！"

孙子金亮是爷爷口中的"老班长"，他非常《怀念爷爷》："初中毕业，在离家将近900公里的陕西渭南，当了一名野战部队战士。那时候通信方式就是写信，基本每月，都可以收到爷爷的信。大年三十，可以有电话用，排队半个小时，通话5分钟，听到家人声音的时候就是幸福。到部队第二年，我当了班长。一次，部队外训，正好要路过兰州，便很高兴地和家人约好了见面的时间地点，终于可以见见了。但是，忽略了部队的管理。在兰州休整了大约3个小时，当我们彼此找到见面的地点时，留给见面的时间不足半小时。那时，已是晚上11点左右，月亮很圆很亮，在火车站平整的站台上，我们能清晰地看到彼此脸上的笑容，眼中的思念，还有爷爷的皱纹。一家人围着，热切快速地问候。那一刻，月光下，再多的语言都是那么的无力，就算是简单的看着彼此，能感受到的只有爱。"

孙子金培元、孙媳李莹在河北保定，两人合写了《时间都去哪了？怀念爷爷》，两人穿插讲述，很独特。元：“我在家里是长孙，受到长辈们的关心爱护也最多，尤其爷爷更是宠着我。”莹：“那是我第一次在异地他乡过年，一想到要面对一大家子陌生人，而且还听不懂西北方言，忐忑中不知道该怎样融入这个大家庭。没想到爷爷奶奶很早就到胡同口等了，热情地拥我们到了屋里。爷爷知道我听不懂方言，努力用普通话问候了我，奶奶安静地坐在一旁，看着我亦是满脸慈爱。”元：“为了陪我读书，爷爷先后在《质量服务报》《青少年摄影报》打工当编辑。每周一，爷爷从老家给我背着馍馍和其他用品，中午在校门口等我，带我出去吃点好的，牛肉面给我加肉加鸡蛋，但是他什么也不加。”莹：“平时工作生活在河北，一年中回到甘肃老家只有有限的那么几天，但是大部分时间在爷爷家度过。爷爷会跟我这个孙媳妇聊聊文学和创作思路，有时也会问到我最近在读什么书，有什么读书感想。每一次聊天内容，都可能成为他的创作素材。”元：“2008年，我博士毕业留校后到保定挂职并工作，爷爷其实刚开始还是希望我搞科学做研究的，但他尊重我的选择，鼓励我好好工作，多做实事好事。邀请了无数次，第二年爷爷来了趟保定，观看了地道战、野三坡、直隶总督署、白洋淀和孙犁纪念馆等，还去北京瞻仰了毛主席纪念堂，爷爷很高兴。”

我的老父亲

家中姊妹七人，我最小。如今我已知天命，大姐年逾古稀了。哥哥、姐姐多年都没摸过笔，让写纪念文章真会难为他们。可孙子、重孙辈写得真好，心又动了，儿女们必须得写几篇。跟尕哥、尕姐一沟通，都爽快答应。给二哥说时我多了个心眼，说让他给我提供些感人素材，写在纸上。二哥答应了。

小女儿金润环写的是《我的老父亲》：“初中时，我患了头疼的病，最后中途退学了，为此父亲一直后悔。当我带两个孩子去榆中借读，一待六年，此间遇到了不少困难和压力。父亲和母亲总是以他们的方式帮助我、开导我。现在，我的女儿、儿子已是博士和硕士。父亲夸奖我，有一股韧劲。”

三儿子金哲泉记录了《父亲临终前的话》：“哲泉，你现在的生活条件，要比我想的差。如果你读书时多听一点话，就一点，你这么多年也不用靠种地、打工生活，你完全可以是另一种生活……不过近几年表现还可以，希望你在我离开人间以后继续这样……这是父亲临终前一天晚上单独给我一个人说的话。当时父亲是说说停停，没有一句话是完整的，声音也是忽高忽低。这中间有对我的失望，也有期待。父亲的话每一个字都在我心中，我将永记心中，我也懂得您那句话的意思，我们一定会了却您的心愿。”

二儿子金酒泉写了《永远的怀念》：“日月如梭，光阴似箭，父亲离开我们已经快三年了，但是有两三件事反而更清晰了。1960年大饥荒，人人饿着肚子。有一天，五岁多的我不知从哪里拾到一根菜根拿回家躲在墙后面啃。有病的父亲从炕上窗眼看到后便喊‘酒泉，你来’。我听到后便把菜根放到墙根的一个大石头后面，走到屋里，父亲问我你拿的什么，我有点怕没有说话，父亲便说让我把东西拿回来。我小心地去墙根把菜根拿给父亲。父亲就用一把小刀把菜根的皮削掉，给了我，摸着我的头说‘唉，我的娃’。回忆到这里已是满眼泪水，真想大哭一场。70年代中期，生产队调我去窄岔（生产队的山圈）劳动，刚去的时候很高兴，因为能吃饱肚子。过了一年，便感到孤独、无聊，不想去了，可是不去不行。有一次回家后该走了，但就是磨蹭着不走，父亲便陪着我，帮我把口袋抬到驴身上，送我到沟口，对我说趁凉快早点走吧。父亲用双手抱着我的脸在额头亲了下说有时间就回家一趟。这是用文字和语言难以表达的父爱，至今记忆犹新。”

二哥的文章让家人惊讶，认为不可能写得这样感人，我在微信群发了底稿，家人一片感叹。父亲是我的导师，不仅是文学的，还是精神的，培育我长达五十年。用文字纪念父亲，我义不容辞。

大女儿、大儿子、二女儿的思念没有写成文章，但他们陪父亲时间长，记忆丰富，他们的思念和记忆，铭刻书写在心田上。

母亲与父亲相濡以沫、相互扶持70年，她的想念更深更痛，“你爹走了，有啥活头”“一天活着没啥意思”，坟头的痛哭、孤独的身影，不时地念叨，是最深、最诚的纪念。

亲人们写的文章，有真情实感，读来亲切感人。年龄最小的两个重孙和二哥初次写的文章，居然还刊登在《兰州晨报》《兰州日报》上，真得好好感谢生活、感谢可敬的老人。孙女亚里写的文章发表于《甘肃日报》，早晨不到八点，文友栖云柳发来信息：“我一读此文，觉得很熟悉，感觉是你的孩儿写的，是不是？”

我回复道：“周老师，以文识人，你厉害呀！”

点点滴滴，是对老人真实的回忆、记录，与其说是子孙们的回忆文章，不如说是老人写就的文章由子孙按真实生活描摹或速写出来。

父亲大人在天有灵，定会欣喜。

小猫被关“禁闭”

八十多岁的父母亲在农村老家生活，每周末我都会驾车，百里迢迢去家乡陪陪老人。

在那普通的农家小宅院里，有两棵粗壮硕大的枣树，树下的花园中有牡丹花、荷包花，还有百合、草莓，大门前有一排高大的柳树。房子坐北朝南，阳光明媚，只是年代久远，有点陈旧寒酸。可父母亲却舍不得他们的小院子，不愿去城里水泥楼房里生活。

这周末又回家。一进巷道，小狗虎虎就狂吠着赶来，围着人脚汪汪叫着转圈。我笑骂这狗认不得人。父亲、母亲也蹒跚着从屋里笑呵呵走了出来。父亲说：“狗在欢迎你们呢，你听，叫的声音都跟生人来叫得不一样。”我仔细听，觉得就是狗叫，听不出不同。

寒暄热闹中，主房门帘一闪，小猫花花快速地穿过小院，爬上了院墙。一边警觉地看着来人喵喵喵地呼叫，一边回头张望看有无好吃的肉类食物。

此时已是初冬，进了屋子坐下，年老的母亲穿着厚厚的衣服急切地说：大前天早上，花花把放在碗里的面条和白面馍馍全吃了。

我很惊奇：小猫花花，长得挺俊，全身雪白，只有眼圈和耳朵周围是黄褐色，再就是又长又粗的尾巴一圈褐黄一圈黑色交替着，像老虎的尾巴。只是这猫胆子小，晚上陪老人在土炕上睡着，白天一见其他人，就逃

金吉泰和小猫花花

之夭夭。

当今社会物质生活丰富，连猫狗的生活也变好了，嘴也就变得尖馋了。母亲说："一锅子面给猫都不吃，白面的馒头也不吃。有次给包子，猫只吃了馅。困难时，你们弟兄几个都没有这样的白面吃。"

每次我看着猫食碗里高高的面食，就对母亲说："你一天再别给了，饿几天看看。"可母亲才不会狠心惩治她的小猫呢，照样骂，照样给。

看我迷惑了，父亲满脸笑容地给我说："我们的猫在小房子里被关了一夜的禁闭。"

那晚，猫没来，父母亲一直惦记着、牵挂着。

第二天早上，父亲在院子里健身活动时，听见猫在叫，仔细寻找了半天不见。凭声音判断猫在书房里，打开门上的板扣。门刚开了一条缝，猫从缝中冲了出来，大声叫着，竖起尾巴，快速在院子中奔跑着，来回折返了四五趟。然后，钻进屋子里，把猫食碗里盛的头天放的面条和馒头吃了个精光，又喝了一小碗水，然后跳上热炕直直睡了一天。

父母亲笑说着，又是开心，又是心疼。

原来，那晚因父亲眼睛不好，从书房里出来时，没看见猫在里面，把门扣给扣上了。

父母亲的听力又不太好，任凭猫如何哀鸣喵喵喵叫了一夜，都置之不理。

初冬夜，天气寒冷。一贯自由自在的猫，被限制了自由。平时在热炕上享受温暖的猫，一夜都在寒冷中煎熬。它的叫声，平时关爱它的两位慈祥的老人根本不理，因为他们没有听到。

我们可爱的猫，挑嘴的猫，这一夜的禁闭，真正品尝了失去自由、饥寒交加和孤独无助。

两位老人重复笑说着猫的可喜变化，也透着深深的爱怜和心疼，也有自责和不忍。

我知道，这完全是父亲在浑然不知的情况下造成的。

说着猫的笑话。我却陷入了沉思：

如果，人也被关了一天一夜的禁闭，那么，一向无所谓的自由是多么的珍贵。看，自由自在走在开阔的大地上，蓝天白云，鲜花绿草，自由沐浴着阳光，大口呼吸着空气，多幸福；一向吃的菜食，食之无味，挑三拣四，现在该是多么的期盼，多么的甜美，吃的是多么的酣畅淋漓；一向随手扔来扔去的衣服，挑三拣四，现在是多么的温暖；一向冷漠的亲人、朋友，现在该是多么亲近、温馨；一向厌烦的加班、工作，现在该是多么的向往、快乐。

人有时候，需要关关禁闭，冷静冷静，想想什么珍贵，什么重要。这是一种警醒，也是一种反省。

禁闭毕竟是暂时的隔离，美好的一切还会来，只是提醒我们要珍惜当下，失去了，后悔莫及。

父母亲还在快乐地述说着村中的大事，娶亲、过满月、迎娘家、上梁等等，看着衰老的父母因儿女孙子的到来无比开心的模样，我有点心酸。

我提议："走，我们到院子里坐坐，读您的作品。"父亲欣然同意，这是他的最爱，连缓慢的脚步比平时都快了许多。

院子里，太阳当头，尽管是初冬，有太阳还是挺暖和的。搬了靠背椅，围坐在一起，听我朗读父亲新创作的田园童话。

父亲一辈子爱好创作，爱好看书，现在一只眼睛失明，一只眼睛只能看个大概轮廓。我用方言朗读童话，父亲听得很开心；母亲虽然不识字，但丈夫的文章，儿子的朗读还是喜欢听，她听着，不管懂不懂，看着也是一种幸福享受。

读着父亲的手稿，真是感动。父亲创作了六十多年，创作已融入了他的生命。他说：不干点有意义的事情，定定躺在床上，活着有啥意义。他说，当他坐在写字台前时，就觉得自己又活了。在小木炕桌上，老人用歪扭的汉字竟描绘出了农村火热的生活，创造了歌星小青蛙、功臣狗、红嘴鸦妈妈等一个个精灵可爱的童话人物。父亲的眼前是模糊的，但心里是清晰温暖的，这些童话小形象，就是祖国的小花朵。

我朗读童话时，小狗趴在父亲的脚下，眯着眼睛听。不知何时小猫花花也趴在枣树枝叉里，朝我们喵喵叫，好像在说我的朗读声音不准，它不懂似的。

我用食指指点着猫吓唬它，再叫，还把你关禁闭。小猫吓得又喵喵直叫，父母看着小猫憨憨的小样也慈爱地笑了。

孩子们出去谋学业、谋生活，两位老人待在小院挺孤独的，小猫小狗却给老人带来了无穷的快乐。想起这些，我挺感谢两只小生灵对父母的陪伴，会奖给它们几片肉的。

读书声给小院里增添了无穷的活力、生机、笑声。

两位老人家听得认真，显得无比开心、幸福。

我怕他们累着，就让他俩去热炕上休息。

初冬，太阳高高挂着，铺洒在院中，金灿灿暖乎乎的。

哎，物是人非，这已成美好的回忆。父亲已离我而去了童话王国，这是永别，让人思念得心碎心堵。

好好陪伴母亲，这是一种巨大的幸福。

小狗虎虎

凌晨甘肃地震，震中就在离我老家不到十公里的榆中夏官营。担心地震带来损害，打电话给尕哥了解情况，得知老家小院土坯房一切都好。

尕哥突然说，有个不好的消息，我们家的小狗……话没说完，我马上接上问，是不是小狗死了。他说，是，说那天发现狗不吃，专门给买了些吃的，狗也不吃，晚上去看还是精神不好。第二天早上去看时，狗已经死了。我知道狗太老了，这一天迟早会来的。刚听到这消息，我还平静地与尕哥交谈。

挂了电话，正在散步的我，突然没有了话语，越走越觉得心沉，胸闷难受，默默无语。回到居住的小区时，我一连拉了五个引体向上，平常只能拉两个。

半月前我刚刚去过，老家小院里开满了鲜艳的喇叭花，结了两树的花麻枣，绿枣变白变红之时，色彩丰富。可家中空无一人，只有一只叫虎虎的小狗，一只叫花花的小猫，在坚守，可它俩也到了衰老的暮年。

脑海中一幕幕闪现出来。上次去家里进了大门，没听见狗叫，我一惊，以为狗没了。跑到狗窝一看，虎虎缩在狗窝，拴狗的铁链缠在了一起，只能在狗窝里活动。我小心地把缠绕住的狗绳解开，小狗跑了出来，在我脚下打滚撒娇，还用前爪攀扯我的裤角。我正好给狗带了一点卤肉，给它放在狗碗里，虎虎快速地抢吃着，肉不多，没吃过瘾。我又打开给它买的一箱火腿肠，取了四个，撕去红色的塑料皮，扔给虎虎。扔一个，它

金吉泰和小狗虎虎

就快速地衔到狗窝里，又出来咬下一个。狗窝小，我没看见它都吃完了没有。又盛满一碗清水，虎虎全都喝上了。旁边尕哥给它放的饼子、馒头，在太阳下晒得干硬，看来它是不愿意吃的。

小狗吃饱喝足了，惬意地趴在地上，安静地看着我。我坐在偌大的院子里，安静地孤零零地看着小狗，心里一阵阵难受，我又想起了去年仙逝的父亲。以往我来时，小狗一叫，父母会蹒跚走出，关心的问候、开心的笑声就会传来。我们又说又笑，充满温馨。那时整个家里都是欢快、热闹的。此时，家里冷清清的。我呆呆地看着虎虎。以往我给父亲读童话的场景，高谈阔论的画面，一一展现出来。我忍不住放声读了两句父亲的童话作品，我知道父亲一定能听到。现在回家，父亲只能从微笑的照片里看着我，我的眼眶湿润了，我的视线模糊了。

这只小狗是外甥抱来的，说实在话以前我不喜欢狗，对这小家伙的存在很漠视，甚至还有点嫌弃。只觉得这小狗有点怪，不论客人还是家里人，只要一进院中大门，它都会咬叫，我常骂这狗瞎着呢，认不得人。而父亲说："你看它见了你的叫声不是咬，是欢迎。"我没听出来，但从动作神态上看还是有欢迎的意思。它一边叫着，一边在地上滚来滚去。我想，狗若想咬人，是不会打滚撒娇的。

这小狗，有许多毛病，嘴挑剔，每天父母吃饭时都会给它的碗盛些面。它会挑三拣四，那碗老高高的吃不光。有时母亲骂着说，这狗嘴尖，它还想吃玉米面馍、吃点土豆，换换口味。我说这是你们惯的毛病。一次，虎虎惹母亲生气了，母亲做了热包子，掰开扔给小狗，它闻都没闻，看也不看就走开了，母亲顺手拿起竹条子对狗的屁股就是一下，狗叫着跑了。母亲骂道，当年我的娃们都吃不上这样的包子。

这狗还不时溜出去闲逛，当它回来母亲看见骂时，它像知道自己错了，不声不响悄悄地卧在椅子下面。这狗不时出去玩，还交朋友，有时它的肚子会悄悄地鼓起来，生了一窝又一窝的小狗。肉嘟嘟的小狗摇摇晃晃在地上跑来跑去，挺可爱的。我笑着逗父亲说，这么可爱，干脆都养上，一屋子狗你带领上多好。父亲笑着说，那可养不住。于是，父亲就四处打听、想办法送人。子女们一致建议，把狗拴住。父亲就会把狗拴在院墙处的狗窝里。可晚上父亲又放了，说天气冷。再就是说，这狗拴不住，它自己会从脖子上的套圈里退出来。其实，我们知道，这是老人喜欢小狗不愿拴。有时父亲也会说心里话，说他看见狗拴住了净朝他叫，挺可怜的。

小狗名叫虎虎，长得没有一点“虎”样，个子矮矮的，是个板凳狗，白色，毛比较长，眼睛大，双眼皮，家里人说这狗细看还长得挺俊。记得很清楚，一年夏天，小狗热得吐着长长的舌头，它的毛又长又有点脱毛，快掉下来的毛一块一块的挂在身上，很难看。父亲和小孙子要给虎虎剪毛，把长毛剪短，又给涂了个黑眼圈，这狗居然乖乖地配合着。爷孙欢笑着邀请我们看“熊猫狗”，全家人一看乐得哈哈大笑。真感叹这老爷爷和小孙子想出的主意，“杰作”小狗以为大家夸它呢，还兴奋地在大家脚下晃来晃去。

一次，晚上八九点我回家去，天黑了，父亲已扣大门准备睡觉，听见敲门，出来开大门。小狗就紧紧尾随着。那晚，在昏暗的灯光下，我看见父母明显地苍老了，偌大的院子里只有两位老人。儿女们都成家分开住了，孙子们都去求学或谋生了。看着孤单的老人，看着依偎在父亲脚边的小狗，还有炕上卧着的小猫，我突然萌生了一种谢意，是小狗小猫替代我们儿女在陪伴老人。霎时，我对小狗、小猫有了喜爱之情，感谢之意。此后，我对这两个小动物有了感情，开始变得喜欢。去了常会带些肉类给它们吃，这些精明的小动物会及时地围上来抢吃。

由于父亲娇惯，小狗和父亲关系最好。父亲坐在椅子上时，虎虎会蹚坐在父亲脚上，把狗毛也沾在了衣服上。父亲在院子里转时，它会跟来跟去缠在脚下，大声喝骂，它撒着欢儿不理。父亲出去散步时，它会提前跑出去，然后陪送着回来。父亲送客人时，它一定会跟着。每次给父亲照相、摄像，照片、镜头里总会出现虎虎萌萌的模样。家里的几个孙子都说：爷爷的虎虎最会抢镜。虎虎好像知道在说它，抬头睁眼仔细地听主人评说，可能心里在偷偷地乐着。

父亲去世了，在灵堂里，虎虎冲了进来，转了一圈，被家里人赶了出去。安葬了父亲，母亲一人，只能去儿女家中生活。小院中只剩下了虎虎、花花。为了安全，把虎虎用铁链拴住了。虎虎呜咽地叫着，孤独地留守着家园。

每次回家，虎虎一见家人来，就拉着拴的绳子兴奋地奔跳着狂叫着，直到你用脚摸摸它，它会幸福地躺在地上，露出肚皮，左右翻动，感受着主人的抚摸和关爱。虎虎高兴了，还会两只后爪直立起来，两个前爪抱在一起，像作揖一般，可爱、心疼。

一想起虎虎，我的心里有点不安，一向享福的虎虎，现在可受罪了。家里没有人，孤单；冬天拴在院子里，寒冷，尽管放了厚厚的棉被。打工的尕哥抽时间一两天去给吃的、喝的，与以往父母亲的精心呵护照顾是有天壤之别的。哎，可怜的虎虎，只能在回家时，带点它喜欢吃的食物。可尕哥有意见，说你们给一次肉，它会好几天不好好地吃馍馍。

虎虎走了，我很伤心。自己安慰开导自己，虎虎老了，又没有人精心照顾，去陪伴父亲是最好的选择。

父亲看见了虎虎一定会开心，谢谢虎虎的陪伴。

父爱伴我前行

文学创作是艰苦之旅。父亲用了整整半个世纪的时间，把我培养成为一名业余作家，并将文学融入我的生活和生命。

那是1974年，我记得清清楚楚。

刚五岁的我正在麦场上嬉戏玩要，父亲从兰州开会回来了。他从上衣口袋里掏出了水果糖，还从黄背包里拿出了几本连环画和儿童杂志《红领巾》。这在当时可是稀罕物，我和小伙伴们满眼新奇，趴在炕沿上看得天昏地暗、爱不释手。书中鲜艳的画面，机智勇敢的小八路、红小兵都是我们崇拜的偶像。家里有小人书，小伙伴们都喜欢来找我玩。伙伴们一起坐在屋檐下无数遍地看那些书，书角卷了起来，可我们还是喜欢，一边又期待着我父亲能带回新的连环画。

家中正房墙上挂着一幅周恩来总理、朱德委员长等党和国家领导人与1965年参加“全国青年业余文学创作积极分子大会”代表的合影，父亲当年参加了这个大会。来我家的人，首先会仔细端详、询问，照片上人多，人小，需仔细辨认。我会很快地指出父亲所在的位置。那时，父亲的身份是农民作家，这让我自豪。

父亲不仅给我带来精美迷人的图书，还在月色下讲他正在创作的童话故事，听得我入迷并引起无限遐想。

精彩的故事、诱人的图书、浓浓的父爱，在饥馑的、物质奇缺的、家庭成分高、受人歧视的童年，给了我信心和温暖，让我总有一份快乐幸福

金雷泉（前排左一）获金江寓言文学奖

在心里。

改革开放后，父亲在乡文化站当干事，他发挥特长办起了文学讲习班，成立了全省第一家以农民作者为主的“苑川文学社”。一大帮泥腿子，以巨大热情投入创作，田园里产生的“洋芋蛋”作品登上了全国各地的报刊。家里，成了文学爱好者、省城文学编辑和作家相聚畅谈的文学之地。而我则忙着上学读书，但耳中时时听闻他们在谈论有关文学的话题。

有次父亲说，要去敦煌深入生活。我搞不懂，生活怎么深入。回来后父亲讲说月牙泉的神奇，描述敦煌石窟壁画的精美。随后，父亲的童话《月牙泉的天马》《莫高窟的纤夫》在《儿童文学》发表。听故事、看童话，令我兴趣盎然。

1985年，我考上了师范学校，成了吃“袋子面”的公家人。那时文学创作很时髦，很多人都怀揣作家梦。文学，从小我就耳濡目染，我的心动了，就偷偷地写。当我把誊写工整的稿子递给父亲时，他上下大量了我一眼，脸上明显有了惊喜，父亲仔细看后说：好好努力。

我则期冀父亲能和指导别人一样的帮我修改、润色，并推荐给报刊。此时，父亲在《兰州晚报·农村版》当副刊编辑。

父亲的冷淡、不修改、不帮忙，令我对此“不公平”待遇有点怨气。父亲看透了我的心思说：“让我帮忙修改发表作品，有啥意思？”

我发誓要在省级报刊上发表作品，便一篇篇向外地寄稿子，两三年过去，天道酬勤，1989年我的处女作发表在甘肃省级刊物《故事作文月刊》上。父亲看到后，非常开心。那时我所在的工作单位相对清闲，有利于坚持创作。作品陆续在上海《少年文艺》《童话报》等全国各地的报刊上发表，而父亲责编的报纸副刊，自始至终从没有刊登过我的一篇作品。

十年后，我去乡镇工作，忙忙碌碌，冷落了创作。父亲委婉地提醒我别忘了业余爱好，还建议我出本寓言集子。我有所顾虑，没有接受老人的建议。

但我也有点疑惑，小时候，老人从没督促过我写作，更没有鼓动我当作家，而我到了而立之年，老人反而提醒、建议、督促我了。

很庆幸，如果当年父亲逼我写作，我可能不会走上文学之路。

父亲真能沉得住气！

后来我去文化部门工作。父亲说出本书有利于开展工作，我接受了这个的建议。恳请父亲作序，父亲说：老子给儿子写序，不好写；干脆，搞个创新，写几篇寓言作序。父亲写了《写给儿子的寓言》代序，共6篇寓言，有中国古代寓言的风格，也有对儿子的期望与要求，我非常喜欢。

父亲的文学创作，涉猎各种文体，有小说、童话、散文，有书评、文史资料、名人轶事，有戏剧、小品、歌曲，还有新闻、消息、报告文学等，唯独没有写寓言。我常笑对别人说：“父亲把寓言留给了我来写，因为我写不过父亲。”这次作序，父亲可谓过了把寓言瘾。

2007年，我去北京参加中国寓言文学研究会年会，并领了寓言专著最高奖金骆驼奖，同事帮忙录像并制成了光盘。父亲对光盘很喜爱，每到雨天或冬天闲暇之时，老人总会观看。见我就说，我又看了下光盘，那场面很是荣耀。而我对那光盘，说真话，一遍也没有看过。

2009年，我加入了中国作家协会。著名作家高平说，在一个农家小院里，能诞生两位中国作协会员，非常不易，值得祝贺。父亲将当地几家报纸报道此消息的文章剪裁粘贴，上书“金雷泉加入中国作协”。

父亲70岁时，结束打工生涯回到农村老家。农家小院里，又有了当年的热闹。连兰州大学英语讲师阿玛娅、美籍留学生凯文、德国博士生欧本娣克·海丽娜也来家中做客，交流文化。文友、文学爱好者、慕名而来的大学生，都是我家的常客。

周末回家，坐在院中枣树荫下，我给父亲读童话作品，共同谈天说地，谈古论今，畅谈文学，畅谈人生。

金吉泰创作的长篇小说《农耕图》封面

老人每天坚持写作，文学已融入他的生命，直到86岁他生命的终点。最后十年，他克服眼疾，凭着毅力完成了长篇小说、戏剧曲艺集、两本童话专著，达一百万字。一个只读过小学的农民，坚持创作近70年，出版专著20多本，荣获甘肃省委、省政府文艺终身成就奖，真是不易！这就是榜样！

2018年，我的新作《行者寓言》出版，父亲作了序。序言中写道：“但愿寓言行者一路走下去，在大千世界里、茫茫人海中，在他为自己打拼时，把看到听到的全新的寓言小故事记录下来，不要使其自生自灭，而是使这些精彩段子让百姓生活更鲜活，让寓言宝库添新宠。”这就是父亲对儿子的期望！

很幸运，我在很多单位工作过。至今回想，一幕幕精彩画面和其中的酸甜苦辣会映现出来，成了鲜活素材，让我创作的作品生活气息浓厚。业余爱好没有影响我的主业，文学创作反而激发了我的工作热情。

从小到大，因是家中老小，父亲疼爱。我都八九岁的小伙子了，父亲还把我抱坐在他的膝盖上。我一直与父亲感情很深。天天与文学老人相伴，生活在文学之家幸福、愉悦、开心，也有成果，别人非常羡慕。但也有痛苦、纠结，那就是创作不出反映时代生活、具有时代特色、让读者喜爱的当代寓言作品时，因为父亲对我的期望值很高，他希望我能写出几篇传世的寓言佳作。

我从事文学创作30年，出版寓言专著6本。我仍然笔耕不辍，缘于父亲对我长期的有形无形的督促、培养，创作已融入我的生命，成为我的生活习惯，更成为我的精神寄托和心灵归宿。

当同学、朋友惊诧之际，探究我为啥能在工作之余，写出这么多作品，我神秘地说：有“老师”在监督。

如果没有父亲的监督、引导，我的业余爱好不可能如此长久地坚持、执着。几十年来，从我出生，文学氛围一直在家中弥漫，耳濡目染，熏染陶冶着我的身心。

很幸运，如果不是逼迫我坚持，我会半途放弃业余爱好。

作家朋友们来我家之时，总会问父亲有几个子女，父亲不好意思地说，有7个，是多子女家庭。又追问，有没有写作的。父亲谦虚地说，只有最小的儿子喜欢，再的都不喜欢。作家们都会羡慕地说，有一个就了不得了，鲁迅先生也没有把儿子培养成作家呀！

当父亲和我共同参加省市文艺相关的会议和有关报道上提到父子作家时，父亲很开心。省上好几位知名作家笑说，我是父亲最得意的作品。是的，父亲有生之年，一直在不动声色的培养。

父亲去世那年，我俩的童话、寓言同时入选《2018年中国儿童文学精选》。老人虽去了天堂，但一定会感到欣慰。

老人走了，我倍感孤独，因为没有了心灵的交流，感到压抑、苦闷。老人不仅是我的父亲，也是我文学创作的老师，更是精神导师，还是文学朋友。

庆幸的是，老人留给了我文学，留给我做人的一种精神、追求、痴爱，文学在我人生不同阶段，不论是高潮低谷，还是平静如大海时，都给予我支持，带给我无穷动力、带给我绵绵喜悦，使我的精神生活无比充实、愉悦。孤独苦闷时，文学和父亲，永远、坚定地陪伴着我、温暖着我。

敬畏文字、文学陪伴，我的人生之路不会孤单，不会寂寞，还会有灿烂的大道、美丽的风景。

父亲有份终身的职业，就是做儿女的老师。我的父亲做到了，感谢父亲！感谢文学！

何为孝子

文艺界的朋友都说我是个孝子，因为我和父亲爱好相投，有共同语言，并且帮老人整理出版作品集。我真的是孝子吗？

我是老生胎，父亲一直疼爱我，而我从小就比较懂事，和父亲一直关系亲密。我在父亲的赞扬声中成长，也努力做正确的事、有意义的事，渴望得到父亲的认可、赞许。

目送孩子们

父亲的生日，由我组织，坚持了30多年。父亲老说，别年年过，过几年过一下。可我已成习惯，其实就是家中亲人聚聚，挺好！80大寿那年，规模稍稍扩大，邀请了甘农报的编辑和几个农民作家。父亲去世前一年，响应父亲要求没过生日，而是和母亲的生日合过，纪念结婚70周年的“白金婚”。

父亲去世那年，说他最后的一个愿望是办个家庭音乐会。生日那天，农民演员表演了父亲创作的歌曲、小品，父亲也唱了自己作词的歌曲，周边的乡亲们都来观看，父亲很开心。两个月后父亲去世，不然会给我留下终生遗憾。

上中师时，我的日记中写道："我的父亲天不亮，门外黑黑的就提着一个编织袋，装着干粮，去兰州打工。"父亲看见了，很是感动。

家乡有几处历史景点和革命遗址，父亲对我说，你日子过得还可以，请书法家写个字，刻在匾上，花不了几个钱。父亲早早在纸上写好了各景点的名称，金崖三圣庙的对联请甘肃省作协原主席高平先生编撰，请书法家王文元书写，再去榆中县城专门制匾的厂里制成挂匾，涂上漆，榜书字金光闪闪，很是气派。请镇上领导，父亲和我一起去原址逐个挂匾。鞭炮齐鸣，众人观看，很是热闹。父亲组织排演秦腔大戏，刚开始我不支持，反对。父亲坚持干，没办法，由其排练，不闻不问。上台演出了，于心不忍，又出面支持。村上有几个音乐爱好者组织了一个乐队，缺少乐器。父亲鼓动我出面，通过同学支持了两万元钱。父亲对我大加表扬，说我为地方文化做了一件大事。我真不知道在父亲心中，如何评判大事和小事。

父亲老了，整理了自己的轶事、讽刺小说和戏剧集。为了让父亲开心，我决定编印成资料集。其实和出书程序一样，工作量非常大，将近一年的业余时间我都耗在了编书印书上。越到后面，越需要认真仔细，都有点干不动了。我暗暗给自己加油，坚持，让父亲亲眼看看，去世了我不后悔、不伤心！红、黄、绿色封面的三大本书在父亲生日那天，当生日礼物送给父亲，父亲又用红色包装带扎好，当作礼物送给每一个孩子。

父亲满意我工作认真、关心家庭和爱好文学。我也感觉良好，也自认为孝顺。

父亲去世后，整理父亲创作的所有童话书稿，包括二三十篇原稿，编辑、印制了纪念文集《为文学而生——中国农民作家金吉泰》。

这些活太多太杂，又专业，我每天晚上都做到十一二点。太累，家人从支持鼓励到劝说，到盼望结束。感谢家人，给予了我极大的帮助和支持。

父亲去世3周年纪念日那天，召开了金吉泰童话精品丛书出版座谈会。大家都说这是最好的纪念，甘肃省文联副主席王正茂主持会议时说我的孝心感人，大家也这样鼓励，我很知足。

回顾过去，有许多遗憾，我虽然每周都去老家，但陪伴的时间不足，谈话也没有耐心听，还有支持参与公益活动和排戏、唱歌，做得不到位。

50年来，在父亲的培育、影响下，耳濡目染，父亲的境界、肚量、热情、勤奋、热心公益事业等，我是何等的清楚。所有这些，我都比不上老人，老人虽不是共产党员，但对其标准他已经真正达到。

我清楚父亲的心中最看重的是啥。

生前要做孝子，去世后还应当如此。

父亲去世后，对照其要求，我还有许多不足：在团结家族、追求上进上，力不从心，缺少凝聚力，有时还在逃避。文学创作还没有大的突破，谋划好的《木铎大哥的寓言》创作还没有进展。

大家说，我也是父亲杰出的一件作品。父亲当然期望自己的作品有生命力和感染力。这就需要我不断打磨，不断增色。暗下决心，要按父亲期望的标准努力生活、工作、学习、创作，让父亲高兴。

二月十三

今天是父亲的生日。我特意请了假，想去坟头、农家小院陪陪父亲，给父亲说说心里话。由于疫情影响，没有约哥哥姐姐，也没给家人说。

悄悄一人出发了。走在路上，老家县政府办副主任金祥安打电话说，带来了新出版的《榆中县志》。县志里收录了父亲1990至2010年20年间的创作成果介绍和优秀篇目，这是最好的礼物，必须给父亲汇报。

多年来，只要父亲发表了作品或我发表作品，或父子俩的创作收入了选集，我都会第一时间先在电话中给父亲说，周末父亲等着我回老家详细述说，并看发表了作品的报纸杂志。父亲和我畅谈文学，点评文章。老父幺儿，有共同的文学爱好，打通了心灵与精神的通畅。那种亲切，那种温馨，那时文学是无比美好，亲情是无比幸福，让人无比愉悦。

在金崖桥头置办了点祭奠用品，我和大哥两人到了父亲坟前。我眼前鲜活的父亲就与此为伴，在此安息，想来泪目，眼前一片模糊！

回到老院子，打开大门上黑色的大铁锁，进门没有狗吠，没有父亲的欢迎声，正房桌上摆着父亲笑容可掬的遗像，侧面靠炕的墙上，挂着父母亲70年白金婚纪念照，满满的笑意，满满的幸福。父亲在用微笑，与儿子打着招呼。我点燃了一炷香，插在桌子上小碗中的绵沙中，香烟缭绕。看着桌上摆放着的报刊书籍，里边有父亲的文章和纪念父亲的文章。今天给父亲带来了刚刚出版的县志，里面收录了父亲的童话《戴金戒指的小猴子》，父亲定会非常开心。

初春，经常不住人的屋里有点寒凉。我拿了把靠背椅，坐在院中晒着太阳。已有多少年了，每到父亲生日，我们姐妹七人带着全家，四十多号人齐聚在老家小院，带着蛋糕、鲜花、笑意，为父亲祝寿。有时，父亲的文友也会乘兴而来，为父亲唱歌助兴，父亲也会献出自己编词的歌曲添彩。去世当年生日的那天，父亲邀请了他平常参与的村上轻音乐队，歌声器乐交响，那小品小戏是父亲创作导演的，那歌曲小调也是父亲依据地方上的人情物事填词的，这是父亲作品的专场表演，父亲清唱了自己新编词的《绣荷包》！

今天，只有小儿子一人陪伴父亲。

仔细凝视着父亲的遗像，笑容是那样鲜活灿烂开心。我默默告别，关了睡房门，又锁了大门，身后是空荡荡的小巷和寂静的小院。

又去县城看望老母亲，说说话，聊聊天。

晚上，微信里农民作家尤效清发来了《飞天》第二期目录，上面有我写

小学生和老爷爷

的文章《飞天园中诞生的农民作家》。文中记述了父亲 60 多年与《飞天》的交往，编辑与作者纯真的文字友谊和深情，让人惊羡。父亲说，《飞天》是他创作的娘家，《飞天》历任主编、编辑都是娘家人。由于疫情，二期目录迟到今天才发出来，恰在父亲生日的这天晚上，冥冥之中，我觉得父亲与《飞天》真有无数不解之缘。

我好开心，这是父亲最喜欢的文章，这是今年送给父亲生日的最好礼物。

这篇纪念文章是为纪念建国70周年，感恩《飞天》对农民作家60多年长期执着的培育而写，记录了父亲在《飞天》上发表的重要文章，父亲与编辑交往中结成的真挚友谊。此文隆重放在《我与飞天》专栏里。此时，我觉得文章写得还有点欠缺，应该也写上《飞天》对我的关爱支持培养。文中若有对我关心支持，今天能发表，更能证明《飞天》园地的生生不息，和文学创作的传承、继承。

我似乎听见父亲在说：看看，没考虑成熟吧，文章要精雕细磨呀。

真有点汗颜！

白金婚中的童话爱情

父亲去世了，时时令人想念。想起父亲，就会想起母亲；看见母亲，就会想起父亲。

1947年，刚刚15岁的两个年轻憨憨的孩子，没有浪漫的自由恋爱，没有海誓山盟。他们遵照中国传统的父母之命、媒妁之言，走进了婚姻殿堂。

男孩，英俊儒雅；女孩，清秀精干。两人共同生产、生活，这时开始才真正恋爱，从相识到相知。耕耘自家田地，入社参加集体劳动，小孩出生，一切都是崭新的生活，辛苦而又快乐。他俩就是我的父母。

父亲母亲白金婚纪念照

1958年，25岁的父亲要去百里外参加洮河引水工程，家里的重担全落在了年轻的母亲肩上，四个年幼的儿女，年迈的公婆都需要关照。长时间生活的艰辛、困苦，更加重了母亲对丈夫的思念。那时，只能靠鸿雁传书，写信要请村上识字人代笔，按爷爷口述写好信，母亲去邮寄。一次父亲收到家人写来的书信时，其中夹着一张纸片，上面写着："吉泰我想里（你）我从豆（窦）家因（营）拿来大米，每吃大米就想起里（你）"。

"这是妻子窦玉琴用她从识字班学的文字给我写的信，意思很明白，她从窦家营娘家拿来了大米，每次吃大米就思念起了我。"

"这纸片我保存了好久。"父亲后来如此回忆到。

父亲一去就是三个年头。就在这时，村上接连有人询问母亲，孩子爸来信没有，母亲说刚刚来过；又有人询问同样的事，还追问来信的字体认识不，是不是我父亲写的，母亲说笔迹认识，就是他的。多人的"问候"，让母亲发慌了，她在耳缝中听见有人说：父亲病死在洮河的医院里了。母亲觉得天塌了，瘫睡在炕上一周不吃不喝。

在撕人心肺的煎熬中，一天凌晨，母亲听见丈夫在喊女儿的名字，精神恍惚的母亲以为是鬼魂在叫唤，听见又喊了一声，母亲彻底醒了，冲到大门外，没有人影，她呆了！这时，她听见一个熟悉渴望的声音说："我在这儿。"母亲一看，父亲站在大门外的一个土坎下。她赶紧冲了下去，父亲把行李卷让母亲背上，身体虚弱的母亲被那并不沉重的行李坠倒在地，父亲又帮扶母亲背起来，回到了家里。

父亲在全国大饥荒时回到了家，传言不假，确实有病在身，腿肿尿血，下不了炕。

父亲仔细观察，那原来俊秀的媳妇窦玉琴变瘦了，脸晒得又黑，一身补丁衣服，动作快而老练，完全是一副农村贫妇人的形象了。

妻子明显的变化是走路小跑，动作匆忙，很明显，这是照看公婆及四个孩子，又要出工下田的环境造成的。

四年来，父亲在吃药、看病中痛苦地度日如年，病因不清，病情不见好转。在亲戚朋友帮忙下，终于在省城医院确诊病情，急需动手术，一家人陷入巨大的恐慌之中。

父亲要去省城时，母亲借了一碗白面，给父亲做了一碗面条，但陪父

父亲母亲结婚70年纪念照

亲去兰州的四爹催促着没有吃，说到兰州了再吃。并约定好，说动手术那天母亲再去。母亲高度紧张，万分担心，她忍着不让眼泪流下来，她迷信：哭、流眼泪对病人不好，不吉利。

约定动手术那天凌晨两三点，母亲抱着六个月大的儿子，在黑夜里走五里多乡间小路，在陆家崖火车站坐火车去兰州陪同丈夫动手术。辗转来到病房里，父亲躺在病床上，朝母亲笑了笑。父亲的手术已经做完了，大家怕母亲担心，再没有等待母亲。手术很成功，母亲来时，昏睡了一天一夜的父亲已经清醒了。

母亲走出病房去给父亲买蛋糕，站在医院门外号啕大哭。她就是想哭，眼泪控制不住地往下流。

手术成功回到农村后，父亲悄悄地烧了去省城动手术前写的妻子可以改嫁的遗书。

母亲很坚强，没有被困难压倒，反而很知足。只要丈夫活着，就是有病坐在炕上，自己的娃们也有爹，她也有靠山有精神头。

父亲养病，只能干些轻松的农活，挣的工分少，母亲毅然担起了一大家子柴米油盐及所有的生活重担，成了家里的顶梁柱。为了父亲吃好一点，母亲拼命劳动。

“妻子每天出工为生产队用锨翻地，每人如挖够二分五厘地，就发一个四两面的饼子和三斤熟胡萝卜。下午，大门道里脚步响，妻子用前襟兜来四两重的小饼子和一些煮熟的胡萝卜，妻子把这枚小饼子给我，她和孩子们吃胡萝卜。”

当父亲吃着还热乎乎的饼子时，心里对妻子充满了感激。

“夏天，生产队从田里往打麦场上拉运麦子，妻子就在中午，顶着炎炎烈日，去田中运走麦垛的地面上扫集遗洒在地面浮土里的麦粒。冬天，灶中无煤，妻子便到河对岸的铁路上，寻找在雪地里风吹聚在雪窝里的细煤渣（火车头顶烟囱里喷出来的没充分燃烧的煤末），便用粗糙赤裸的双手一窝一窝地捧掬在袋子里，当晚即和成煤饼，在炕灰里或灶火败火中烤干，供明日生火使用。”父亲充满深情地在文中如此写道。

无论多难，患难中的一对年轻夫妻相互慰藉、艰难度日。此时的父亲还一直坚持写作。文学创作、一点稿费给了最困难的心灵和家庭极大的温暖。1965年，父亲去北京参加了全国青年文学创作积极分子大会，受到周恩来总理、朱德委员长的接见，并合影留念。父亲把照片装进木镜框挂在墙上，这些荣誉、鼓励给母亲和全家人无限的精神鼓舞。

可喜的是，孩子们逐渐长大了，日子一天天在好转，父亲的病也在康复。母亲省吃俭用给父亲做了一床绿色绸面的被子，平时都反叠着，把里子放在外面。还给父亲买了一块手表，悄悄戴在手腕上。每年杀猪时，母亲就会把猪肾炒了让父亲吃，这是多年来父亲在家中享受的唯一特殊待遇。

拉扯7个孩子成人成家，任务繁重。

80年代，父亲先在乡上当文化站专干，后又去《兰州晚报》当副刊编辑。

一位泥腿子，五十多岁时来到省城报社工作，面临的困难可想而知。为干好本职工作，父亲全身心投入了编报采访，但周末一定回农村，照常去自家承包地里干农活。饭后给家人讲一周遇见的新鲜事，或采访中的有趣事。

周末当农民，上班当编辑记者；白天为别人做嫁衣，清晨自己搞创作，生活丰富多彩。

家里常来男男女女的文学爱好者，请教父亲，母亲非常支持。定会做饭招待来客，年老时就上街去买，买老家特色的酿皮、马家的酥饼，从不埋怨。

母亲常提醒父亲穿着上注意点，别让城里人笑话。

此时，城里上班的父亲，干着令人羡慕的编辑记者工作，文学创作上也取得了新的突破，正处于人生的辉煌时期，但他对农村的糟糠之妻，还是一样的尊重恩爱，没有丝毫嫌弃之意。母亲也对父亲是一百个放心，打心眼里充满信任。有机会时，父亲还带母亲去甘南草原、青海塔尔寺开开眼界。

母亲没上过学，但父亲名字“金吉泰”三个字，母亲牢牢记在心里。只要来父亲发表了作品的报刊，儿女就会让母亲看，让找哪篇是父亲写的。母亲会自豪地说：“你爹的名字我认得。”母亲眼很尖，并很快就会找出来。

七十多岁时，父亲在省城打工18年后，回到了农村老家。

每天晚饭后，父亲就叫上母亲去散步。刚开始，母亲不去，因为农村人封建，年老的夫妻也不会一起去散步。但父亲坚持，母亲也就同意了，每天傍晚，在巷道或者公路边，就能发现一对年老的爷爷、奶奶在散步。

父母亲在儿女们的劝说陪同下，去了北京、河北、成都去看孙子并游玩，还坐了飞机，这是父母最开心的时刻。

一次，父亲去省政府大礼堂领省委省政府颁发的全省文艺终身成就奖时，母亲在外等候，结果礼堂里有空位，工作人员同意进去……当父亲在台上身披彩带、抱着荣誉证书和鲜花时，母亲正在台下观看。颁奖结束父亲遗憾地说：今天领奖老人家没有看上。母亲兴奋地说：“我看见了，我就在台下。”

母亲是父亲常年的通信员，订阅的《兰州日报》《儿童文学》，赠阅的《文艺报》，还有书信、稿费单都是母亲去街道上取来的。

这时，父亲又喜欢上了写戏、排戏、演戏，儿女们嫌父亲太累，又求人下话，又东奔西跑不安全，都反对，但父亲很执着，根本不听，而母亲总是无怨无悔，坚定地跟随父亲去联络演戏人，去排戏现场。

父亲老了，走路蹒跚，眼睛模糊不清，母亲又成了父亲的拐杖，傍晚托着手去散步。父亲演戏、有外事活动时，母亲都会搀扶父亲。

母亲是父亲的追随者。父亲在家里演扁担戏时，能坚持看完的只有两个半观众，一位是老奶奶，一位是小孙子，还有半个观众是小狗。

那年正月十二在金崖三圣庙演父亲编写并参与导演的秦腔剧《石洞记》时，天下着雪，雪花飘落，露天剧场中的父亲坚持着，母亲也一直坚持着，身上落满了白雪。

父母亲的白金婚纪念日快到了，在县城照相馆，拍了西装照、军装照、便装照，母亲脸上带有羞涩的幸福。

全家举办了简单热闹的纪念，人不多，都是至亲密友，孙子王鼎朗读了爷爷的童话，省电视台播音员朗诵了农民诗人专门给我父母亲写的爱情长诗，邂逅的某市委常委、宣传部长也举杯祝贺。祝福声、歌唱声、欢笑声融合在一起，见证打通了70年的美好隧道，时光回转，快乐幸福。大家争相看着纪念照片，争相给老人拍照，快速在微信上发送传播。

父亲坚持要在家里举办一场家庭音乐会。那天，家中挂了红色的横幅、对联，周围的乡亲们来了，演员穿戏装脸上带彩，流行歌曲、秦腔、器乐、小戏小品，竞相演出。喜庆、热闹的声音飘扬在我家小院上空。父亲唱了民间小调自己填词的《绣荷包》，母亲穿着喜庆的红色衣服，陪坐在父亲身边。

父亲说音乐会是他最后的心愿，一语成谶，两个月后父亲去世了。

去世前，父亲为母亲专门写了一篇文章《我的妻子窦玉琴》，用丈夫的眼光详细记录了心中的妻子，保存了他们爱情的珍贵回忆。这篇文章我珍贵地保存着，读给母亲听，听得母亲泪眼婆娑而又幸福。

父亲走了，母亲很孤独，很伤心，好像短了精神。埋怨父亲走得太快，没有在床上多躺上十天半月，并不断回忆着父亲去世前半个月每天的身体状况和变化。

每当我们去高山上父亲坟墓前纪念，母亲坚持要去。去世一百天时，在新新的黄土坟前，母亲大哭，哭得撕心裂肺。哭吧，哭了心里会好受些！

每当父亲作品出版或有纪念文章时，母亲就会仔细看着父亲的名字、照片、文章。这时，母亲定会说："哎，你爹现在看不上了。"

在老家正房的左侧墙壁上，挂着巨大的父亲穿着白色衬衣，母亲穿着红色带花衣服的半身合影。母亲稍靠前，父亲在后，左手握着妻子的左手，右手扶着妻子的右肩头，两人笑得很开心。母亲幸福地靠着父亲，父亲是母亲的靠山。

我的父母，两位黄土地上的农民，携手田园七十多年，相濡以沫、携手同行，在平淡中演绎着伟大、经典，昭示着爱情的美好、神圣。

这真是童话般的幸福爱情！

父亲的遗嘱

父亲一生立了多次遗嘱，而后辈在老人去世后，才逐渐领悟到老人的良苦用心。

1963年，饥馑刚刚已经过去，父亲患了三四年的病根，终于最后查清——肾结核。肾脏坏死需切除，令他大吃一惊。住院，要开刀，开刀多凶险。家人再三斟酌，认为还年轻，就冒这个险吧！在临去兰州住医院之前，三十岁的他含泪预写遗嘱一份：

“……家中不幸，我过早地离开了你们。母亲千万不必过分悲伤，不幸的事很多，就我们陈家巷不是也有些妈妈失去了结婚不久的孩子吗？望母亲坚强，玉环帮奶奶照看弟弟。窦玉琴可以改嫁。我有一棕箱子书，保存好，留给孩子们将来阅读……”

一纸遗书，款款放在棕书箱书籍的最上层。万一出事，在整理遗物时是会发现的。

焦急如火赶赴兰州城，住进西关什字的兰医二院泌尿科。走往手术室时，家属亲人怯生生相送，父亲如赴刑场般硬气。自早上八点钟开始，下午三时出手术室，晚六时苏醒，在现代医学的拯救下，父亲又获得新的生命。

初冬走出医院，回到家中，父亲就将那纸不祥的含泪写就的遗书，独自取出来，划一根火柴，含笑点燃焚化。贫病交加，爱好文学是一副良剂，滋润身心，恢复体魄。

父亲最后的嘱托

30岁，正是而立之年，这遗嘱听来都让人伤心流泪。

1990年5月，年近花甲的父亲，刚刚出版了童话集《小毛驴出国》，欢喜之际，他为四个儿子书写了《遗嘱》：

"我家没有什么财产，只有几间简陋的平房，还有一点书籍和文字资料。房子按坐落分……写这份纸上字据的目的，是为了预防你弟兄为了一点点物质闹纠纷，事实上物质是财富又不能算财富。在科学技术、文化领域、探险体育、创造发明上有所成就才是真正的财富。"

时隔五年，住宅情况发生变化，可爱的小孙子们一天天长大。父亲又写了《补充遗嘱》：

"……因为家中几处住宅有所调整，而孙子们也都上学了，下一代的教育是大事，盼一门心思教育我的几个孙子，他们是我心目中的宝贝！后代出息，胜过一切财宝！"

遗嘱，规整地写在方格稿纸上，两份钉在一起装进信封，交由我母亲保管。

2018年5月，父亲住院，预感到"我的世界末日到了"。病床前，父亲拉着小儿子的手，对四个儿子逐一做了总结，特别是良好表现，父亲点点滴滴都牢记着。又一一嘱托，交代。下午，又要求和小孙女视频，笑呵呵地说："我们愉快地告别吧！"让孙子一脸惊诧，在场家人无不扭头掩面、咬唇流泪。

三周年纪念日，家人齐聚芳草萋萋的坟墓前。大孙子朗诵爷爷写的《家规》《家训》，好像老人在和家人说话。神圣的场合，特殊的环境气氛，大人小孩听得非常认真。

家族成员应该明白如下一些起码的道理：要有人生大目标；不可嘲笑、小看倒霉人；要互相帮助；讲亲情，不搞“窝里斗”；不忌妒别人成功。以上五条，立为我们家族的家规。

家规是父亲编写《金家崖金姓二房家族志》时，总结家族发展历程、得失兴衰，情之所至，在后记中给家人写下的肺腑之言。

“家训十三条：为人要有进取心、事业心，争为人先，尽力奋斗；钱和官不是事业；亲人之间，谁有成绩、好事，大家庆贺，谁如遇到困难，大家出力援助；冷静的好人应主动去接触，对活泼而有坏心眼的人，就敬而远之；如在素质低下的人群中工作，只学他们的某些长处，而不能被他们同化；如遇病灾危难，冷静处置克服，不可求神算卦，切勿迁坟、改大门；切不可依照家乡陋习和迷信说法；不可欺负、笑话弱小者、落难者；家中大人的一些话不宜在孩子面前说叨，不要叫孩子帮大人搞迷信；如遇强横者侵害，不可胆小，要勇于抗争，宁叫打死，不要叫吓死；如果我们真的犯了过错，要勇于承担责任，接受法律的制裁和向对方赔礼道歉；施恩于人，不图回报。”

这是孙子们在电视上看到，名门望族都有家规家训，请爷爷也写个家训。爷爷遵命写了出来。不过，爷爷写的家训朴实无华，就像日常说话，没有高大上，孙子们当时有点失望。

此时此刻，谆谆教诲在空旷的天地间回响，声声入耳，撞击心肺，霎时间挑动起一切善良情感。

想天念堂里的父亲怎么办？想聆听父亲的教诲怎么办？

父亲去世前几年就提前想到了。只要打开碟片，父亲活生生出现于眼前。父母亲两人坐在靠背木椅上，前边圆茶几上摆着水杯和水果。父亲满脸含笑缓缓而说："我的全体家人，大家好！孙子同志们，你们都好吗？当今科学技术发达，我虽到了另一个世界，可今天我们又见面了。今天我们好好聊聊，我挂念的13个孙娃们的就业问题……"就在对面，和你拉家常。音容笑貌如旧，话语亲切随和，父亲又活了。

这是父亲的独创，真是奇思妙想！2011年，光碟中的父亲精神蛮不错。

那年，父亲专门请摄像师来家中录像，专程坐班车到县城制作、刻录光盘，并按自己想法制作封面，封面上写着《来自另一个世界的声音》。然后，郑重地给每个儿女送了一份。接过父亲精心制作的光盘，当时我竟看都没看，就保存起来。虽说不觉得是哗众取宠，也感觉父亲是童话写多了的奇思怪想。如今，已去世五年的父亲让人万分想念，那些预制的录音，虽还是老生常谈，但我们真愿意听。

时间空间距离，亲人亲情思念，真是神奇！光盘里，父亲还留下了几句顺口溜：

"百年生死太平常，仙药哄骗古帝王；光碟一盘真管用，喜与家人话短长。"

亲人跨越时空会面，幸福而又伤心。瞬间让人泪目，让人沉思，让人敬佩！

说心里话，那时老人健康快乐，正是享福之年，作为儿子最不喜欢父亲提遗嘱一事，也不愿看遗嘱，更不愿听遗嘱内容。现在想想，哪是不愿意、不敢直面父亲离世，其实是一种逃避、一种软弱。

父亲去世后，甘肃少年儿童出版社计划出版父亲的童话精品集，要求有作者授权书，这怎么办？尽管兄弟姐妹一致同意，可出版社却不行。焦急万分之际，突然记了起来。父亲生前好像写了个东西，当时不重视，不知放哪儿了。翻箱倒柜，四处寻找，终于找见了《遗嘱委托书》：

"……所有一切出版、投稿等事……全权委托他代行其事。因见一些文人，家属因争死者的稿酬闹出不少笑话，故立此字据，以免为争点滴利益而叫人笑话。望大家听话。"

感谢、钦佩父亲的先见之明，装帧印制精美的《金吉泰童话精品丛书》五卷本顺顺利利出版发行。

父亲走了，留下的遗嘱白纸黑字，令人醒目，真佩服父亲站得高、看得远，想得周全。

父亲最看重的是珍藏的书籍，每次遗嘱中都有嘱托，希望子孙们好好读书。家中几个房屋中都有书架，摆着一排排大小不一、厚薄不同、颜色迥异的书籍，是父亲留给子孙的最宝贵的财产。

父亲说，亲情，是人世间最美好的一种感情。

我是姊妹七人中的老尕，父亲当然最疼爱。他老人家专门给我留存了珍贵遗产：

“老夫一生没什么物质财富，在即将告别人世之际，将这出小剧目作为遗产，留赠给爱好文学的小儿子金雷泉。此小剧有极深刻的社会内涵，讽喻劝善，列入经典也不为过。《官架架》（小戏小品）编导金雷泉……”

依稀间，童话老人的音容笑貌、一言一行，历历在目、如在眼前：一个农民，痴爱文学一辈子，竟然创作出二十多本文学专著；五十多岁的老汉去省城新闻单位打工，七十岁才回家，新闻采访编辑竟然搞得有声有色；亲近田野，耄耋之年，还参与田间劳作；与老伴相濡以沫，携手同行七十多年，恩爱如初；多少年如一日，热心公益事业，组织群众文化活动，提携培养当地农民作家。

身教胜于言教！为人、处世、做事的标准，父亲身体力行镌刻在我们的心田。这些无字遗言嘱托，指导、激励着后辈，前行致远。

家中主屋正面墙上，国家新闻出版广电总局授予的“书香之家”匾牌，熠熠生辉。那儿有父亲的身影，那儿有父亲的期望，那儿也传承着一种精神。要成为真正的书香之家，还需要后辈认认真真读书，涌现真正的读书人，为这匾牌增光添彩。

最后的嘱托

天麻麻亮，二哥打来了电话。

父亲住进了县医院，正在治疗。我简单询问后，由当过医生的妻子联系熟悉的医生检查治疗，我则急匆匆从市区赶往县医院。

一路上，我的脑海里不断翻滚，昨天晚上还和父亲通了话，父亲爽朗地笑着说："别担心，我好好的。"

到了医院，父亲躺在病床上，输着液。我跑到父亲跟前蹲下握着他温暖的手，虚弱的父亲还是和往常一样慈祥地笑着，客气地说："又惊动了你，今天不上班吗？"我急切地问父亲："现在怎样？"父亲说："昨晚疼坏了，坚持不住，凌晨让你二哥租车送到了医院，输了液，疼痛现在能坚持忍住了。"

中午时，父亲给子女们说："我的世界末日到了！这次和以往不一样。"

我们知道父亲的病情，极力劝说、开导着父亲。

第二天是星期六，父亲把我们弟兄四个叫在病床前，一一做了评价，并希望我们精诚团结，教育好后辈，振兴家庭。

这时，躺在病床上，虚弱的父亲安排我到老家金崖去办三件事：取来给何来老师写的书评，柜盖上放的作家许曙明老师的相关资料，还有书房写字台上给金崖中学的一封信。

按照吩咐，我奔向县城40华里外的老家金家崖小院。

金吉泰童话精品丛书出版座谈会

一路上，我心中难受，眼泪时时流出眼眶，做着种种预测。我老家北房靠东的一间小房，是父亲的书房。父亲给金崖中学学生写的信，赫然放在桌子上，白纸上的字体硕大，刚劲有力，就是有点歪斜，是那样的熟悉，那样的亲切。我霎时咬住嘴唇，不让泪水从眼眶中流淌出来。

父亲看着资料给我吩咐：给何来老师写的书评寄给《甘肃日报》张琳老师，希望能发表。今年春节著名诗人何来老师的文集出版，给父亲送了一套，老人认真看着，摸着，让我读了几篇他熟悉的名篇。之后，父亲竟然摸索着给老朋友、著名诗人何来的文集写了评论《何来，登烽火台的诗人》。

第二件事，让我和榆中县志办主任周学海联系，送去许曙明老师的相关资料——一定要收入我县县志等有关史料书籍，我点头记着。许曙明老师是中国作协会员，得过许多大奖，是知名的游记作家。父亲担心县志上遗漏一位能给我县增光添彩的人。

第三件事，父亲给家乡金崖中学的一封信。住院前，本镇金崖中学的老师来拜访，约定好当地学生要唱老人以当地素材写的歌曲《苑川河》

《农民进行曲》《歌唱金崖镇》等，他担心学生不知道当地走出去的名人，不知道背景，就一一写在纸上。白纸黑字的信上写着：唱歌之前，应给孩子们讲清，文成公主入藏，左宗棠带兵西进，取经人的历史。还要讲抗日时金崖产的羊毛军毯支援前线，击落日机坠毁之地。金崖名人金自山、陆文虎、金玉振所取得的成就经历等。

医院病床前，父亲安排我把资料一定转交给学校。这成了父亲给当地师生最后的叮嘱。

要在平常，我一定认为父亲做的这些事不一定值得。但在此时，父亲当作遗言在给我交代，可见平常我们不上心的这些事在父亲心中的分量。

星期天中午，父亲执意要回老家，说："听我的话，回家，别到时候把你们弄得手忙脚乱。"大家劝说无效。我强忍着泪花，也没再过多地执拗，再也不想惹老人生气。父亲给住院科室的医生和护士签名送了新出版的《枫叶童话》。这是父亲最后的签名送书，感谢医务人员精心治疗，给他减少了病痛。

返回老家的路上，我心情沉重。

前两周，父亲还给我说：希望老天再关照他，再能活两三年，他还想写一本童话集。还想写《农耕图》下集，这几年农村的变化让他有了新的写作素材。

星期一，天下着雨，父亲的病特别重。一家人焦急、紧张地守护在父亲身旁，尽心照料。

凄凄细雨中，快递小哥辗转送来了广州印刷的敦煌文艺出版社出版的精装本陇原当代文学典藏·儿童文学卷《快乐的小公鸡》。

父亲竟坐了起来！

披着他经常穿着的小棉袄，两眼使劲看着封面，双手抚摸封面，仔细翻看了两三页。父亲躺下后，我给父亲读了目录上的所有篇目。

父亲很开心。他一直想出版一本精装本的童话作品精选集。

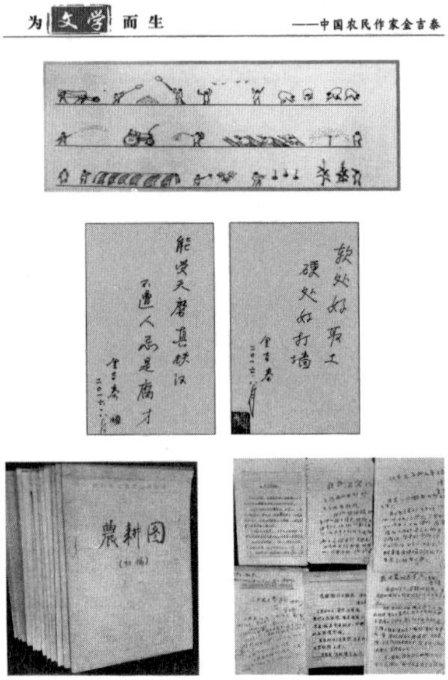

金吉泰创作书稿的手迹

父亲脸上满满的幸福，摸着我的手说：“老天对我们父子俩不错。”并嘱咐说，他百年后，不放哀乐，别做过分的宣传，说：“谁把我老金不知道。”并希望我找机会把《农耕图》介绍给外国朋友，比如丹麦、伊拉克，让他们看看中国农民的生活追求。

我眼含泪水，努力微笑咬牙点头，我记住了。

父亲，生命的最后时刻，还想着文友，可爱的当地学生，作品的传播，这只有我尊敬、伟大的父亲才能想到做到。

平时，子女们觉得父亲有点迂腐，其实，我们是被世俗所掩埋，一切都以功利来衡量。甚至有时认为父亲所作所为不合时宜，其实，父亲比我们站得高、看得远。

文学艺术的毕生追求，使父亲在用文以载道度化众人的同时，也使自己变得高尚、快乐。

父亲真是为文学而生，他是中国农民的骄傲！

最好的纪念

2018年5月24日晚六点，父亲驾鹤仙游，安详地走了。

那时，我头脑清晰，而又一片茫然。我回忆着父亲的一切，刚刚我擦摸手时，还是温暖如常。

难道父亲就真的这样离家人远去，而且是永远的别离？是的，这位老人永远离开了喜爱的黄土地，痴爱的文学，挚爱的家人。

我给与父亲来往紧密的北京汪晓军老师、甘报张琳老师报告了父亲离世的消息。

父子照

信息化的时代，人们的信息十分快捷。不一会儿，各种询问电话打来。再一会儿微信朋友圈里传开了农民作家去世的消息。

各种悼念慰问信息蜂拥而来。

考虑很久，第二天早上我给省、市、县文联、作协打了电话，也算是给父亲的“娘家人”报告了丧讯。

吊唁者不时来到家中，微信上不时发来追思怀念信息。

甘肃省委宣传部文艺处、省市县文联、作协、兰州大学文学院、甘肃少年儿童出版社等单位都派人来吊唁或发来唁电。《兰州晨报》《兰州晚报》《兰州日报》刊发了悼念消息。

马青山、高凯、李云鹏、何来、许曙明、陈昊、张琳、靳莉等等，文艺界的大腕前来老家吊唁。高平、马步升、杨万里、焦熙生等全国各地的好友写诗、写文章纪念这位农民作家。

为了把这些文章唁电悼词和大家的感情展现给大家，在大门刚进有花瓶门的照壁墙上，在老同学金声荣的帮助下，把大家的纪念之文打印出来粘贴在墙上，把报刊发表的新闻、照片、作品也粘贴在墙上。这是一堵纪念墙，显得独特。内容不断在扩展，每一位客人都留步观看。乡亲们也是认真阅读，了解了他们熟悉的邻居居然还有这么大的成绩，也是交口称赞。

与农民作家有共同爱好演戏的朋友来了，农民作家齐梅菊拄着双拐来了。

亲戚朋友在现场传颂着他的文学成绩，他的为人处世。

悼念现场热烈又隆重。

在悲伤的日子里，不时有怀念的文章，《甘肃日报》《兰州日报》像往年一样发表了父亲的童话新作。纪念文章有许维的《甘肃文坛常青树》、田瞳的《我和农民作家金吉泰的文学情缘》、何来的《怀念金爷子》、雷媛的《金吉泰，甘肃首屈一指的农民作家》，冯勇的《高山仰止，景行行止》，栖云柳的《写给天国里的金吉泰老师》，尤效清的《枫叶红于二月花》，李培洁的《生长在庄稼地里的童话作家》等。还有一些不知姓名的网民也撰文纪念，虽不认识，那份真诚和情意令人感动、感谢。

人们没有忘记这位农民作家，没有忘记他的作品，有梁胜明《一部具有思想深度和艺术高度的长篇小说》、杨显惠《当代的陶渊明——金吉泰》、陆文虎《童话是人类的理想世界》、许曙明《追忆恩师金吉泰》等陆续发表。

父亲辞世三周年，纪念也要隆重独特，家人一商量，编辑一本书作为纪念。儿子、女儿、孙子、重孙，全家人一起行动起来。整理父亲的一应文字，编辑成一本翔实的纪念文集《为文学而生》。

甘肃少年儿童出版社隆重推出的“金吉泰童话精品丛书”，《没牙三弦琴》《青蛙借雷声》《铜环兄弟》《戴水珠的小杉苗》《小蜜蜂侦察记》2021年5月第1版正式出版。我拿到书是5月21日，恰是父亲辞世三周年纪念日。

那天，金吉泰童话精品丛书出版座谈会在甘肃省艺术馆隆发举行。文艺界领导和大腕云集，王登渤、马青山、王正茂、马永强、高平在讲话中给了高度评价和肯定，汪晓军、李利芳、苟天晓，朱富明、张琳、于涛、尤效清、冉丹、张海明、阎强国等老师提前精心准备，做了重点发言，彭金山、牛庆国、杨光祖即兴发言。杨建仁先生发来贺信，徐兆寿院长发来录制的视频热烈祝贺。

刘吾魁、杨重琦、甘肃少年儿童出版社、敦煌文艺出版社、读者出版社，甘肃省作协、省文学院、《飞天》月刊社的编辑老师们来了，省市报刊电视台和新媒体的朋友们来了，还有家乡县、镇的领导，共同聆听纪念这位痴爱文学的老人。可惜，那天时间有限，很多人没有机会发表心声，表达纪念之意。

至亲家人给每位与会嘉宾准备了一份厚礼：一本厚厚的精美的纪念文集《为文学而生》，收集有父亲的理论文章、文集自序、家规家训等，还有自20世纪50年代以来专家学者、文友家人的作品评论、纪念文字，还有详细的人生大事述记，可谓是一本资料齐全的纪念文集。一套5本的精品童话丛书以及刊登有纪念文章的报纸杂志。

省作协秘书长陈昊当时写道："此刻，一册文集，是生命的再一次闪耀，是灵魂的高贵相遇。神交古今，思接千载。此刻，聚集了甘肃文坛上最重要的一群领导与前辈。在会议筹办期间，我曾经惊愕金雷泉先生提供的强大名单。此中三分之一的人员均可构建一场高规格的学术研讨与纪念活动。"

甘肃文艺界、出版界、新闻界一致认为，座谈会的召开、图书的出版，是独特的，是对老人的最好纪念。

感恩文学（后记）

文学，让一生为农的父亲，有了一世的辉煌和灿烂。

“谁把我老金不知道，别说过分的话。”躺在炕上的父亲握着我的手说，我斜坐在炕沿边，把身体前倾，紧挨我的父亲，一边听父亲说话，一边使劲点着头。我知道，父亲是怕儿子为了亲爱的父亲说过头的话，做过头的事（宣传）。

趁我们在院中吃饭间隙，父亲安详地走了，像是睡着了一样。我脑中一片茫然，眼前闪现出父亲在小院听童话、在麦场演出小品、在炕桌上一笔一画写作的情形，音容笑貌一幕幕连绵不息，挥之不去。

父亲一辈子痴爱文学，用自己的话说就是“病态的爱”。不怕贫穷、饥饿、病魔，不怕歧视、风险，不论艰难险阻，父亲都在为文学书写。为了文学，可以豁出一切，甚至生命。60多年，父亲钟情文学，激情不减，“父亲真是为文学而生”。

第一年我啥也没写，不知道该写啥，甚至不敢想，不敢触动我那脆弱的心灵。似乎父亲还是那样笑着，周末还在金崖小院或屋里炕上等着我回家，清醒时只是心中难受拥堵，默默流泪。

第二年，该写点东西了。我先写父亲的宠物小猫花花、小狗虎虎，写父亲与《甘肃日报》、与《飞天》杂志、与《兰州晚报》的情缘。突然间，觉得要写的东西好多好多，如父亲的名片、父亲的快乐、父母爱情等，一件件令人难忘的往事、有父亲独特个性、风格细节、让常人不理解的不合常规的事例，还有父亲逸事逐一显现眼前。于是打起精神，把闪现在眼前的精彩故事画面一一写出来，写作竟很顺利。

第三年，按传统是大祭之年，家里人一商量，父亲爱了一辈子文学，出一本书纪念是最好最有意义的纪念。我自认为最了解父亲，相关情况也熟知。谁知一盘点整理，发现珍贵资料越来越多，内容越来越丰富，不时会有新的发现。这反而让我有点担心，怕疏漏了重要事项、重要文稿。

整理中认真思考，我对父亲有了全新认识，父亲真是一位有胸怀的作家，一位伟大的中国农民，是一位令人敬佩的好父亲！

令人思念的一千多个日日夜夜，文字传情，阅读父亲，其实就是享受父亲与儿的亲切交流。思念父亲，我内心充满了温暖、充满了感激。

让我更加感动的，是父亲去世后，仍然有那么多文友、读者记着他，用不同形式纪念。一句话暖人心，一行文字长精神！一幕幕温暖的画面留在心底了！

作为最小的儿子，父亲给了我更多的关爱，父亲培养我走上文学之路，赋予了我人生的业余爱好和精神追求。我有责任把我父亲介绍给读者。

感谢文学相伴。我父亲是位农民，辛勤耕耘农田养家糊口，但又70年痴爱文学，笔耕不辍。父亲为文学付出了很多，但也得到了回报。在他最穷困并且病魔缠身时，文学给了他精神抚慰，是文学让一位“泥腿子”来到了人民大会堂，见到了党和国家领导人。一篇篇作品发表、一本本作品集出版，一张张稿费单寄来都给他带来了快乐开心。因为文学，他童心永在，幸福快乐。父亲一生都在书写，他的一生虽然没有很多金钱，但他的精神是富有的。

感谢培育扶持。父亲能在文学大道上坚持走下来，除了痴爱、坚持和非凡的毅力之外，幸运的是父亲一生中遇到了许多贵人、好人的帮助和支持，甘肃省文联、省作协资助他多次深入生活，出版社支持他的作品结集成书，报刊更是他的娘家，支持他的作品面世。在这后面是一位位可亲可敬有鲜活面孔的“老师”在关心提携，众多的关心厚爱成就了一位中国农民作家。跨越70年，文艺界领导、作家、编辑、评论家、记者，无数人在不同阶段，都对一位农民作家给予热诚的帮助和支持，总是充满温暖，感动着我的父亲，也感动着父亲的家人！

感动留在记忆中。多年的文字交往，父亲和文艺界、出版界、新闻界的领导、作家、编辑、评论家、记者都成为好朋友，很多人都光临过金崖的农家小院。父亲生前，有老师文友书写了大量文学评论、新闻报道，鲜活的文字永远留住了一位农民作家的文学追求和生活历程。父亲去世后，仍然有许多文友、读者用不同形式来纪念，高平、何来、许维、鲁正葳等老师专门写了纪念文章。我代表我的父亲，也代表我的家人，表示诚挚谢意！

满满的怀念！满满的感激！满满的感动！

祝愿父亲在童话般的天堂快乐抒写童话！

感谢汪晓军、杨建仁、张琳、蔡志文等老师和朋友的关心帮助，感谢我家人的长期鼓励和支持，才能让拙作面世。

只愿这本集子，能为关心父亲的文友、读者和研究者，提供一扇了解我的父亲金吉泰的窗口。

当然，要想全面深入认识金吉泰，那就请留意阅读他的作品吧！我相信，他老人家一定在作品里等着你，热情、和蔼。

金雷泉

2022年7月25日